中国软科学研究丛书

丛书主编：张来武

"十一五"国家重点
国家软科学研究计划资助出版项目

中国城镇居民物质消费水平变化趋势研究

(1957~2011)

朱高林 著

科学出版社
北京

内 容 简 介

在全球经济复苏乏力、外贸出口压力增大的背景下,怎样刺激国内消费需求,保持国民经济平稳较快增长,成为政府部门和广大学者普遍关心的问题。

本书探讨了1957~2011年我国城镇居民物质消费水平的变化过程、变化特点、存在问题和发展趋势,提出了扩大内需的思路和建议。这不但为政府决策部门制定有效的消费政策提供积极的理论支持,而且为广大商家制定合理的生产政策和营销策略也起到积极的启示作用。

本书可供经济学、历史学专业的学者阅读,也可供政府决策部门和广大商家在制定政策时作参考。

图书在版编目(CIP)数据

中国城镇居民物质消费水平变化趋势研究:1957~2011年/朱高林著. —北京:科学出版社,2014.3

(中国软科学研究丛书)

ISBN 978-7-03-040127-4

I. ①中… II. ①朱… III. ①城镇-居民消费-消费水平-研究-中国-1957~2011 IV. ①F126.1

中国版本图书馆 CIP 数据核字(2014)第 045704 号

丛书策划:林　鹏　胡升华　侯俊琳
责任编辑:牛　玲　张春贺 / 责任校对:桂伟利
责任印制:徐晓晨 / 封面设计:黄华斌　陈　敬
编辑部电话:010-64035853
E-mail:houjunlin@mail.sciencep.com

*科　学　出　版　社*出版
北京东黄城根北街 16 号
邮政编码:100717
http://www.sciencep.com

北京科印技术咨询服务公司 印刷
科学出版社发行　各地新华书店经销

*

2014 年 5 月第 一 版　开本:720×1000 1/16
2015 年 6 月第三次印刷　印张:11 1/2
字数:221 000

定价:68.00 元

(如有印装质量问题,我社负责调换)

"中国软科学研究丛书"编委会

主　编　张来武
副主编　李朝晨　王　元　胥和平　林　鹏
委　员（按姓氏笔画排列）
　　　　　于景元　马俊如　王玉民　王奋宇
　　　　　孔德涌　刘琦岩　孙玉明　杨起全
　　　　　金吾伦　赵志耘

编辑工作组组长　刘琦岩
副组长　王奋宇　胡升华
成　员　王晓松　李　津　侯俊琳　常玉峰

总 序 　　PREFACE

　　软科学是综合运用现代各学科理论、方法,研究政治、经济、科技及社会发展中的各种复杂问题,为决策科学化、民主化服务的科学。软科学研究是以实现决策科学化和管理现代化为宗旨,以推动经济、科技、社会的持续协调发展为目标,针对决策和管理实践中提出的复杂性、系统性课题,综合运用自然科学、社会科学和工程技术的多门类多学科知识,运用定性和定量相结合的系统分析和论证手段,进行的一种跨学科、多层次的科研活动。

　　1986年7月,全国软科学研究工作座谈会首次在北京召开,开启了我国软科学勃兴的动力阀门。从此,中国软科学积极参与到改革开放和现代化建设的大潮之中。为加强对软科学研究的指导,国家于1988年和1994年分别成立国家软科学指导委员会和中国软科学研究会。随后,国家软科学研究计划正式启动,对软科学事业的稳定发展发挥了重要的作用。

　　20多年来,我国软科学事业发展紧紧围绕重大决策问题,开展了多学科、多领域、多层次的研究工作,取得了一大批优秀成果。京九铁路、三峡工程、南水北调、青藏铁路乃至国家中长期科学和技术发展规划战略研究,软科学都功不可没。从总体上看,我国软科学研究已经进入各级政府的决策中,成为决策和政策制定的重要依据,发挥了战略性、前瞻性的作用,为解决经济社会发展的重大决策问题作出了重要贡献,为科学把握宏观形势、明确发展战略方向发挥了重要作用。

20多年来，我国软科学事业凝聚优秀人才，形成了一支具有一定实力、知识结构较为合理、学科体系比较完整的优秀研究队伍。据不完全统计，目前我国已有软科学研究机构2000多家，研究人员近4万人，每年开展软科学研究项目1万多项。

为了进一步发挥国家软科学研究计划在我国软科学事业发展中的导向作用，促进软科学研究成果的推广应用，科学技术部决定从2007年起，在国家软科学研究计划框架下启动软科学优秀研究成果出版资助工作，形成"中国软科学研究丛书"。

"中国软科学研究丛书"因其良好的学术价值和社会价值，已被列入国家新闻出版总署"'十一五'国家重点图书出版规划项目"。我希望并相信，丛书出版对于软科学研究优秀成果的推广应用将起到很大的推动作用，对于提升软科学研究的社会影响力、促进软科学事业的蓬勃发展意义重大。

科技部副部长

2008年12月

前 言　FOREWORD

当前，全球金融危机日益严重，世界各国经济发展速度放缓，我国对外出口大幅下滑，政府把促消费、保增长作为保持国民经济平稳较快增长的一项战略决策提上日程。怎样有效刺激消费需求成为政府部门和广大学者普遍关心的问题。本书在大量占有统计资料、前人研究成果的基础上，综合运用经济学、统计学、历史学、社会学等多个学科的方法和知识，分三个时期，即计划经济时期（1957～1978年）、转轨时期（1979～1992年）、市场经济时期（1993～2011年），以翔实的经济史料和灵活的分析方法，深入探讨我国城镇居民物质消费的变化过程、变化特点和发展趋势，为有效刺激国内需求提供理论帮助。

本书共分六章，第一章为绪论，介绍了本书的写作背景、研究状况。第二章研究我国经济发展战略与消费政策的演变历程。该章考察我国在不同的历史时期所推行的发展战略及与之相适应的消费政策，并考察不同的发展战略和消费政策对我国居民消费需求的影响。第三章研究1957～1978年计划经济时期城镇居民物质消费水平的变化趋势。该章在考察重工业优先发展战略、配给制、人口膨胀等因素对居民消费需求的影响后，分析城镇居民吃、穿、住、用等方面的消费状况、消费结构及消费行为的基本特征，并站在国际视野下客观评价中外居民消费水平差距。第四章研究1979～1992年双轨制时期城镇居民物质消费水平的变化趋势。一方面，受消费补偿政策、工农业发展、收入增加等因素的影响，城镇居民消费能力有所增强；另一方面，全国范围内的凭票供应制度、福利配给制度依然发挥作用。该章在考察这些因素后，对双轨制时期城镇居民在吃、穿、住、用等方面的消费状况、消费结构、消费行为及中外居民消费差距进行详细分析。第五章研究1993~2011年市场经济时期城镇居民物质消费水平的变化趋势。受市场化改革、城市化进程、买方市场形成、收入差距拉大等因素影响，居民消费出现大提高、大分化趋势，城镇居民在吃、穿、住、用等方面的消费需求、消费结构和消费行为发生新的变化，中外居民消费差距逐步缩小。第六章研究我国城镇居民物质消费存在的问题及其对策，总结1957年以来城镇居民物质消费变化的一般趋势和存在的问题。该章以史为鉴，提出刺激城镇居民消费需求的对策。

与以往研究相比，本书具有以下特点。

一是在研究思路上，本书避开学术界"就当前谈当前，就消费谈消费"的研究倾向，由内转外，由近及远，把对城镇居民消费问题的研究放在社会变迁、人口变化、体制演变、观念更替中，放在我国社会主义社会的发展历程中，综合考察城镇居民物质消费的演变趋势。

二是在研究方法上，本书力图把西方经济学理论和分析方法运用到对历史资料的理论分析中，把定量分析运用到定性分析中，借助图表、函数，更加直观、科学地反映学术观点。

三是在研究视野上，本书把对城镇居民物质消费问题的研究放在国际背景中，在每一时期中外居民消费变化的历史比较中，观察中国社会前进的步伐，发现中国居民消费方面存在的差距。

本书尝试提出以下理论观点。

其一，随着人们生活水平的不断提高，构成人们食品消费主要内容的粮食、鲜菜、动物性食品之间呈有规律的变动趋势。在改革开放前，城镇居民食品消费呈现出"粮食＋鲜菜＋动物性食品"的消费格局；进入20世纪80年代后食品消费格局转入"鲜菜＋粮食＋动物性食品"阶段；随着经济发展和人们生活水平的提高，21世纪初食品消费格局进一步转入"鲜菜＋动物性食品＋粮食"的消费阶段。在城镇居民三大食品消费更迭过程中，谷物消费量迅速减少，动物性食品消费量大量增加，城镇居民食品消费正在日益偏离以谷物为主的东方饮食模式，向以动物性食品为主的西方饮食模式快速靠拢。

其二，我国城镇居民过早进入劳务消费快速提升的高级阶段，影响了城镇居民消费水平的整体提高。世界各国消费结构变动，一般经过三个阶段，即以吃、穿消费为主的低级阶段，以用品和住房消费为主的中级阶段和以劳务消费为主的高级阶段。20世纪90年代以来我国城镇居民应处在以解决家用汽车和住房等用品为主的第二阶段，事实上我国城镇居民却过早越过这一阶段，进入劳务消费快速提升的高级阶段。社会保障不力，造成城镇居民在医疗、教育等方面的支出负担过重，支出水平甚至超过西方发达国家，大大挤占了吃、穿、住、用等基本消费支出，影响了居民消费水平的整体提高。

其三，城镇居民用品消费断层是导致消费需求不足的重要原因之一。进入20世纪90年代中后期，受收入差距扩大的影响，城镇居民用品消费差距明显扩大。低收入居民以传统耐用品消费为主，具有现代生活气息的高档耐用消费品刚刚起步，基本处于以满足基本生活需要为目的的低端消费阶段；而高收入居民已经完成了从传统耐用品向现代耐用品的转变，传统耐用消费品的地位和作用日渐下降，新型耐用消费品在其生活中发挥着越来越重要的作用。在高、低收入居民之间形成明显的消费断层，广大中、低收入居民无力实现从低、中档用品向现代高档用品的过渡，消费升级产生困难，导致整个社会消费需求不足。

本书以史为鉴，立足当前，着眼未来，对1957～2011年城镇居民物质消费水平的变化趋势进行了专题性研究。这不但在实践上为政府决策部门制定合理的扩大内需政策，推动国民经济的平稳较快增长提供积极的理论支持，而且在理论上拓宽了消费经济理论研究领域，对于今后广大学者研究社会主义时期城镇居民消费水平具有一定的借鉴作用。

作者

2013年10月

目 录 CONTENTS

- 总序（张来武）/ ⅰ
- 前言/ ⅲ
- 第一章　绪论 ………………………………………………………………… 1
- 第二章　我国经济发展战略与消费政策的演变历程 ………………………… 7
  - 第一节　我国经济发展战略的演变轨迹 ……………………………… 7
  - 第二节　我国消费政策的变化历程 …………………………………… 15
- 第三章　计划经济时期城镇居民物质消费水平的变化趋势
  　　　　（1957～1978年）………………………………………………… 23
  - 第一节　城镇居民消费水平的影响因素分析 ………………………… 23
  - 第二节　城镇居民改善甚微的物质消费分析 ………………………… 30
  - 第三节　城镇居民物质化、雷同化的消费结构分析 ………………… 48
  - 第四节　城镇居民近期化、非市场化的消费行为特征分析 ………… 50
  - 第五节　中外居民物质消费水平的国际比较 ………………………… 52
  - 本章小结 ………………………………………………………………… 57
- 第四章　双轨制时期城镇居民物质消费水平的变化趋势
  　　　　（1979～1992年）………………………………………………… 59
  - 第一节　城镇居民消费水平的影响因素分析 ………………………… 59
  - 第二节　城镇居民量的扩张的物质消费分析 ………………………… 64
  - 第三节　城镇居民相对稳定的消费结构分析 ………………………… 76
  - 第四节　城镇居民双重性质的消费行为特征分析 …………………… 79
  - 第五节　中外居民物质消费水平的国际比较 ………………………… 81
  - 本章小结 ………………………………………………………………… 86
- 第五章　市场经济时期城镇居民物质消费水平的变化趋势
  　　　　（1993～2011年）………………………………………………… 88
  - 第一节　城镇居民消费水平的影响因素分析 ………………………… 88

第二节　城镇居民质的提高的物质消费分析 …………………… 93
　　第三节　城镇居民剧烈变动的消费结构分析 …………………… 110
　　第四节　城镇居民成熟、理性的消费行为特征分析 …………… 114
　　第五节　中外居民物质消费水平的国际比较 …………………… 116
　　本章小结 ……………………………………………………………… 123

◆ 第六章　城镇居民物质消费存在的趋势、问题及其对策 ………… 124
　　第一节　城镇居民物质消费的一般趋势 ………………………… 124
　　第二节　城镇居民物质消费存在的问题及其对策 ……………… 139

◆ 结束语 …………………………………………………………………… 158

◆ 参考文献 ………………………………………………………………… 162

◆ 后记 ……………………………………………………………………… 166

表　目　录

表 1-1　各国居民物质消费所占比重
表 2-1　按 MPS 体系计算的中国消费、积累比例变动情况
表 2-2　中国历年对粮食的最低收购保护价统计（2008~2011 年）
表 3-1　我国居民消费水平年均增长速度
表 3-2　不同时期国民收入及积累与消费增长速度
表 3-3　1957~1978 年中国人口动态与经济动态比较
表 3-4　1958 年中国城镇职工家庭人均主要食品消费量比较
表 3-5　1957~1980 年河南省城市居民鞋类消费量
表 3-6　1957~1978 年全国纺织行业总产值（按分期不变价格计算）
表 3-7　20 世纪 80 年代以前城镇居民购买日用品的考虑因素
表 3-8　北京市每百户职工家庭耐用消费品拥有量
表 3-9　四川省平均每百户职工家庭耐用消费品拥有量
表 3-10　1964 年按月人均收入划分的城市职工家庭日用品消费情况
表 3-11　武汉市住房所有制结构变化情况
表 3-12　长沙市私有住房比重变化情况
表 3-13　南京市住房产权结构
表 3-14　上海市历年维修房所占直管房比例表
表 3-15　新中国成立前中国城市居民住房水平调查情况
表 3-16　20 世纪 80 年代以前南京和镇江城镇居民上下班的主要交通工具
表 3-17　中国城市居民生活消费支出结构变化
表 3-18　四川省职工家庭平均每人生活费支出情况
表 3-19　1980 年部分国家人均主要食品消费量
表 3-20　1975~1977 年各国居民日均营养状况比较
表 3-21　20 世纪 70 年代末世界各国每千人耐用消费品拥有量
表 3-22　世界各国人均居住面积比较

表 3-23　1977 年部分国家个人消费支出构成
表 3-24　苏联、东欧国家居民消费结构（按当年价格计算）
表 3-25　1978 年中印两国居民消费结构比较
表 4-1　北京市 1978~1987 年财政补贴情况
表 4-2　北京市城镇居民 1987 年人均占有财政补贴数额
表 4-3　1980~1991 年中国城镇居民基尼系数
表 4-4　中国城镇居民三次排浪式消费升级表
表 4-5　1988 年按收入等级分类，城镇居民家庭平均每百户年底耐用消费品拥有量
表 4-6　经济发展阶段与住房支出比重
表 4-7　1991 年城镇居民家庭年末居住状况
表 4-8　1981~1991 年中国城镇居民消费结构变动度
表 4-9　1986~1988 年部分国家人均主要食品消费量比较
表 4-10　1990 年世界中、低收入国家每千人收音机、电视机拥有量
表 4-11　1990 年不同收入国家的居住水平
表 4-12　各国居民消费支出结构
表 5-1　1988 年各类消费品供不应求的品种和紧缺面
表 5-2　1994 年以来中国零售商品价格指数
表 5-3　中国整存整取一年期存款利率变化
表 5-4　1993 年、2011 年我国城镇居民酒类消费量比较
表 5-5　2005~2006 年部分月份全国大型商场前 10 位品牌服装市场综合占有率
表 5-6　1995~2001 年城镇居民人均西服购买量及增长率
表 5-7　城镇居民居住消费支出情况
表 5-8　中国城镇居民消费结构变动度
表 5-9　不同国家和地区国内生产总值增长率
表 5-10　不同国家和地区居民消费支出水平比较
表 5-11　中、日、英三国居民耐用消费品拥有量比较
表 5-12　世界主要国家居民消费支出结构
表 5-13　中印两国居民消费结构比较
表 6-1　2009 年 8 月全国重点大商场主要大家电品牌市场占有状况
表 6-2　1995~2008 年中国卫生支出结构
表 6-3　人均国内生产总值 1000~3000 美元时 17 个国家和地区居民消费支出构成

图　目　录

图 3-1　1961～1983 年城镇居民缝纫机购买量与布料消费量散点图
图 3-2　1957～1978 年中国社会消费品零售额结构变化
图 3-3　房屋租金构成图
图 4-1　"鲜菜＋粮食＋动物性食品"消费格局示意图
图 4-2　1978～1992 年城镇居民主要食品增长量
图 4-3　1980～1991 年北京市区服装加工个体户及人数
图 5-1　"鲜菜＋动物性食品＋粮食"消费格局形成图
图 5-2　1981～2011 年城镇居民家庭设备用品及服务所占消费比重变化
图 5-3　最高收入户与最低收入户用品消费差距对比
图 6-1　医疗消费的挤出效应分析

第一章 绪 论

在当前国际金融危机余震不断、世界经济复苏不稳的形势下，扩大国内消费需求，促进城乡居民消费水平的平稳较快增长成为我国经济企稳向好、最终走出危机的关键所在。扩内需、保增长成为一项战略决策提上党和政府的工作日程。其实，启动内需一直受到党和政府的高度重视。自20世纪90年代以来，随着商品市场由卖方市场转入买方市场，人民群众在经历了前一段时期的消费扩张之后，进入需求相对不足阶段，居民消费率持续下降，从1990年的48.8%下降到2011年的35.4%，消费需求对经济增长的拉动作用日渐下滑，经济发展的约束从过去的资源和供给约束转向需求约束，中国经济的发展越来越依赖于出口需求和投资需求的增长。如今，日益严峻的出口形势使出口贸易变得困难重重，不断增加的国内投资所形成的过剩的生产能力最终还要靠居民消费需求来消化。当前形势下，中国政府只有想方设法尽快扭转居民消费率日益下滑的趋势，提振居民消费信心，扩大国内消费需求，才能帮助中国经济走出世界金融危机的困扰，继续保持平稳健康的发展势头。然而，造成我国居民消费需求不足的原因是多方面的，除了受社会保障、消费环境和供给结构等因素的制约外，居民消费本身的变化也是一个重要的影响因素。居民消费进入了什么阶段，消费对象、消费观念发生了哪些变化，弄清这些问题是有效刺激消费需求的前提，这就需要回到历史的时空中去理清居民消费的变化脉络。本书通过对城镇居民物质消费水平的历史回顾，揭示我国不同时期国家发展战略和经济政策的演变，展示不同时期我国城镇居民物质消费水平的变化特点和发展趋势，明确当前城镇居民物质消费存在的种种问题，提出刺激内需的措施和建议。这不但对于调节生产结构，制定科学合理的消费政策，拉动内需，帮助我国走出世界经济危机的困扰具有重要的现实意义，而且对于引导人们科学合理地进行消费，养成文明健康的消费习惯，形成节约资源的社会风气也同样具有重要的意义。

改革开放以来，居民消费问题一直是学术界研究的热点，相关文献颇为丰富。在研究方法上，一些学者以马克思主义经济理论为指导，从宏观经济学角度，利用理论分析方法，研究我国居民消费结构和消费模式的发展变化，提出促进居民消费需求的政策建议，主要有杨圣明的《中国消费结构研究》（1986年）、林白鹏的《中国消费结构学》（1987年）、吴明瑜和李泊溪的《消费结构与消费政策》（1991年）、尹世杰的《中国消费模式选择》（1993年）、曾壁钧的《我国居民消费问题研究》（1997年）、范剑平的《中国城乡居民消费结构的变化趋势》(2001年)、李振明的《经济转型与居民消费结构演进》(2001年)、王云川的《消费需求的宏观调控》(2003年)、田学斌的《家庭消费结构演变的制度分析》(2007年)、高铁生的《扩大农村消费问题研究》(2008年)等。这些研究成果分别在不同时期提出了促进生产与消费、分配与消费协调发展的政策建议，偏重于宏观调控政策的研究，直接可供借鉴的内容不多；一些学者以现代西方经济学理论为指导，从微观经济学角度，利用数理统计分析方法，对不同时期约束消费者行为的因素（如经济政策、收入水平、消费观念等）和消费结构的演进规律进行分析，提出刺激消费需求的措施建议，主要有余永定的《中国居民消费函数的理论与验证》(2000年)、孙凤的《消费者行为数量研究：以中国城镇居民为例》(2002年)、臧旭恒的《中国消费函数分析》(2003年)、孙国锋的《中国居民消费行为演变及其影响因素研究》(2004年)、黎东升的《中国城乡居民食物消费》(2005年)、许永兵的《消费行为与经济增长》(2007年)等。这些研究成果对不同时期约束消费者行为的各种因素进行了分析，探讨消费者行为的基本特征，内容上偏重于数理分析，能够直接借鉴的成果不多，但在分析方法和分析思路上能够提供一些别出心裁的研究方法。还有一些学者从历史学、社会学、民俗学等角度，从某个阶段或某个侧面，对我国居民消费习惯和生活状况进行了较为零星的研究，主要有秦方的《20世纪50年代以来中国服饰变迁研究》(2004年)、严昌洪的《20世纪中国社会生活变迁史》(2007年)等。其他一些学者，如董辅礽、柳随年、李德彬、赵德馨、苏少之、赵凌云、武力、董志凯、李宗植等在编著《中华人民共和国经济史》过程中，从经济史学角度，对不同时期城乡居民生活状况都进行过或多或少的论述。这些研究成果从不同角度以不同的史料较为局部地刻画了不同时期城乡居民的生活状况，克服了经济学研究从数据到数据的空洞局面，增强了理论研究的说服力和可信度。

以上研究成果在一定程度上拓宽和深化了居民消费理论，对于科学地把握我国城乡居民消费变化的一般规律，采取有效措施扩大内需，促进经济发展做出了积极的理论贡献。但目前学术界对我国居民消费问题的研究存在着以下弊病。一是在研究方法上，从纯经济学角度，或宏观或微观，过分依赖数理统计分析方法，强调靠数据说话，从头到尾是满篇的推理公式，缺乏对国家发展战略、宏观经济政策、收入分配制度等基本历史背景的把握，使理论研究陷入就数据谈数据的空洞局面，内容空洞干瘪，结论很难令人信服。二是在研究时段上，学术界对我国居民消费问题的研究普遍存在"偏重当前"的倾向，停留在"改革开放以来"、"20世纪90年代以来"，甚至"近年来"居民消费问题的研究，没有把该问题的研究放在一个较长的历史时期内进行考察。我国居民消费水平过去怎样，目前进入了哪一阶段，将呈现什么样的演进规律，学术界对这类问题的研究尚显薄弱。正是基于学术界研究的薄弱及当前经济形势发展的迫切需要，笔者确定了研究 1957 年以来中国城镇居民物质消费水平的变化趋势这一选题。

一 选择城镇居民的依据

本书之所以选择城镇居民作为研究对象，首先是出于中国城乡二元经济结构的考虑。城乡分割的二元结构使农村居民收入水平和消费能力远远落后于城镇居民。中国城乡居民收入差距一直很大，虽然 20 世纪 80 年代呈缩小趋势，但进入 90 年代收入差距继续呈扩大趋势，2011 年城镇居民人均可支配收入高达 21 809.8 元，农村居民人均纯收入为 6977.3 元，收入之比达到 3.1∶1。农村居民货币性收入低，收入不确定性因素大，加上农村社会保障制度很不完善，使农民强制性储蓄比例较大，大大削弱了农村居民即期消费能力，消费倾向长期偏低。另外，农村居民在消费环境上远远滞后于城镇居民，不少农村连最基本的供水、供电、供气、通电视信号等基本设施都不具备，在很大程度上制约了农村居民消费能力的实现。城乡居民消费差距从 20 世纪 80 年代中期以来呈上升趋势，2011 年城乡居民消费水平之比是 3.3∶1。因此，研究中国居民的消费水平必须分阶段进行，否则，只能得出一个不太客观的结论，从而使研究的理论意义和实践意义大打折扣。

其次，城镇居民的消费是推动经济发展的重要力量。改革开放以来，不断增长的城镇人口在收入不断增加及收入来源日益多元化的物质条件的支撑下，其消费能力的扩张一直是中国经济高速增长的主要动力之一。特别是自 20 世纪 90 年代以来，城镇居民家庭的消费需求对国民经济发展的影响不断增大。从国民收入中城乡居民消费额来看，城镇居民人口比重从 1990 年的 26.41% 增长到 2011 年的 51.27%，城镇居民消费额所占比重从 1990 年的 50.4% 一路上涨到 2011 年的 77.3%，占全国将近一半人口的农村居民消费量不到总体居民消费量的 1/4；从城乡社会消费品零售额来看，农村社会消费品零售总额占全社会消费品零售总额的比重逐年下降，由 1992 年的 50.24% 下降到 2011 年的 13.2%，而城市社会消费品零售总额占全社会消费品零售总额的比重逐年升高，由 1992 年的 49.8% 升高到 2011 年的 86.8%。城乡社会消费品零售额之比从 1992 年的 0.99∶1 扩大到 2011 年的 6.55∶1。可见，人数众多的农村居民消费能力和消费水平要远远落后于城镇居民，城镇居民消费是推动经济发展不可忽视的重要力量。

最后，研究城镇居民消费比较容易把握。城镇居民以商品性消费为主，其实物形态与价值形态是一致的，无论从哪种形态进行分析，基本上都是客观的；

在农村居民的消费中，其自给性比重一直很大。统计资料中农村居民的现金消费支出很难真实反映农村居民的实际消费水平，实物形态与价值形态是不一致的，从而加大了研究的难度。为研究方便，本书选择城镇居民作为研究对象。

二 物质消费概念的界定

物质消费与精神消费是相对应的。所谓物质消费主要是指人们对吃、穿、住、用等生活用品的消费；精神消费主要是指人们对教育、文化、娱乐、旅游、通信等有利于提高居民身心素质的消费。当然，二者往往"你中有我，我中有你"，人们在进行物质方面的消费时，总是体现或追求着某种层次的精神方面的消费。例如，追求食物的色香味，追求衣着的色调、款式等。正如马克思所说，"用刀叉吃熟肉来解除的饥饿不同于用手、指甲和牙齿啃生肉来解除的饥饿"（马克思和恩格斯，1995）。同样，人们在进行精神文化消费的同时，又总是必须以消费一定的物质对象为基础。例如，欣赏要有对象，娱乐要有设备等。不可能有纯粹的物质消费，也不可能有纯粹的精神消费。但从满足人们的主要作用来看，还是可以划分其消费类别的，即物质消费主要是满足人们对物质方面的生理需要，以保持人的生理健康；精神文化消费主要是满足人们对精神方面的心理需要，以增进人的精神健康。因此，笔者把城镇居民用在食品、衣着、居住、耐用品上的消费界定为物质消费，把城镇居民用在文化教育、通信、医疗保健等方面的消费界定为精神消费，或称之为劳务消费。

本书之所以把物质消费作为重点研究的对象，是从以下几个方面来考虑的。从人类生存和发展的规律看，物质消费是人类最基本的消费，是维持生存必不可少的条件。人作为一个生命体，虽然离不开一定的精神消费，但总是先追求和满足物质的消费需求，后追求和满足精神的消费需求。只有当人们的生存问题基本解决之后，精神消费或劳务消费才能提上人们的消费日程。在马斯洛需求层次理论中，也是遵循从物质需要到精神需要的发展过程进行排序的，把满足人的生理需要的物质需要放在第一位。

从中国经济发展的历程和人民群众生活水平提高的过程来看，中国经济发展的过程就是人民群众物质消费不断得到满足的过程。改革开放前，中国人民日常生活基本停留在物质消费层次上，甚至连基本的生理需要的物质需求都得不到满足，精神生活十分匮乏；改革开放后，人们的物质需求逐步得到不同程度的满足，精神消费的需求才开始进入人们的消费领域；进入20世纪90年代后，随着人们收入水平的进一步提高，人们的物质需求在更高的档次和水平上得到满足，精神消费在人们生活中的作用越来越重要。

从居民所处的消费阶段来看，中国居民仍处在以物质消费为主、精神消费为辅的消费阶段,物质消费在人们日常生活中仍占据绝对地位。当前世界经济正在进行着一场新的国际分工,西方发达国家由原来以生产物质产品为主,逐渐转向以生产科技含量较高的精神产品为主,居民生活所需要的吃、穿、用等基本生活用品几乎全部从发展中国家进口,而这些生活资料价格低廉,从而使物质消费在居民生活中的比重越来越低,而非物质产品,即精神产品在其生活中的比重越来越高;大多数发展中国家以生产、出口比较廉价的低档物质消费品为主,物质产品在居民生活中所占的比重较大,精神产品在居民消费中所占比重较小。当前,虽然精神消费在中国居民生活中的作用越来越大,其所占比重有所提高,但物质消费仍占据绝对地位。2011年中国城镇居民各种物质消费支出在整个消费支出中占63.38%,而精神消费仅占1/3左右,远远低于西方发达国家(表1-1)。

表1-1 各国居民物质消费所占比重　　　　(单位:%)

国家	年份	比重
韩国	2009	40.81
加拿大	2009	48.33
美国	2009	36.12
荷兰	2009	50.71
西班牙	2007	44.14
英国	2009	46.37
澳大利亚	2008	43.23
中国城镇	2011	63.38

资料来源:中华人民共和国国家统计局,2010;2012

三 本书的断限与分期

关于本书的起点。1956年年末,中国完成了对农业、手工业和资本主义工商业的社会主义改造,从1957年开始转入全面建设社会主义时期。1956年年底成为中国社会制度的分水岭,1949～1956年是新民主主义社会时期,或称之为由新民主主义社会向社会主义社会过渡时期,1956年之后进入社会主义时期。两个时期所采取的政治制度、经济制度和文化制度都发生了重大变化。1957年之后中国经济建设经历了一个挫折—发展—飞速发展的由慢到快、逐步上升的过程,虽然不同时期中国管理经济的手段有所变化,但从社会性质上讲,同属于社会主义社会,把1957年以来中国社会作为一个完整的历史阶段研究起来较为方便。故笔者把1957年作为本书研究的起点,着重探讨1957～2011年中国城镇居民的物质消费。

关于本书的分期。根据消费的演变轨迹,笔者把1957年以来的城镇居民物质消费分为三个阶段进行研究:1957～1978年生存型消费时期;1979～1992年数量型消费时期；1993~2011年质量型消费时期。这样划分的依据有两点。

一是根据不同时期中国经济制度的演变来划分的。与国外居民不同，中国居民的消费变化在很大程度上受经济制度和经济管理体制的制约。按照经济管理体制的不同，1957年以后的社会主义时期可以划分为1957~1978年高度集中的计划经济体制运行时期、1979~1992年计划经济体制与市场经济体制共同运行时期、1993年以后市场经济体制运行时期。中国在不同历史时期采取了不同的发展战略，并由此产生的不同的经济制度和收入分配政策必然对人们的消费行为产生不同的影响，呈现出明显的阶段性特征。不同时期的消费特征，不仅折射出一定时期的政治、经济、文化制度，而且也反映出不同时期人们的生活方式、审美观念。

二是根据城镇居民生活水平的变化来划分的。国际上通常用恩格尔系数来反映居民生活水平的高低。按照联合国粮农组织提出的一般标准，恩格尔系数在60%以上的居民家庭生活水平为绝对贫困阶段，50%~60%为勉强度日（温饱）阶段，40%~50%为小康阶段，20%~40%为富裕阶段，20%以下为最富裕阶段。[①] 学术界和官方文件一致认为，改革开放之前的城镇居民生活水平属于贫困阶段。虽然恩格尔系数低于60%，但却在57%~59%高位徘徊。改革开放后恩格尔系数不降反升的事实，说明"1957~1978年城镇居民食品消费是一种受压抑的状态，居民的实际生活水平低于恩格尔系数表现的水平"，"城镇居民生活水平虽高于乡村居民，但还是处在贫困和温饱的边界上"（苏少之，2002）。对于转轨时期城镇居民的生活水平，学术界一般认为属于温饱阶段。有的学者把改革开放之后至20世纪80年代中期之前划为解决温饱阶段，恩格尔系数从59.5%下降到52.2%，把80年代中期到90年代初期划为温饱巩固阶段，恩格尔系数在52%~53%低幅波动；有的学者把改革开放之后至80年代中期之前划分为从生存型转向温饱型阶段，把80年代中期到90年代初期划分成从温饱型转向准小康型阶段（赵凌云，2002）。进入市场经济阶段之后，中国城镇居民生活水平开始进入小康阶段。从1993年开始城镇居民恩格尔系数低于50%，居民生活进入小康阶段；2000年之后，恩格尔系数低于40%，城镇居民生活由小康阶段转入富裕阶段。本书之所以把2011年作为研究的终点，是因为到2011年中国城镇居民恩格尔系数结束了2000年以来始终在37%~38%高位徘徊状态，恩格尔系数稳定在36%左右，居民生活稳步进入富裕阶段，而且从2011年开始中国居民人均国民生产总值冲破4000美元大关，居民消费水平进入一个新的阶段。

---

① 恩格尔系数是国际上通行的衡量一个国家和地区人民生活水平状况的重要指标，它等于家庭或个人食品支出总额占全部消费支出总额的比重。根据联合国粮农组织提出的标准，恩格尔系数在60%以上的为贫困，50%~60%的为温饱，40%~50%的为小康，20%~40%的为富裕，低于20%的为最富裕。关于最富裕阶段的判断标准没有一个统一的说法，有些学者认为是低于20%，有些学者认为是低于30%，本书采用的是第一种说法。

第二章 我国经济发展战略与消费政策的演变历程

新中国成立以后，我国选择了一条先国强后民富的经济发展道路，决定了我国在不同历史阶段、不同发展目标的支配下所采取的经济发展战略各有不同，由此所决定的收入分配政策、消费政策也各有不同，从而使不同历史阶段人民生活水平呈现出明显的阶段性特征，反映出我国人民生活水平随着我国经济发展水平的提高而逐步得到改善的过程。因此，要考察我国人民生活水平的变化首先要考察我国经济发展战略的演变过程。

第一节 我国经济发展战略的演变轨迹

一 以强国为目标的赶超型经济发展战略的演变历程

新中国成立后，怎样使我国从极端落后的农业国发展成为社会主义工业化国家，成为中国共产党面临的时代课题。我党是按照民族独立—国家富强—人民富裕的发展主线规划奋斗目标的。当民族独立的历史任务完成之后，在东西方两大阵营严重对立和西方国家对我国实行封锁禁运政策的形势下，中华民族寻求国家富强的第二个历史主题凸显在全党和全国人民面前。因此，迅速求强，建成拥有强大的工业实力和国防实力的社会主义强国就成为党和人民的必然选择。改革开放前，我国所实行的一系列战略都是为实现工业化这条主线服务的，这种先国强、后民富的发展路径造成了人民生活水平的提高必然是一个缓慢而曲折的过程。改革开放前，我国经济发展战略大体经历了三个阶段。

（一）"一化三改"发展战略

早在民主革命时期，毛泽东就已经在思考我国经济发展战略的目标问题，提出民主革命胜利以后迅速恢复和发展生产，使中国由农业国转变为工业国。经过了三年国民经济恢复时期，毛泽东于1953年6月提出了党在过渡时期的总路线，即要在一个相当长的时期内，逐步实现国家社会主义工业化，并逐步实现对农业、手工业和资本主义工商业的社会主义改造，把基本上实现国家工业化作为首要目标。围绕这一目标，紧接着制定的第一个五年计划明确指出，在战略目标上，要优先发展重工业，奠定国家社会主义工业化的初步基础，同时相应地改善人民的生活；在战略措施上，要集中物力、财力搞好156项重点工程建设，优先发展重工业，正确处理好积累与消费的关系，搞好综合平衡等。这一经济发展战略的最终结果是，实现了国民经济和社会的较快发展。我国工业发展超过了此前中国100年的工业发展成就，工业产值在社会总产值中的比重首次超过农业，并扭转了中国现代工业以轻工业为主的局面，人民生活水平显著提高。这些成就为我国社会主义现代化建设奠定了初步基础。

(二)"超英赶美"发展战略

随着第一个五年计划的胜利完成，我国开始进入了第二个五年计划时期。由于提前和超额完成第一个五年计划而滋长的过于自信和急于求成的情绪，我党低估了我国经济建设的艰巨性，轻率放弃了实践证明是成功的总路线的发展战略，取而代之的是"超英赶美"的发展战略，即钢铁和其他主要工业产品的产量7年赶上英国，15年左右赶上美国。为了实现这一战略目标，我国相继采取的战略措施有：大炼钢铁，力争到1958年钢产量翻一番；大办城乡人民公社，物资实行无偿调拨；限制商品经济关系，取消自留地和集市贸易；提高积累率，追加和扩大基本建设规模等。这一经济发展战略在执行过程中由于1959～1961年的三年困难时期而中断，但其后果异常严重，造成了国民经济农、重、轻比例严重失调，工农业生产水平起落剧烈，人民生活水平大幅下降，国民经济被迫转入调整时期，使15年赶超英国的经济发展战略陷入停顿失效的状态。这对新生的中华人民共和国来说是一次重创，"大跃进"实际上变成了大后退。

(三)"四个现代化"发展战略

经过三年国民经济调整，社会主义经济建设重新起步并呈现出欣欣向荣的景象，迫切需要制定一个比较长远的发展战略。据此，1964年的第三届全国人民代表大会提出了从第三个五年计划开始分两步走发展我国国民经济的设想，即第一步从1965年开始用15年左右的时间建成独立的、比较完善的工业体系和国民经济体系，第二步从1980年起到20世纪末全面实现农业、工业、国防和科技的现代化，使国民经济的发展走在世界前列，即用35年时间实现四个现代化。然而，这一最初的战略设想，很快就因"文化大革命"的爆发而被搁置。

从"一化三改"到"超英赶美"，再到"四个现代化"，可以说我国经济发展战略的核心内容就是尽快实现工业化，用工业化代替现代化。优先发展工业，尤其是重工业成为统领一切经济工作的主线。而我国作为后起的发展中国家实现工业化的主要途径就是赶超，目的是奠定强大的工业基础，实现强国的梦想，保障我国国家安全和领土主权，以便在险恶的国际环境中能够生存下来。这种赶超型发展战略在实施过程中呈现以下特点。

一是优先发展重工业，尤其是钢铁工业。新中国成立初期，由于我国建设经验缺乏，加上重工业基础十分薄弱，我国借鉴了苏联的做法，走上了一条从原材料、能源和机械制造工业入手，优先发展重工业的路子。同时因为钢铁工业是整个工业发展的基础，在重工业发展中又把钢铁工业放在了首位。这一方针集中体现在1958年的"大跃进"中，当时提出的口号是"一马当先，万马奔腾，以钢为纲，全面跃进"。15年"赶英超美"也是从钢产量这个角度提出的。片面发展重工业导致了对轻工业、农业和服务业的忽视和抑制。改革开放前30年，我国不仅对轻工业、农业和服务业的投入非常少，而且还通过工农业产品价格剪刀差从农业中挤走了6000亿元资金用于发展工业。忽视轻工业、农业和服务业，使我国各种轻工业产品、粮食和其他农副产品长期短缺，被迫实行凭票供应制度。

二是片面追求高速度、高指标。实行赶超型发展战略，必然导致在实践中片面追求高速度和高指标。改革开放前30年，除"二五"时期，由于受"大跃进"和三年困难时期的影响，经济发展速度较低外，其余四个五年计划时期的发展速度都是比较高的。我国工农业总产值"一五"时期年均增长10.9%；"三五"时期年均增长9.6%；"四五"时期年均增长7.8%；"五五"时期年均增长8.1%；个别年份甚至达到了20%以上。要达到较高的发展速度，在实际经济工作中，必然追求不切合实际的高指标。经济工作只算政治账，不算经济账，把经济效益放在了从属地位。全国浮夸之风盛行，很多工业产品粗制滥造，无法使用，造成严重浪费。

三是重积累、轻消费。发展重工业需要大量资金投入，在没有外部援助的情况下，解决发展资金问题只能靠内部积累，这就涉及如何正确处理积累和消费的关系问题。因为在国民收入总量一定的前提下，积累和消费是此消彼长的。"一五"时期，我国积累率控制在了25%以内，各种经济关系比较协调，经济增长速度比较快，效益比较好，人民生活水平也得到了提高。因而从历史经验来看，积累率控制在25%以内是比较合理的。但从"二五"时期开始，由于受"左"的错误思想的影响，积累率长期高达30%以上。过高的积累率造成了经济生活的紊乱和国民经济比例严重失调，制约了人民生活水平的提高，导致30多年来人民生活没有多大改善。

改革开放前我国实行的赶超战略，虽然使我国建立了独立的工业体系和比较完整的国民经济体系，但是我们也付出了高昂的代价。一是对人民生活欠账太多，新中国成立近30年没有从根本上解决人民群众的温饱问题。二是国民经济发展比例失调，大起大落。三是环境污染、资源浪费严重，能源、原材料长期供应紧张。上述问题的出现，从根本上来说主要是由于忽视以人为本，没有认识到全面、协调、可持续发展的重要性。

二 以富民为目标的我国现阶段经济发展战略的制定和实施

十一届三中全会以后，国际形势发生重大变化，和平与发展成为时代主题，我国改革开放的大幕开始启动。与此同时，党和国家的工作重心随之调整，经济发展的目标由国强转向民富，"温饱型"、"小康型"、"达到中等发达国家生活水平"的"三步走"经济发展战略和鼓励一部分人、一部分地区先富起来，最终达到共同富裕的策略被明确提出和付诸实施。这意味着我国经济发展战略目标发生了重大变化，即把国家的强大真正建立在人民富裕的基础之上，为国家的真正强大培植深厚的根基。随着经济发展战略目标的重新定位，经济结构也由以国防工业和重工业为主的非均衡发展转变为逐步实现积累和消费的协调发展。长期被压抑的轻工业、第三产业迅速发展，人民生活水平显著提高，现代化进程明显加快。富民目标的确立，使各种生产要素的能量前所未有的迸发出来，带来了中国经济的快速发展与整个现代化模式的全面转换。

（一）"三步走"发展战略

改革开放后，以邓小平同志为代表的党的领导集体，在总结了以往经济发展战略经验教训的基础上，从社会主义初级阶段的实际出发，制定了分三步走实现社会主义现代化的发展战略，全面开创了中国特色社会主义现代化建设的新局面。这一发展战略提出于1982年党的十二大，形成于党的十三大前夕。党的十三大对此做了全面的阐述："第一步目标，1981年到1990年实现国民生产总值比1980年翻一番，解决人民的温饱问题；第二步目标，1991年到20世纪末国民生产总值再增长一倍，人民生活达到小康水平；第三步目标，到21世纪中叶人民生活比较富裕，基本实现现代化，人均国民生产总值达到中等发达国家水平，人民过上比较富裕的生活。"1992年党的十四大又进一步肯定了"三步走"的战略部署，并把它纳入邓小平建设有中国特色社会主义理论体系之中。"三步走"发展战略的最大特点就是以温饱、小康、比较富裕等人民的利益追求替代了对物的追求。由于"三步走"发展战略符合实际，措施得力，因此得以顺利实施。经过20多年的改革开放，到2000年我们已经实现了现代化建设的前两步战略目标，经济和社会全面发展，人民生活总体达到小康水平。

（二）"新三步走"发展战略

从21世纪开始，我国开始实施第三步战略部署，进入建设小康社会，基本实现现代化的发展战略新阶段。至于第三步战略怎么走，邓小平在设计"三步走"战略时，只做了一个大致的构想。在实现前两步目标后，把第三步目标和步骤进一步具体化，做出新的战略规划，是现实的迫切需要。江泽民同志在党的十五大报告中指出 21 世纪我们的目标是，"第一个十年实现国民生产总值比 2000 年翻一番，使人民的小康生活更加宽裕，形成比较完善的社会主义市场经济体制；再经过十年的努力，到建党一百年时，使国民经济更加发展，各项制度更加完善；到下世纪中叶建国一百年时，基本实现现代化，建成富强民主文明的社会主义国家"。江泽民在十六大报告中重申，"根据十五大提出的到 2010 年、建党一百年和新中国成立一百年的发展目标，我们要在本世纪头二十年，集中力量，全面建设惠及十几亿人口的更高水平的小康社会，使经济更加发展、民主更加健全、科教更加进步、文化更加繁荣、社会更加和谐、人民生活更加殷实。经过这个阶段的建设，再继续奋斗几十年，到本世纪中叶基本实现现代化，把我国建成富强民主文明的社会主义国家"。这实际上提出了到 21 世纪中叶跨度达 50 年的"新三步走"战略。"新三步走"战略是对旧"三步走"战略的进一步展开，是原第三步发展目标的具体化。按照这个战略部署，我们从 20 世纪末进入小康社会后，将分 2010 年、2020 年、2050 年三个阶段，逐步达到现代化的目标。2010 年前，是第一步，到 2010 年实现国民生产总值比 2000 年翻一番，人民的小康生活更加宽裕，形成比较完善的社会主义市场经济体制；2010~2020 年，是第二步，到 2020 年实现国内生产总值比 2000 年翻两番的目标；2020~2050 年，是第三步，通过 30 年的奋斗，基本实现现代化。

（三）全面建设小康社会发展战略

根据党的十五大提出的到 2010 年、建党 100 年和新中国成立 100 年的发展目标，十六大进一步明确前 20 年的目标任务："我们要在本世纪头 20 年，集中力量，全面建设惠及十几亿人口的更高水平的小康社会，使经济更加发展、民主更加健全、科教更加进步、文化更加繁荣、社会更加和谐、人民生活更加殷实。这是实现现代化建设第三步战略目标必经的承上启下的发展阶段，也是完善社会主义市场经济体制和扩大对外开放的关键阶段。经过这个阶段的建设，再继续奋斗几十年，到本世纪中叶基本实现现代化，把我国建成富强民主文明的社会主义国家。"

十六大提出全面建设小康社会的具体目标是："①在优化结构和提高效益的基础上，国内生产总值到 2020 年力争比 2000 年翻两番，综合国力和国际竞争力明显增强。基本实现工业化，建成完善的社会主义市场经济体制和更具活力、更加开放的经济体系。城镇人口的比重较大幅度提高，工农差别、城乡差别和地区差别扩大的趋势逐步扭转。社会保障体系比较健全，社会就业比较充分，家庭财产普遍增加，人民过上更加富足的生活。②社会主义民主更加完善，社会主义法制更加完备，依法治国基本方略得到全面落实，人民的政治、经济和文化权益得到切实尊重和保障。基层民主更加健全，社会秩序良好，人民安居乐业。③全民族的思想道德素质、科学文化素质和健康素质明显提高，形成比较完善的现代国民教育体系、科技和文化创新体系、全民健身和医疗卫生体系。人民享有接受良好教育的机会，基本普及高中阶段教育，消除文盲。形成全民学习、终身学习的学习型社会，促进人的全面发展。④可持续发展能力不断增强，生态环境得到改善，资源利用效率显著提高，促进人与自然的和谐，推动整个社会走上生产发展、生活富裕、生态良好的文明发展道路。"

党的十七大适应形势的新变化，在十六大确立的全面建设小康社会目标的基础上对我国经济和社会发展提出新的更高要求："①增强发展协调性，努力实现经济又好又快发展。转变发展方式取得重大进展，在优化结构、提高效益、降低消耗、保护环境的基础上，实现人均国内生产总值到2020年比2000年翻两番。社会主义市场经济体制更加完善。自主创新能力显著提高，科技进步对经济增长的贡献率大幅上升，进入创新型国家行列。居民消费率稳步提高，形成消费、投资、出口协调拉动的增长格局。城乡、区域协调互动发展机制和主体功能区布局基本形成。社会主义新农村建设取得重大进展。城镇人口比重明显增加。②扩大社会主义民主，更好保障人民权益和社会公平正义。公民政治参与有序扩大。依法治国基本方略深入落实，全社会法制观念进一步增强，法治政府建设取得新成效。基层民主制度更加完善。政府提供基本公共服务能力显著增强。③加强文化建设，明显提高全民族文明素质。社会主义核心价值体系深入人心，良好思想道德风尚进一步弘扬。覆盖全社会的公共文化服务体系基本建立，文化产业占国民经济比重明显提高，国际竞争力显著增强，适应人民需要的文化产品更加丰富。④加快发展社会事业，全面改善人民生活。现代国民教育体系更加完善，终身教育体系基本形成，全民受教育程度和创新人才培养水平明显提高。社会就业更加充分。覆盖城乡居民的社会保障体系基本建立，人人享有基本生活保障。合理有序的收入分配格局基本形成，中等收入者占多数，绝对贫困现象基本消除。人人享有基本医疗卫生服务。社会管理体系更加健全。⑤建设生态文明，基本形成节约能源资源和保护生态环境的产业结构、增长方式、消费模式。循环经济形成较大规模，可再生能源比重显著上升。主要污染物排放得到有效控制，生态环境质量明显改善。生态文明观念在全社会牢固树立。"

到2020年全面建设小康社会目标实现之时，我国这个历史悠久的文明古国和发展中社会主义大国，将成为工业化基本实现、综合国力显著增强、国内市场总体规模位居世界前列的国家，成为人民富裕程度普遍提高、生活质量明显改善、生态环境良好的国家，成为人民享有更加充分民主权利、具有更高文明素质和精神追求的国家，成为各方面制度更加完善、社会更加充满活力而又安定团结的国家，成为对外更加开放、更加具有亲和力、为人类文明做出更大贡献的国家。

"新三步走"战略和全面建设小康社会发展战略都是邓小平"三步走"战略中第三步目标的具体落实，从以上三个环环紧扣的发展战略中，可以概括出我国经济发展的以下几个特征。

一是从片面追求发展速度向以提高人民生活水平为归宿转变。改革开放以来，我们党从根本上摆脱了过去那种片面追求高速度、高指标的做法，以人民生活水平的提高作为经济发展的出发点和落脚点。从发展目标来看，既有反映国民经济总体发展水平的国民生产总值指标，又有反映人民生活水平提高的指标，始终把提高人民生活水平作为发展的目的和归宿，充分体现了社会主义的本质和生产目的。从发展过程来看，改革开放以来，我们首先在农村实行了家庭联产承包责任制，解放了农村生产力，促进了农村经济的迅速发展。农村经济的迅速发展，拉动了对日用工业品和耐用消费品的需求，从而推动了轻工业的迅速发展，轻工业的发展又进一步推动了能源、原材料等重工业部门的发展。改革开放以来，我国的经济发展是循着不断提高人民生活水平的轨迹向前发展的。从发展结果来看，改革开放30多年来，既是我国经济发展最快的时期，更是人民生活提高最快的时期。

二是从片面发展重工业向经济社会全面发展转变。以往的发展战略要求把重工业特别是钢铁工业的发展置于最重要的考虑地位，为了保证重工业迅速发展，其他部门必须为其让路。改革开放以来，我国经济发展走的是一条农、轻、重并举，第一、第二、第三产业共同发展的路子。虽然我们也把交通、能源、原材料作为战略重点，但和过去那种离开农业、轻工业的发展和人民生活水平的提高，片面地发展重工业的做法完全不同，而是在交通、能源、原材料等成了制约整个国民经济发展瓶颈的情况下加以重点发展的，目的是促进国民经济各部门的协调发展。不仅如此，"三步走"战略作为实现社会主义现代化总体发展战略绝不是一个片面强调经济发展的战略，而是一个多元化的经济社会总体发展战略。正如邓小平同志所说，我们立的章程是全方位的，包括政治、经济、科技、教育、文化、军事和外交等各个方面，是一整套相互关联的方针政策，我们不能顾此失彼。"三步走"战略是一个经济发展与社会进步相统一，物质文明建设与精神文明建设相统一的全面发展战略。

三是从粗放式发展向集约式发展转变。粗放式发展，其实现经济发展的主要途径是增加生产资料和劳动力的数量、增加积累；而集约式发展，其实现经济发展的主要途径是技术的进步和劳动生产率的提高，也就是说经济的发展要建立在提高经济效益的基础上。实行集约式发展战略是实现满足人民需要的根本要求，因为只有实行集约式发展战略，才能使人民的生活在提高经济效益的基础上得到较大的改善，同时又保持较高的经济增长率。党的十二大明确指出，实现从1981年到20世纪末的20年，力争使全国工农业总产值翻两番，要以不断提高经济效益为前提，要把全部经济工作转移到以提高经济效益为中心的轨道上来。党的十四届三中全会进一步指出，快是有条件的，要讲效益、讲质量，快是没有水分的实实在在的速度。《国民经济和社会发展九五计划和2010年远景目标纲要》更加明确地指出，要把经济增长方式从主要依靠投入，追求数量转到以经济效益为中心的轨道上来。这表明，我们党对经济发展战略目标的实践方式已发生了根本性的转变，即从侧重经济增长数量转到坚持效益第一的原则上来。

四是从闭关自守的经济发展战略向以自力更生为主的对外开放的经济发展战略转变。这个转变并不意味着放弃了自力更生的原则，自力更生是要使我国的建设立足于自己力量的基础上。所谓自力更生，就是从我国的具体条件出发，充分利用我国的资源、技术和市场，依靠我国人民群众的力量来发展我国的经济及各项事业。我们必须而且只能主要依靠自己的力量来进行建设。以自力更生为主的对外开放，是要在自力更生的基础上实行对外开放，并通过对外开放增加我国自力更生的能力。这种经济发展战略既不同于一些国家实行的外向型发展战略，也不同于以自给自足为目标的内向型发展战略。因为像我们这样一个人口众多、资源丰富、市场广大的国家，我们的建设资金必须以国内的积累为主，利用外国的资金只能起补充作用；我们发展科学技术必须以消化、吸收、自主创新为主，引进技术只是权宜之计，是手段，不是目的。

上述四个特点是一个完整的经济发展战略的不同侧面，彼此是密切联系的。后面三个层次都是为了实现满足人民的需要这个根本目的。反过来说，只有以满足人民的需要为根本目的，才能从根本上克服过去的经济发展战略所造成的弊端，使经济发展得以平衡协调并富有经济效益。经济平衡协调的发展，要以集约发展为主要途径。而且也只有平衡协调的发展才能避免大起大落和严重失调所带来的巨大损失，使经济效益得以提高。实行对外开放是实现新的经济发展战略的其余三个侧面的必要条件。而经济的平衡协调和集约发展则又为扩大对外开放创造了条件。需要着重指出的是，改革开放前后两种不同经济发展战略转换的原因，是我们党重新确立了实事求是的思想路线，一切从实际出发，从我国国情出发，研究和制定经济发展战略的必然结果。这一方面有力地证明了制定发展战略最根本的原则是要从实际出发，符合国情，另一方面也为现阶段我国经济发展战略的制定奠定了指导思想和方法基础。

第二节 我国消费政策的变化历程

生产与消费是社会再生产过程中两个重要环节，二者之间存在着一定的辩证关系，生产决定消费，消费反作用于生产。一个国家执行什么样的消费政策直接反映在如何处理生产与消费的关系上。我国在不同发展阶段，由于战略目标不同，在处理生产与消费的关系上采取了不同的经济政策，导致我国消费政策呈现出明显的阶段性。回顾1957年以来我国经济发展的历史，我国消费政策大致经历以下几个阶段。

（一）抑制消费政策阶段（1957~1978年）

新中国成立后，中国经济经过短暂的恢复期之后，于1953年开始实施重工业优先发展战略。由于我国资金来源主要依靠国内积累，为此，制定了限制消费的政策，力图将居民消费水平稳定在最低限度，以确保最大限度地资金积累，为重工业发展奠定基础。我国主要采取统收统支的方法来筹集建设资金：一是通过征税或将企业利润全部上交；二是控制居民消费和社会公共消费。为了实现对居民和社会公共消费的有效控制，首先是国家对工资总额和工资水平的控制。由政府下达计划指标额度控制工资总额，全国统一调整工资水平，地方、部门、企业无权增加个人工资，在1957~1976年将近20年时间内，我国工资水平不但没有提高，反而有所下降。其次是限制消费品生产的增长。强调生产资料的优先发展，将大量资源配置在重工业生产上，消费品生产被严重忽视。再次是实行票证控制。全国发行多种票证与货币一起流通，对与人民生活息息相关的粮、油、肉、蛋等生活必需品一律凭证限量供应。最后是对城镇职工的住房、医疗等实行供给制。对于农村居民，一方面实行严格的户籍管理制度，限制农民进城；另一方面运用工农业产品价格剪刀差将农业剩余转化为工业利润，以增加积累资金。农业、轻工业、基础产业及生活服务业发展严重滞后，消费物品和劳务匮乏，造成人们消费空间十分狭窄。从国民收入分配情况可以更清楚地说明改革开放前的消费情况，积累基金的增长速度长期大大超过国民收入的增长速度，消费基金在国民收入使用额中所占比重呈逐渐下降的趋势（表2-1）。从20世纪50年代中期到70年代后期，工业劳动生产率提高了一倍以上，而职工平均工资基本没有变化，1953~1978年职工平均工资年均增长速度只有1.4%，低于同期国民收入6.0%和人均国民收入4.1%的年均增长速度。农村居民人均纯收入也非常低，而且长期处于停滞或缓慢增长状态。与居民收入状况相适应，全国居民的平均消费水平增长幅度也很小，1978年全国居民平均消费水平为175元，仅比1957年增加44%（按可比价格计算），与同期工农业总产值的增长幅度相差3.2倍，与同期国民收入增长幅度相差1.25倍。可见，改革开放前，无论在收入方面还是在实际生活水平改善方面，都远远落后于生产和经济建设的发展。高积累、低消费使得居民消费总量的增长和消费结构的变化非常缓慢、微弱，恩格尔系数居高不下，形成了一种超稳定的低水平消费结构。这种超稳定的消费结构丧失了对供给结构的拉动能力，无法拉动产业结构升级，特别是与消费密切相关的农业和轻工业失去了发展的动力，抑制消费的政策最终造成抑制经济增长的后果。

表2-1 按MPS体系计算的中国消费、积累比例变动情况 （单位：%）

时期	消费水平	平均每年国民收入比上个计划时期增长	平均消费率	平均积累率	平均每年积累总额比上个计划时期增长
"一五"时期	4.2	—	75.8	24.2	—
"二五"时期	-3.3	24.1	70.6	29.4	73.5
1963~1965年	8.6	3.0	77.3	22.7	-22.0
"三五"时期	2.1	22.4	74.2	25.8	51.5
"四五"时期	2.2	25.0	67.0	33.0	78.0
"五五"前三年	2.5	10.4	66.8	33.2	—

资料来源：中华人民共和国国家统计局，1983。

（二）补偿消费政策阶段（1979~1988年）

1978年党的十一届三中全会后，我国重新调整了经济发展战略，消费政策也有了根本转变。在经济社会发展战略中，开始把提高居民消费水平作为重要目标；在宏观经济政策上，调整积累与消费的比例关系，增加消费基金比重；在产业结构上，积极调整产业结构，农业在决不放松粮食生产的同时，大力发展多种经营，工业改变了重工业过重、轻工业过轻的偏向，使轻工业有较大发展；在改善人民生活方面，提高农副产品收购价格，减轻农村税收负担，提高职工工资，允许发放奖金及各种补贴，改善职工住房条件等。我国在政策放宽和提高农产品价格的同时，在农村推行家庭联产承包责任制，使农业生产的潜力充分爆发出来。在城市，我国紧接着进行了一系列改革，如扩大企业自主经营权，允许多种经济成分并存，改革工资、就业制度，调整物价，取消票证、开放市场等。这些改革或直接或间接地扩大了居民自主决策的权力，提高了人们的劳动积极性，发展了经济。随着城乡居民收入和市场购买力的增加，消费品市场供不应求格局形成，大力发展农业和轻工业成为一种必然选择。而城乡经济体制改革，尤其是企业经营自主权的扩大，也使得消费品工业发展在运行机制上得到了支持。消费品工业的快速发展，意味着"高积累、低消费"及"优先发展重工业"战略的结束。

消费需求迅速增长，导致了一定程度的需求膨胀。从居民货币收入的增长来看，居民货币收入增长超过国民收入的增长。职工工资总额由1979年的

646.7亿元上升到1988年的2316亿元，10年间增长了3.6倍；农民家庭人均纯收入由1979年的160.17元上升到1988年的544.9元，10年间增长了3.4倍。1979~1988年，按当年价格计算，国民收入平均每年增长14.6%，按可比价格计算，平均每年增长9.2%。全国居民的货币收入增长速度超过同期国民收入生产额的增长速度。从居民消费水平的提高来看，居民消费水平的提高超过社会劳动生产率的提高。1979~1988年的10年间，居民人均消费水平的年增长速度超过社会劳动生产率增长速度的年份有8年。从改革开放头10年的国民收入分配情况可以看出，1984年是一个重要的历史拐点。1984年之前的居民消费主要表现为数量上的扩张，而且这个时期整个国民经济生产方面所积蓄的潜能得到了空前的释放，由此带来了发展模式的转机，1978~1984年积累率由38%下降到34.4%。因此，可以说这个时期是居民的消费需求与国民经济增长之间"拟合度"最好的时期。而1984年以后，收入的增长超过了生产的发展。城镇居民进入耐用消费品普及阶段，但是耐用消费品的普及速度远远快于国内供给水平增长的速度，到1988年，城市抢购耐用电器导致了整个消费品市场的波动，零售物价指数上升了18.5%，通货膨胀成为困扰全局和影响社会安定的大问题。

（三）适度消费政策阶段（1989~1997年）

针对1988年严重的通货膨胀形势，国家采取了严厉措施限制消费需求。这些措施包括压缩集团消费、加强对工资和奖金的管理、增加城乡居民储蓄、推行住宅商品化等，合理引导购买力分流，吸收和推迟一部分当前的消费需求，以稳定市场。国家采取的紧缩性宏观政策抑制了通货膨胀，但国内市场出现了疲软。扣除物价因素，城镇居民人均生活费收入和实际支出是下降的，这是改革开放以来首次出现下降。1990年农民实际纯收入仅增长1.8%，是改革以来增长的最低点。受收入增长速度下降的影响，居民消费增长幅度开始下降，特别突出的是耐用消费品购买势头被抑制。经过1989~1991年3年的治理整顿，国民经济从1992年驶入快速增长轨道。但是，由于固定资产投资增长过快、信贷投放过多，1993年又出现较高的通货膨胀，导致消费增长过快。为了抑制消费需求过快增长，从1993年开始，国家实行了紧缩性消费调控政策，如提高存款利率、实行保值储蓄、开征消费税、加强工资管理、开展全国消费基金检查、通过新的统一的个人所得税法等。适度从紧的宏观调控政策扼制了通货膨胀，通货膨胀率由1993年的14.7%、1994年的24.1%下降到1997年的2.8%，国民经济转向稳定增长，成功地实现了经济的"软着陆"。但1997年下半年爆发的亚洲金融危机，导致外需减少，加之国内经济发展受结构性因素的深层次影响，导致有效需求不足，通货紧缩趋势突显。

(四) 鼓励消费政策阶段 (1998年至今)

1998年，由于亚洲金融危机的冲击，以及国内经济体制性、结构性矛盾凸现，我国经济运行出现了通货紧缩、消费率下降、市场需求不旺等现象。体制性因素和结构性因素主要包括：居民收入预期不稳；居民收入差距拉大；原有的住房、医疗、养老、就业等福利制度被打破，新的保障体系尚未建立起来；消费信用体制的建立滞后于经济发展的需要等。由于限制消费的体制性因素和结构性因素短时期内不可能消除，就必然需要推行扩张性的消费调控政策。因为在短缺经济条件下，消费品市场表现为卖方市场，居民存在消费"饥渴症"，居民消费需求随投资需求的变化而变化，一旦投资需求增长了，必然会带动居民消费需求的增长，从而促使整个经济增长。但随着买方市场的出现，居民的消费行为变得理性成熟起来，逐渐脱离了投资需求对它的决定性影响，成为经济运行中的独立变量。受多种因素制约，1998年大规模扩大公共投资需求，但并没有带动消费需求的迅速增长，消费对经济增长的拉动作用明显偏弱。消费是生产的目的和归宿，又是社会再生产的起点，过度依靠投资需求拉动经济增长的局面终究是不可持续的。为了扩大消费需求，发挥投资与消费对经济增长的双重拉动作用，抑制经济增长下滑及通货紧缩局面，1999年之后，我国消费政策出现了根本性转变，由过去限制消费转向鼓励消费，出台了一系列旨在鼓励扩大消费需求的措施，取消了各种限制消费的过时政策。启动消费需求的系列政策取得了积极成效，对抑制和扭转通货紧缩局面，促使经济进入新一轮增长周期发挥了重要作用。我国采取的主要政策有以下几项。

第一，长期实行低利率政策。1996~2002年中央银行连续8次大幅降低储蓄存款利率，促进居民调整储蓄与消费比例，激发消费者即期消费意愿。金融机构一年期存款基准利率从1997年10月23日的5.67%降至2002年2月21日的1.98%（这一利率水平一直持续到2004年10月29日央行加息），一年期存、贷款利率分别下降了约65%和38%，利率水平降到了改革开放以来的最低点。之后，虽然利率有所上升，但一直处于较低水平。我国长期实施的低利率政策，使城乡居民储蓄存款增幅逐年下降，居民储蓄增长率由1996年的30%左右下降到2010年的16.3%，达到了适当分流储蓄、促进消费的目的，对居民即期消费和预期消费产生了积极的促进作用。

第二，税收政策向消费倾斜。一是征收利息税，刺激储蓄资金向消费市场分流。在大幅度降息的同时，为进一步刺激居民消费，1999年8月，我国开始对储蓄存款利息所得征收利息税，税率为20%，2007年降至5%，减少居民储蓄存款收益，迫使居民减少存款，扩大消费。二是不断降低房屋买卖契税。2002年我国房屋交易契税由6%调低至3%；2003年7月1日北京市个人购买普通商品房税率降至1.5%；2008年11月1日我国对个人首次购买90平方米及以下普通住房税率下调到1%。三是降低小排量汽车消费税率。汽车消费税从1994年开始征收，按排气量大小设置了三档税率，排量小于1.0升的轿车税率为3%，1.0升≤排量<2.2升的轿车税率为5%，排量≥2.2升的轿车税率为8%。2006年4月1日调整了汽车消费税，档次由3等细分为6等（排量在1.0升（含）以下的乘用车，税率未变）：1.0~1.5升（含）的税率为3%，1.5~2.0升（含）的税率为5%，2.0~2.5升（含）的税率为9%，2.5~3.0升（含）的税率为12%，3.0~4.0升（含）的税率为15%，4.0升以上的税率为20%。2008年我国再次对汽车消费税进行了调整，排量在1.0升以下的乘用车税率由3%下调至1%，1.0~3.0升（含）的乘用车税率未变，3.0~4.0升（含）的乘用车税率上调至25%，4.0升以上的乘用车上调至40%。税率调整的特点是不断拉大不同排量汽车的税率差距，加大大排量和高能耗小轿车、越野车的税收负担，同时相对减轻小排量汽车的负担，鼓励生产厂家和消费者生产使用小型、节能、环保型家用汽车，体现出对生产和使用小排量车的鼓励政策。四是不断提高个人所得税起征点。2006年我国个人所得税从1980年设置的800元起征点提高到1600元，然后又在2008年从1600元提高到2000元，2011年调至3500元。通过提高个税起征点，大大降低了我国工薪阶层纳税人数和纳税数额，让更多的中低收入者收入水平和消费能力得到提高。

  第三，大力推行消费信贷。过去，我国银行的信贷业务主要是生产建设性信贷，而消费信贷几乎为空白。根据国际经验，积极拓展和稳步推进消费信贷，对于扩大内需，提高居民消费能力和消费水平，实现消费结构升级，促进新的经济增长点形成，具有重要推动作用。1999年3月，中国人民银行发布了《关于开展个人消费信贷指导意见》之后，有关发展消费信贷的政策和措施不断出台，从支持个人购买住房、汽车，到推出耐用消费品贷款、教育助学贷款、旅游贷款等，消费信贷品种逐步扩大。同时，为生产厂家和商家提供多种形式的金融服务，开展信用销售，鼓励将银行卡作为个人消费的支付工具。在严密防范风险的前提下，允许商业银行在特定的达到一定信用等级的客户中发行信用卡（贷记卡）。为了从技术上解决各商业银行和零售企业的正确授信问题，2005年12月由中国人民银行组织开发的全国个人信用信息基础数据库开始运行，各商业银行按其要求，及时、准确和完整地报送本机构所有个人贷款、贷记卡和准贷记卡的信息，使个人借款信息在全国范围内实现互联互通，为扩大信贷消费创造必要的制度条件。中国消费信贷虽然起步较晚，但发展速度比较快，在较短时间内初步形成了以住房按揭贷款为主体，包括汽车消费贷款、助学贷款、大额耐用消费品贷款及旅游贷款等项目的消费信贷体系。2005~2010年，我国消费贷款余额以年均29%的速度增长，2010年我国个人消费信贷市场规模达到7万亿元，成为亚洲仅次于日本的个人消费贷款余额大国。

第四，大幅提高居民收入水平。我国不断深化机关事业单位工资改革，初步建立了符合机关和事业单位特点的工资制度。1998~2007年，我国先后7次大幅度提高机关事业单位职工工资标准和离退休人员养老金标准。1999年7月1日，公务员平均加薪30%，2001年两次调整工资（其中1月调整基础工资，10月调整职务工资），2003年、2004年、2006年和2007年我国又连续4次较大幅度提高了公务员和事业单位职工工资，国有企业职工工资也不同程度地比照执行。我国不断提高企业退休人员养老金水平，2012年1月1日起，我国再次提高企业退休人员基本养老金水平，这是继2005年之后，我国连续8年提高企业退休人员基本养老金水平，月人均增加150元左右，直接惠及全国4000多万企业退休人员。我国企业退休职工养老金水平从2005年的714元、2007年的963元、2009年的1225元，一路上涨到2011年的1531元，2011年与2005年相比增加了一倍多。

提高农民收入，促进农村消费增长，成为消费调控政策的重要内容。近年来，中央对"三农"的政策支持力度是相当大的，包括取消农业税、免除农村义务教育费、实行粮食收购保护价和实行"四补贴"等多项惠农政策。我国从2004年开始在部分省份实行减征或免征农业税，2005年全国28个省份全面免除了农业税，2006年全国彻底取消农业税，延续了2600多年的"皇粮国税"走进历史博物馆；我国从2006年开始全部免除西部地区农村义务教育阶段学生学杂费，2007年扩大到中部和东部农村地区，2008年扩大到全国城乡地区，大大减轻了城乡居民教育负担。为了促进农民增收，保护农民种粮积极性，我国从2004年实行粮食收购保护价政策，确保农产品价格处于合理水平，使农产品价格上涨幅度明显高于居民消费价格上涨幅度（表2-2），让农村居民农业丰收的同时顺利实现增收，使历史上"谷贱伤农"的悲剧不再重演。我国加大支持"三农"力度，大幅提高粮食直补、农资综合直补、良种补贴、农机具补贴标准，补贴规模进一步扩大。2011年中央财政安排"三农"支出9884.5亿元，其中粮食直补151亿元，农资综合补贴860亿元，良种补贴220亿元，农机具购置补贴175亿元，四项补贴共计1406亿元，比上年增长14.7%。一系列减轻农民负担和增加农民收入政策的实施，对提高农民收入、改善农民收入预期和提高农民购买力起到了积极的作用。

表2-2 中国历年对粮食的最低收购保护价统计（2008~2011年） （单位：元/50公斤）

粮食	2008年	2009年	2010年	2011年	2008~2011年上涨幅度/%
早籼稻	77	90	93	102	32.5
中晚稻	79	92	97	107	35.4
粳稻	82	95	105	128	56.1
白小麦	77	87	90	95	23.4
红小麦	72	83	86	93	29.2
混合麦	72	83	86	93	29.2

资料来源：中国纺织工业协会.2011.中国纺织工业发展报告2010~2011.北京：中国纺织出版社

我国不断提高低收入群体等社保对象待遇水平，增加城市和农村低保补助，继续提高优抚对象生活补助标准。截至 2011 年年底，全国城市居民最低生活保障对象人数为 2277 万人，每月平均低保标准为 288 元/人，每月平均低保补助水平为 225 元/人；全国农村最低生活保障对象人数为 5314 万人，每月平均低保标准为 143 元/人，每月平均低保补助水平为 96 元/人。为提高孤儿基本生活补助标准，2011 年中央财政将东部、中部、西部孤儿保障标准分别提高至人均 200 元、300 元、400 元，比 2010 年提高 11%，惠及全国 66 万名孤儿。

第五，扩大"假日消费"。为了满足人民群众休闲娱乐的消费需求，我国在劳动时间和休闲时间的制度性安排上做出调整，使居民劳动时间不断缩短，休息时间不断延长。1995 年之前，我国劳动者法定假日和星期天累计每年休息天数为 59 天。1995 年 5 月实行双休日制度后，每年休息天数增至 111 天。1999 年我国对节假日进行调整，将国家法定节假日增加了 3 天，总天数共 10 天。其中，新年 1 天，春节 3 天，劳动节 3 天，国庆节 3 天，再加上调整的前后两个双休日，就形成了每年 3 个连续 7 天的长假，使中国人每年的法定休息日达到了 114 天。2008 年国务院将国家法定节假日由 10 天增加为 11 天，保留春节、"十一"两个黄金周，取消"五一"黄金周，除夕、清明节、端午节和中秋节四个民族传统节日被纳入国家法定节假日，各休一天，加上双休日，每年休息天数增至 115 天，这样每年出现 2 个集中休假高峰——春节（7 天）、国庆（7 天），以及 5 个集中休假小高峰——元旦（3 天）、清明（3 天）、五一（3 天）、端午（3 天）、中秋（3 天），出现了法定节假日与周末连休 3 天的小长假、黄金周和个人带薪休假并存的新局面。目前，我国居民每年实际休息天数为 115 天，休息天数占全年天数的 31.5%，使人民群众有了更多的闲暇时间，有利于人们安排出行活动，刺激消费，扩大内需，促进经济发展。

第六，扩大教育消费。为扩大内需，延迟新增劳动力就业压力，国家决定从 1999 年开始扩大高校招生规模。1999～2005 年我国普通高等学校招生人数连续 7 年以两位数的速度增长，其中 1999 年增长 47.3%、2000 年增长 38.1%、2001 年增长 21.6%，录取率自 2001 年之后开始突破 50%，一度达到 60%。在我国普通高校招生规模逐年扩大的同时，我国研究生扩招幅度增长也很快。进入 2000 年以来，我国硕士研究生报名人数、招生人数、招生单位数量均创历史新高，录取率也呈总体上升趋势。硕士研究生录取人数从 1999 年的 9.22 万人猛增到 2012 年的 51.72 万人，增长 4.6 倍。2011 年全国各类高等教育总规模达到 3167 万人，高等教育毛入学率达到 26.9%，表明我国高等教育已由精英教育开始步入大众教育阶段。招生规模的大幅度上升对于增加居民教育支出、扩大内需起到积极的推动作用。

第七，推出间接鼓励消费政策。这些政策主要包括：推进农业产业化，倡导绿色优质高效农业，开拓农村市场，发展中小城镇，改造农村电网，降低农村电价，实现城乡用电同网同价，实行"村村通广播电视工程"、"村村通公路工程"，实施"希望工程"，调整工农业产品结构以改善供给、广泛建立城乡社会保障体系（失业、医疗保险、养老金制度、最低生活保障制度等）、实行公共服务产品价格听证会制度等，几乎所有经济政策的出台都含有增加收入、刺激消费的考虑。这些政策减缓了居民消费需求下降趋势，有效地推动了整个经济的平稳较快增长。社会消费品零售总额从1998年的29 152.5亿元增长到2010年的156 998.4亿元，年均增长15.1%，居民消费心理稳定，消费行为更趋理智和成熟。

综上，新中国成立以后，我国经济发展战略大致经历了两个阶段，即以强国为目标，以"一化三改"、"超英赶美"、"四个现代化"为标志的赶超型经济发展战略阶段和以富民为目标，以"三步走"、"新三步走"、全面建设小康社会为标志的新时期经济发展战略阶段。与经济发展战略相适应，我国消费政策先后经历了抑制消费、补偿消费、适度消费、鼓励消费四个不同的消费政策阶段，我国居民消费水平也经历了从短缺到满足、从限制消费到放开消费、从重物质消费到重劳务消费的发展过程，消费观念不断更新，消费的档次和水平不断提高，我国居民消费朝着个性化、多样化、健康化轨道发展。

第三章 计划经济时期城镇居民物质消费水平的变化趋势（1957～1978 年）

1957 年以后，中国掀起了社会主义建设高潮。由于受急于求成和"左"倾错误的影响，在经济建设过程中，中国逐步偏离了以满足人民日益增长的物质与文化生活的需要为目的的经济发展目标，片面追求经济发展的高速度，先后发动了以"赶英超美"为中心的钢铁"大跃进"、以备战为中心的"三线建设"和以追求高产值为中心的"洋跃进"，长期把人民群众的生活改善隔离于经济发展之外，使居民收入水平和消费水平的增长幅度大大低于国民收入的增长幅度。为了配合国家发展战略的需要，党和政府对人民群众采取抑制消费的政策，推行了凭票供应制度和低工资政策，人民群众长期处在均衡的、低水平的生活状态中，形成了千孔一面的消费结构和消费方式。

第一节　城镇居民消费水平的影响因素分析

一　城镇居民消费水平的简单概括

这一时期，受国家发展战略和政治运动因素的影响，中国居民消费水平提高十分缓慢，经历了"急速下降—恢复发展—缓慢增长"的过程。"二五"时期中国居民消费水平改变了"一五"时期稳定增长的局面，而急转直下，年均增长速度出现负增长，其中非农业居民消费水平下降最为厉害，年均增长率达到－5.2％。1963～1965 年的增长幅度虽然较高，年均增长达 8.6％，却是在"二五"时期人均消费水平出现了负增长的基础上出现的，相当部分的增幅带有恢复的性质。"三五"及"四五"时期均为居民消费水平的低速增长时期，年均不超过 2.2％。"五五"时期消费水平年均增长速度达到 4.8％，主要是"五五"后两年，即 1979 年和 1980 年分别增长了 6.7％和 9.5％的缘故。1976～1978 年 3 年分别增长了 1.8％、0.9％和 5.1％（表 3-1）。1957～1978 年，全国居民人均货币消费水平由 108 元上升到 184 元，平均每年递增 2.6％，实际消费水平平均每年递增 1.7％，其中城镇居民货币消费水平由 222 元上升到 405 元，平均每年递增 2.9％，实际消费水平平均每年递增 2.4％，无论是城镇居民还是农村居民，生活水平都处于低速增长的状态（国家统计局国民经济综合统计司，1999）。到 20 世纪 70 年代末，在城镇居民中生活困难的居民仍占有相当大的比例。据国家统计局1977年对全国16个省（自治区、直辖市）88 282户职工家庭的调查，占39%的职工家庭人均月收入在20元以下，生活处于紧张状态（程秀生，1988）。这一时期，城镇居民恩格尔系数在0.60左右徘徊，生活处于绝对贫困状态。正如邓小平所说，"中国社会从一九五八年到一九七八年二十年时间，实际上处于停滞和徘徊的状态，国家的经济和人民的生活没有得到多大的发展和提高"（邓小平，1993）。古人云："饮食者也，侈乐者也，民之所愿也。足其所欲，赡其所愿，则能用之耳"。（管子，2000）只有满足了人们对物质和精神享受的要求，人们才能进行社会经济活动。新中国成立以后，在相当一段时期内，中国居民消费水平的增长速度慢于经济增长的速度，从而在某种程度上抑制了劳动者的生产积极性。

表3-1 我国居民消费水平年均增长速度 （单位:%）

时期	按可比价格计算		
	全国居民	农民	非农业居民
"一五"时期	4.2	3.2	4.8
"二五"时期	-3.3	-3.3	-5.2
1963~1965年	8.6	8.2	12.3
"三五"时期	2.1	2.5	2.1
"四五"时期	2.2	1.3	4.2
"五五"时期	4.8	4.1	4.9

资料来源：中华人民共和国国家统计局.1988.中国统计年鉴1987.北京：中国统计出版社

二 影响城镇居民消费水平的主要因素

（一）发展战略的影响

1957年以后，中国继续坚持新中国成立初期优先发展重工业的战略思路，希望通过发展重工业，建立起一套门类齐全的工业化体系，实现从农业国向工业国转变的伟大目标。当时一个普遍的观点认为，要在一个经济相当落后、基础不太丰厚的条件下，实现工业化的一条主要途径，就是要靠牺牲农业和轻工业，最终以牺牲居民生活的改善为代价，最大限度内集中全国的人力、物力、财力，通过资源的高度倾斜配置才能达到。正是在这种思想的指导下，在处理积累与消费的关系上，片面地重积累、轻消费，长期将居民消费的增长隔离在工业化进程之外。在国民收入分配与再分配过程中,积累基金①所占比重过大。"二五"时期年均积累率为30.8%,"三五"时期年均积累率为26.3%,"四五"时期年均积累率为33%,1976~1978年年均积累率为33.5%。在国民收入增长既定情况下,积累率过高,必然是挤消费、压消费。从表3-2可以看出,自"二五"时期以来,积累总额的增长速度都大大超过了人均国民收入的增长速度和年均消费总额的增长速度。

表3-2 不同时期国民收入及积累与消费增长速度

时期	年均国民收入 总额/亿元	比上个计划期增长的比率/%	年均积累额 总额/亿元	比上个计划期增长的比率/%	年均消费额 总额/亿元	比上个计划期增长的比率/%
"一五"时期	133		199.6		624.8	
"二五"时期	165	24.1	346.4	73.5	776.8	24.3
1963~1965年	170	3.0	270.3	−22.0	922.3	18.7
"三五"时期	208	22.4	409.4	51.5	1147.6	24.4
"四五"时期	260	25.0	728.4	77.9	1482	29.1
1976~1978年	287	10.4	889	22.0	1768	19.3

资料来源:中华人民共和国国家统计局.1983.中国统计年鉴.北京:中国统计出版社
注:国民收入是国民收入生产额,而消费与积累额按国民收入使用额计算

由于国民收入使用额中,积累额所占比例过大,有的年份甚至超过35%,如1959年积累率达43.8%,1978年积累率达36%。这样就侵蚀了消费基金的正常增长,造成消费和积累比例的严重失调,国民经济始终在高积累、低消费、低效益、低速度的状态中徘徊。这一时期,城镇居民收入增长十分缓慢,按当年价格计算,1957年全民所有制单位职工平均工资637元,到1978年上升到644元,名义工资仅上升7元,人均工资的增长率长期落后于国民收入的增长率,微薄的收入使居民只能用于即期消费,维持最基本生活需要。长期以来,正是受国家发展战略的影响,加上指导思想的失误,使居民消费水平提高不快,在住宅、教育、文化、卫生等方面对人民群众欠账太多,给人民生活造成很大

---

① 社会主义国民收入经过初次分配和再分配,最终在使用上分为积累基金和消费基金。积累基金是国民收入中用于扩大再生产、进行非生产性基本建设和建立物资储备的那部分基金。消费基金是国民收入中用于满足劳动者个人及社会公共消费需求的那部分基金。消费基金按其使用形式分为个人消费基金和社会消费基金。个人消费基金,用于支付劳动者的劳动报酬,以满足他们及其家庭成员的生活需要,它在消费基金中占有较大的比重。社会消费基金可分为:①国家管理基金,用于国家行政管理及国防等方面的支出;②文教卫生基金,用于科学、文化、教育、保健事业等方面的支出;③社会保证基金,用于保证丧失劳动能力的人的生活需要和社会救济等方面的支出。虽然消费基金从使用形式上分为个人消费基金和社会消费基金,但在社会主义制度下,这两部分基金的最终使用目的是一致的,个人消费基金构成劳动者个人收入的主要来源,社会消费基金也会通过各种方式或直接或间接地增加劳动者个人收入,提高他们的生活水平。随着生产的发展和劳动生产率的提高,不但个人消费基金能够逐步增长,而且社会消费基金也将日益增加。

困难,使人民群众没有随生产的发展而得到应有的实惠。这种长期压低居民消费增长的做法,明显违背了社会主义生产增长和消费提高之间存在的相互依存关系,其结果不仅挫伤了劳动者的生产积极性,而且也造成了国民经济结构的恶化和社会资源配置效益的下降。

(二) 商品供应短缺

生产是影响消费、制约消费的主要因素。在正常情况下,生产的发展必然带来消费的相应发展,反之亦然。在各类生产中,消费品生产(主要是农业和轻纺工业生产)与消费的关系最为直接,对消费的影响也最大。在新中国成立以后的30年里,中国消费品生产前进的步子不大,农业、轻纺工业的发展受到一系列因素的制约。国家总的经济政策是片面强调优先发展重工业,强调"以钢为纲",在积累基金的使用上,重重、轻轻、轻农,造成农、轻、重比例失调,农业和轻工业生产十分落后。中国人均耕地面积只有世界人均耕地面积的1/3,农业劳动生产率低,受自然条件制约大,而且农业生产的组织形式与生产力水平不相适应。虽然农业人口占总人口的8成以上,农业劳动力占总劳动力的7成以上,全国人民近8亿农民"搞饭吃",农产品仍远远不能满足国民经济发展和人民生活的需要。1978年人均主要农产品产量分别是粮食637斤[①],棉花4.5斤,食油4.8斤,糖4.7斤,肉17.9斤,水产品9.7斤,都低于世界平均水平(粮食874斤,食油30斤,糖50斤,肉40斤)。1957~1977年人均粮食占有量不但没有上升,反而有所下降,从1957年的603斤下降到598斤,1978年只是略高于1957年的水平,没有超过新中国成立前1936年660斤的水平。1978年净进口粮食139.2亿斤,棉花952万担,动植物油5.82亿斤,食糖132.8万吨,这种情况同中国这样一个农业大国极不相称(苏少之,2002)。农业的缓慢发展又在很大程度上制约着轻纺工业的发展。轻纺工业的原材料供应一直处于紧张状态,同时存在质量差、不稳定、缺乏原料基地等矛盾。食品工业的原料政策是"找米下锅"、"有啥吃啥",造纸工业的原料来源是"有木吃木,无木吃草"。再说,中国轻纺工业真正能够有所作为的时间很短,只不过第一、第二个五年计划的10年,就是这段时间,还受到"大跃进"的冲击。在20世纪50~60年代初,传统的行业还没有得到充分的发展,新兴行业有的刚刚形成,有的还在打基础,而"文化大革命"又将它们的发展耽搁了。此外,小手工业也是既被挤,又受压,或者减少人员,或者转为大工业服务,失去了为群众生产日用小商品的方向。上述状况决定了中国消费品供应的总趋势为供不应求。从新中国成立至十一届三中全会召开之前的30年中,消费品供应紧张的年

---

① 1斤=0.5公斤。

份达18年，其余年份的供应也谈不上十分充裕。数量既然不足，质量、花色和品种的选择更谈不上。卖者控制市场，买者苦于无奈。人民群众几十年都是在紧紧巴巴的状态下过日子。

（三）消费者选择失去自由

长期以来，城镇职工收入构成的基本特征是商品经济下的货币工资与产品经济下的实物配给相混合。城镇居民的收入实际上由两部分组成：一部分为居民可支配货币性收入，包括工资、各种福利性"明补"，以及除各类工资外的货币收入；另一部分则由政府支配，以财政补贴方式或通过"企业办社会"的途径分配给居民。它体现为各类福利性"暗补"及实物发放。与西方家庭消费支出相比较，中国城镇居民的可支配货币收入主要用于商品性支出（食品、衣着、日用品、文娱用品与服务等）、非商品性支出（住房、水电、燃气，以及医疗、公共交通等服务），以实物配给为主，由政府直接或通过居民所在单位提供，国家基本上是象征性收费。因此，我国城镇居民的消费市场实际上由商品性消费市场和非商品性消费品配额市场组成，属于不完全商品性消费市场。前者基本上通行市场交换准则（商品性消费市场只能说基本上通行市场交换原则，因为长期以来，该市场内许多商品存在配给量限制，且商品价格由政府决定），后者则不存在实质性"货币—商品"交换。

为了满足广大居民低水平的消费需求，进一步控制消费，使居民的消费行为服从于国家的长期建设计划，中国政府主要采取两套措施。一是在商品性消费品市场上，采取低工资制和对基本生活消费品（粮、油、肉类、布等）实行凭票供应的配给制度两种手段，来控制居民的购买能力。这使货币作为购买手段的基本职能受到限制，使人们不能根据自己的需要选择消费，失去了商品交换的自由。二是在非商品性消费品市场上，不是采取按价值规律要求通过市场交换形式，而是采取非货币化的免费或近似免费等直接配给形式，抛弃了货币这个"牵线人"，人为地割断了"需要和对象之间、人的生活和生活资料之间"（马克思和恩格斯，1979）的联系，个人亦不能自由选择消费。通过以上两套措施，居民的消费规模和消费水平基本上处于国家的掌控之中。1978年武汉市居民买足定量供应的消费品，加上房租、水电等必需的支出，每人每月需22.74元，相当于当年全国城市职工家庭月人均消费支出的85%左右，可见居民选择性消费支出的比重很小（程秀生，1988）。因此，在改革开放以前，消费体制的运行是以计划调节和行政干预为主的。这种传统的消费体制运行模式通过各种直接的或间接的行政干预，对消费者的个人选择予以否定。计划经济体制下的居民消费支出与其说是由个人收入决定的，不如说是由国家计划和生产部门决定的。

(四) 人口极度膨胀

人口,既是生产者,又是消费者。作为生产者,人口创造社会财富,为市场提供多种多样的商品和劳务;作为消费者,通过消费活动,满足衣、食、住、行等生活需要,可以恢复和再生产出其在生产过程中消耗的体力和脑力。需要指出的是,人口作为生产者是绝对的,有条件的,其对市场供给的影响还取决于生产过程中的诸多环节和资源配置状况,而作为消费者是相对的,无条件的。抽象掉作为生产者的一面,人是天然的消费者,人口群体就是消费者群体。人口的过度增长必然引起消费需求的增加,导致供求关系紧张。为满足人们的消费需求,一定时期的经济发展速度必须与人口的增长速度之间保持一定的比例关系,低于这一比例关系就会造成供求失衡,影响人们生活。人们通常用人均 GDP 增长速度作为衡量经济发展速度的指标,用人口增长率作为人口增长速度的指标,把人口与经济增长速度之比[①]作为衡量人口与经济关系是否协调的重要指标。根据人口与经济增长之比,可以把人口与经济的关系分为"马尔萨斯区间或灾难性区间"(比率小于1)、"不能容忍区间"(比率低于3)、"警戒区间"(比率为3~4)、"协调区间"(比率大于4)和"起飞区间"(比率稳定在7以上)。改革开放前,由于人口政策的失误,造成人口增长率极高,人口总体规模增长过快,1957年以来中国人口平均以每年19‰的速度增长,大多数年份出生率都在20‰以上,总人口从1957年的64 653万人骤增到1978年的96 259万人,短短20年时间,人口净增3.2亿人。而同期国民经济发展速度受政治因素的影响忽高忽低,很不稳定,1957~1978年人均国内生产总值平均增长率为3.40%,人口与经济增长之比为1.78(表3-3),人口与经济关系在不能容忍区间内运行,即经济的发展满足不了人口增长引起的消费需求,生产处于严重不足状态,商品短缺成为这一时期中国经济的一种常态。在总需求大于总供给条件下,恢复供求平衡的办法有两种:一是尽可能增加总供给,二是尽可能减少总需求。在生产条件、人口政策和国家发展战略既定的条件下,恢复供给平衡的办法主要是在减少消费需求上做文章。中国在实行凭票供给制度后,便逐步降低了对城镇居民的供给标准。据《沈阳市志》记载,1959年城市居民人均口粮标准由每月15公斤降低到13.5公斤;1968年又规定城市居民在定量内每人每月节约0.5公斤粮食。加上副食品供应不足,这个时期缺粮户较多。1974年年末,城市居民缺粮户占总户数的30%,一般每月缺粮3~5天。食用植物油的定量标准也在降低,从1958

[①] 人口与经济增长速度之比通常以人口增长速度为1,计算所对应的经济增长速度。计算公式=人均国内生产总值增长速度/人口增长速度。

第三章 计划经济时期城镇居民物质消费水平的变化趋势（1957~1978年）

年2月起，供应一般居民的食油定量由每月的0.38公斤减为0.25公斤，职工和回民一律减为0.35公斤；1960年11月供应一般居民食用油再次减为每人每月0.15公斤，职工与回民减为每人每月0.25公斤；1961年4月，一般居民、职工和回民的食油定量一律定为每月0.15公斤；1962年5月降到最低点，每人每月供应0.1公斤；1964年5月恢复每人每月供应0.15公斤；1965年8月增加为每人每月0.25公斤；1968年10月又减为每人每月0.15公斤。棉布供应也逐渐减少，1957年沈阳市城市居民每人每年供应棉布39尺[①]，1962年降为8.3尺，仅够做一件上衣，1969年为21.5尺，仅够做一套棉衣，之后此标准长期未变（沈阳市人民政府地方志编纂办公室，1994）。人口的极度膨胀，加上农业和轻工业发展缓慢，人民群众的生活水平长期处在低水平的状态。

表3-3 1957~1978年中国人口动态与经济动态比较

年份	人均国内生产总值/元	人均国内生产总值增长率/%	年底总人口/万人	人口比上年增长的比率/%	人口与经济增速之比
1957	168	2.43	64 653	2.90	0.84
1958	200	18.29	65 994	2.07	8.82
1959	216	6.70	67 207	1.84	3.64
1960	218	−0.46	66 207	−1.49	
1961	185	−26.59	65 859	−0.53	
1962	173	−6.40	67 295	2.18	−2.94
1963	181	7.59	69 172	2.79	2.72
1964	208	15.50	70 499	1.92	8.08
1965	240	14.30	72 538	2.89	4.94
1966	254	7.69	74 542	2.76	2.78
1967	235	−8.07	76 368	2.45	−3.29
1968	222	−6.58	78 534	2.84	−2.32
1969	243	13.71	80 671	2.72	5.04
1970	275	16.19	82 992	2.88	5.63
1971	288	4.13	85 229	2.70	1.53
1972	292	1.25	87 177	2.29	0.55
1973	309	5.42	89 211	2.33	2.32
1974	310	0.22	90 859	1.85	0.12
1975	327	6.77	92 420	1.72	3.94
1976	316	−3.11	93 717	1.40	−2.22
1977	339	6.13	94 974	1.34	4.57
1978	379	10.22	96 259	1.35	7.55
1957~1978		3.40		1.91	1.78

资料来源：中华人民共和国国家统计局，2002
注：人均国内生产总值按可比价格计算

[①] 1尺≈0.333米。

(五) 以苦为乐观念的影响

这一时期影响人们消费行为的一个重要因素是来自于建立在中国传统观念基础上的政治力量。为适应国家片面发展重工业的战略要求，应对工农业生产连续遭受挫折的局面，中国政府结合几千年来所形成的崇尚节俭的传统道德观念，利用舆论宣传工具，在全国上下逐渐树立一种以节俭为美、以吃苦为乐的消费观念。这种观念的培养主要通过以下途径。一是上行下效。早在七届二中全会上，毛泽东就号召全党同志务必保持艰苦朴素的作风。毛主席、刘少奇、周恩来等老一辈革命家带头勤俭节约、艰苦奋斗的举动，深深感染着广大人民群众，成为人民群众学习的楷模。二是舆论引导。从20世纪50~70年代，各种赞扬吃苦为乐的宣传口号不绝于耳，"省吃省用过日子，勤俭治家生活美"、"学会吃大苦耐大劳"、"敢于吃苦，乐于吃苦"、"为革命吃苦心里甜"、"吃苦在前，享受在后"、"为人民服务不怕吃苦流汗"等口号充斥在宣传媒体中，使艰苦奋斗、以苦为乐的观念内化为人们的价值观、是非观，进而上升为基本的社会道德，构成对人民群众的一种软约束。但道德的力量是一种潜移默化的作用，在短期内效果不是很明显。三是贴阶级标签。为了尽快地把人们的思想统一到国家意志上来，政府为节俭贴上阶级的标签，把追求享受说成是资产阶级的本性，把吃苦为乐说成是无产阶级的本色，借助政治的力量构成对人民群众的一种硬约束。在那种口号震天响的舆论氛围中和高压态势下，人们的审美观念开始改变，逐渐形成了以朴素为美、以苦为乐的审美观。这样中国政府在当时社会就成功地营造了一种独特的价值系统，在这个系统里，朴素成为普遍崇尚的价值标准。于是，以苦为乐转化为人们自觉的行动，人们比赛吃苦，以吃苦为荣，甚至把正常、合理的消费与艰苦朴素对立起来，把做一件新衣、买一双新鞋、听一场戏、看一场电影、在机关食堂吃饭要一个甲等菜等，都看做是浪费和不光荣的事情。有的地方把凡是超过最低生活标准的消费都当做浪费来批评。人们在消费上不能逾越起码的生活标准，往往克制再克制，禁欲成为一种美德。然而，这种以苦为乐、艰苦朴素的行为是人性扭曲的表现，它并不是人们内生的，而是社会强加的，并被赋予了强烈的政治意义，人们不得不以"朴素"来装饰自己，否则就会给自己带来难以预料的灾难。

第二节 城镇居民改善甚微的物质消费分析

一 以吃饱为目的的食物消费

中国在1957年以后的社会主义建设过程中，继续坚持新中国成立初期优先

第三章　计划经济时期城镇居民物质消费水平的变化趋势（1957~1978年）

发展重工业的战略思路，在相当长的一段时间内，以牺牲农业和轻工业为代价，片面发展重工业，最终建成的是一种以自我服务为目的、为生产而生产的工业体系，而将居民消费的增长长期隔离在工业化进程之外，加上"大跃进"、"文化大革命"运动及人口膨胀等因素的影响，造成这一时期城镇居民生活水平停滞不前，食物消费结构和消费状况并没有随着经济的发展而得到相应的提高和改善。

（一）形成"粮食＋鲜菜＋动物性食品"的消费格局

为分析方便，笔者选用食品购买量作为消费量。在城镇居民主要食品购买量中，如果把食用油、糖、烟、酒忽略不计，把猪牛羊肉、家禽、鲜蛋、水产品、鲜奶统称为动物性食品，那么城镇居民食品消费主要由粮食、鲜菜、动物性食品构成，形成城镇居民食品消费的三大支柱。由于粮食是低档食品，其消费量随着人们生活水平的提高而减少；动物性食品是正常食品，其消费量随着人们生活水平的提高而增加；鲜菜受人们消费偏好的影响，在经济发展水平较低的情况下被看作正常食品，其消费量随着人们生活水平的提高而增加，在经济发展水平较高的情况下被看作低档食品，其消费量随着人们生活水平的提高而减少。三者在不同时期分别处于不同的地位，形成不同的消费格局，其地位的更替变化反映出人们生活水平由低到高的变化过程。1957~1978年我国城镇居民食品消费主要以粮食、鲜菜为主。粮食消费占整个消费量的一半以上，其消费量超过鲜菜与动物性食品的总和，鲜菜消费量仅次于粮食，个别年份甚至超过粮食，动物性食品消费量微乎其微。在三大食品中，食品消费主要向粮食、鲜菜集中，动物性食品消费量与粮食、鲜菜消费量悬殊较大，形成"粮食＋鲜菜＋动物性食品"的消费格局，反映出城镇居民以吃饱为主要目的的生存型消费的特点。

（二）食品消费档次低，生存型特征明显

城镇居民食品消费的生存型特点，不仅表现在"粮食＋鲜菜＋动物性食品"的消费格局上，而且还表现在粮食、鲜菜、动物性食品和烟酒副食的内部消费结构上。从统计数据看出，粮食在城镇居民食品消费中占主体地位，是最主要的能量来源。粮食消费以细粮为主，辅以不少的粗粮。粗粮消费一般占粮食消费的1/4以上，多的时候几乎占到一半，粗粮消费的主要目的是用来弥补细粮的不足。在粮食严重不足时，利用节约的名义，人为地降低定量标准，减少粮食食用量成为一种无奈的选择。在粮食消费中，细粮的消费量在波动中缓慢上升，粗粮的消费量在波动中缓慢下降，粮食的总体消费量在缓慢下降。

鲜菜在城镇居民食品消费中也占有相当分量，居第二位。人们对鲜菜的需求并不只是为了下饭,有些时候用它来充饥,弥补粮食的不足。鲜菜消费整体质量不高,而且受季节性因素影响很大。夏秋季节鲜菜品种齐全,冬春季节吃菜困难。为解决居民吃菜难问题,每到秋菜储存季节,北方各地政府都要组织一场"城乡协作、公私并举、人人动手、户户存菜"的群众性储菜运动。储存的蔬菜主要以白菜为主。一进入冬季,居民的餐桌上见到的总是白菜、萝卜、土豆"老三样"。白菜成为人们的"看家菜"或"当家菜"。遇到灾荒年月,连草根、树叶都成为食物,居民的鲜菜消费量就会直线上升,对粮食发挥替代作用,帮助人们渡过饥荒。

动物性食品与烟酒副食,只是偶尔能够享用一下的奢侈品。1957~1978年,我国城镇居民除猪肉消费量有所上升外,家禽、鲜蛋、牛羊肉、水产品消费量上升较少,甚至下降。对广大城镇居民来说,一两个月吃不上肉是常有的事。烟酒消费量更少,尤其是酒类食品,生产需要消耗大量的粮食,受到国家的严格控制。以北京市为例,北京城镇居民人均酒类消费量从1957年的1.05公斤上升到1978年的2.55公斤,仅上升1.5公斤。卷烟消费量从1957年人均23.88盒下降到1978年人均13.97盒,这并不是首都人民健康意识提高的结果,因为1978年之后北京城镇居民卷烟消费量一直处于上升状态,直到1987年达到人均40.38盒之后才开始下降。

(三) 食品消费平均化、同构化现象严重

片面发展重工业,造成农、轻、重比例失调,加之"左"的思想的干扰,使农业生产停滞不前,甚至下降。粮食、蔬菜、猪肉、鲜蛋和其他副食供应紧张。为保障庞大人口的生存需求,国家采取了凭票限量供应的办法,发行了粮票、面票、肉票、蛋票、油票、米票等种类繁多、斤两计较的票证。可以说只要你能想到的商品,就会出现相应的票证。票证的使用使人民币作为货币所拥有的流通职能受到限制,只能与票证一起流通,使有消费能力的居民的消费需求无法得到实现,这样可以把有限的生活资料均匀地分配给居民,确保人们最基本的生存需求。这样就必然造成居民食品消费平均化、同构化。我们可以用标准差[①]作为衡量居民消费差距大小的指标,其值越大,表示居民之间的消费差距也就越大,居民消费也就越不平均;其值越小,表示居民之间的消费差距越小,居民消费就越平均。从表3-4看出,城镇居民粮食、蔬菜消费稍微有些差距,全年人均差额分别为2.13公斤、3.36公斤,其他食品消费差距更小,全年平均相差不到1公斤,居民食品消费水平大体相当,相互之间差距不大。城镇

[①] 在统计学上,常用标准差来衡量数据之间离散程度,其值越大,表示数据之间的离散程度越大,数据越不稳定。

第三章 计划经济时期城镇居民物质消费水平的变化趋势（1957～1978年）

居民都以消费粮食、蔬菜为主，其他副食消费量较少，而且比较均匀，这是中国实行凭票限量供应制度在食品消费上的具体反映。

表3-4　1958年中国城镇职工家庭人均主要食品消费量比较　　（单位：公斤）

品名	工业职工	商业人员	中小学教员	机关团体、行政人员	平均值	标准差
粮食	163.44	158.40	160.61	161.90	161.09	2.13
蔬菜	116.85	113.93	119.67	121.64	118.02	3.36
植物油	4.07	4.20	3.98	4.43	4.17	0.20
猪肉	7.47	7.47	8.76	8.99	8.17	0.82
牛羊肉	0.69	0.65	0.72	0.78	0.71	0.05
家禽	0.80	0.65	0.93	1.01	0.85	0.16
鱼虾	7.74	7.08	5.63	6.69	6.79	0.88
蛋类	2.56	2.39	3.29	3.41	2.91	0.51

资料来源：林白鹏，1987

（四）营养结构不均衡，营养来源过于单一

20世纪80年代初，中国医学科学院根据我国人民的体质和饮食习惯，提出了一个规范的营养标准，即人均每天应摄入热量2400千卡[①]，蛋白质72克，脂肪73克。根据此标准，人均每年应消费粮食132公斤，蔬菜、水果共168公斤，鱼、肉、蛋、禽、奶等共78公斤（张彤和王晓东，1991）。到1978年我国居民除粮食、蔬菜消费量超过标准外，动物性食品消费量离标准差距太远。从营养摄入量看，1978年我国城乡居民人均每天从食物中摄取热量2311千卡，其中城镇居民为2715千卡，农村居民为2224千卡；城乡居民人均每天从食物中摄取蛋白质70.8克，其中城镇居民为81.6克，农村居民为68.5克；城乡居民人均每天从食物中摄取脂肪29.9克，其中城镇居民为49克，农村居民为25.7克（中华人民共和国国家统计局，1984）。城镇居民热量、蛋白质的摄入量达到规范的营养标准，农村居民则三项营养指标都未达到规范标准，城乡居民脂肪摄入量都远没有达到规范标准。从营养构成看，城乡居民营养来源过于单一，对植物性食物，特别是对粮食的依赖过大，有93.9%的热量和94.4%的蛋白质来自植物性食品，仅有6.1%的热量和5.6%的蛋白质来自动物性食品（中华人民共和国国家统计局，1984）。城乡居民摄取营养主要靠粮食，且多数是粗粮。

总的来说，这一阶段我国城镇居民食品消费以主食和低劣的蔬菜为主，其他副食消费少得可怜。生存意识成为食物消费的核心，人们在勤俭节约、精打

[①] 1千卡=4180焦耳。

细算中过日子。正是由此所导致的人们普遍要求改变这种生活状态的愿望，成为日后中国改革开放的社会根源。

二 追求蔽体取暖的衣着消费

在社会主义建设初期，党和政府本着"多快好省、勤俭建国"的思想，号召人民发扬艰苦奋斗的优良传统，全国上下形成了艰苦朴素的社会氛围。农、轻、重比例的严重失调和社会人口的迅速膨胀加剧了物质匮乏的紧张程度，成为人们以苦为乐的经济根源。日趋紧张的阶级斗争更是把这种以苦为乐的消费观念推向极端，人们视追求美为资产阶级的本性，把穿补丁衣服看作无产阶级的本色。人们压抑着对美的渴望，竭力把自己浓缩到统一的社会模式中，中国进入一个千孔一面的社会，人们的衣着消费水平基本处于静止状态。1957～1978年城镇居民人均衣着支出从26.64元上升到42.24元，扣除物价因素，实际上升仅8元，衣着支出比例从12%上升到13.58%，仅上升1.58%。

（一）衣着档次偏低，棉布是主要材料

改革开放前，在相当长一段时期内城镇居民衣着消费以布料消费为主。棉布是居民衣着的主要原料。1957～1962年城镇居民布料消费主要是棉布，1962年以后化纤布开始走进人们的消费领域。由于化纤布具有耐磨、挺括、不易褪色、好洗、快干等优点，化纤布一时成为比较时髦的衣着材料。涤棉、涤卡、涤纶[①]成为人们竞相购买的面料，但人均消费量仍很少，到1978年人均化纤布消费量达到11.61尺，占布料消费量的27%，而棉布消费量仍占据主导地位，占布料消费量的73%。

在城镇居民为数较少的成衣消费中，主要以布制服装为主，1957年人均购买成衣0.7件，其中布制服装0.66件；1964年人均购买成衣0.45件，其中布制服装0.41件。到20世纪70年代中后期，随着化纤布供应量的增加，化纤服装开始取代布制服装的主体地位。毛料服装属于奢侈品，人们一般只是在结婚时才买一套毛料服装。

鞋类消费也主要以布鞋为主，胶鞋、塑料鞋次之，皮鞋属于高档消费品，消费量极少。以河南省城市居民为例（表3-5），1957～1980年，人均布鞋消费量一直呈上升趋势，胶鞋、塑料鞋上升较少，消费量比较稳定，而皮鞋在1980

---

① 涤棉是指用腈纶和棉混纺制成的很薄的面料，涤卡是指全部采用腈纶的化学纤维面料，涤纶是指质量居涤棉和涤卡之间的中等面料，即的确良。

年之前上升很少，甚至下降。

表 3-5　1957~1980 年河南省城市居民鞋类消费量　（单位：双）

年份	皮鞋	胶鞋	布鞋	塑料鞋
1957	0.06	0.13	0.26	
1964	0.12	0.20	0.59	0.24
1965	0.10	0.20	0.70	0.30
1980	0.55	0.19	0.88	0.02

资料来源：河南省地方史志编纂委员会.1995.河南省志·人民生活志.郑州：河南人民出版社
注：1957年布鞋一项包括塑料鞋

（二）成衣消费较少，自制服装较多

受经济发展水平的影响，改革开放前城镇居民衣着消费多以购买布料自己加工为主，到裁缝店进行量体裁衣者毕竟是少数。以北京市为例，直到1978年北京市服装零活加工门市部仅169个、从业人员4067人，按当年人口872万人计算，平均每万人仅0.19个营业点、4.66个从业人员，靠这些为数较少的服装门市部和从业人员是无法满足北京市民加工衣服的需要的，自己加工衣服既是出于节省费用的考虑，又是为当时社会服务极度缺乏所迫。

城镇居民直接购买成衣的就更少了，从生产的角度来看（表3-6），1957~1978年中国纺织工业总产值从174.4亿元增长到620亿元，增长445.6亿元，其中纺织业增长354.4亿元，服装及其他化纤制品仅增长60.2亿元，占增长量的13.5%，其所占纺织工业总产值的比重不但没有上升反而有所下降，从1957年的18%下降到1978年的15%。这些少量的服装主要是供司法、公安、军事、医疗、工厂等部门人员的工作用衣，是很少流通到市场上供普通居民购买的，城镇居民能够购买到的成衣是很少的。

表 3-6　1957~1978 年全国纺织行业总产值（按分期不变价格计算）　（单位：亿元）

年份 纺织行业产值	1957	1962	1965	1970	1975	1978
纺织行业总产值	174.4	154.4	257.8	369.2	469.0	620.0
纺织业	143.6	121.3	216.5	315.8	382.0	498.0
化学纤维业		1.0	4.2	8.4	14.1	31.0
服装及其他纤维制品	30.8	32.1	37.1	45.0	72.9	91.0

数据来源：吴文英.1999.辉煌的二十世纪新中国大纪录（纺织卷）.北京：红旗出版社
注：纺织行业总产值为全部乡及乡以上纺织工业企业总产值数；分期不变价格是指1957年、1970年不变价格

成衣消费水平的偏低和自我加工服装的盛行，推动了纺织机械工业的发展。缝纫机开始走进城镇居民的生活，成为日常生活中必不可少的东西。年轻人结婚置办嫁妆，首先要买的就是缝纫机。缝纫机的普及使居民买布与做衣相结合的自给自足的消费模式得到推广，许多家庭户主既是设计者又是生产者，家家

户户成了小型的服装加工厂。缝纫机缝补或制作衣服的便利提高了城镇居民在低水平上衣着消费的自给自足能力，促进了布料消费的增长。如果把每百人缝纫机购买量（X）作为自变量，把城镇居民人均布料消费量（Y）作为因变量，利用 Eviews 进行回归分析，1961～1983 年布料消费量与缝纫机购买量之间存在明显的函数关系（图3-1）：

$$Y = 50.50 - 7.93/X$$
$$(1.96) \quad (1.44)$$
$$R^2 = 0.850 \quad DW = 2.14 \quad F = 53.76$$

$R^2=0.850$，说明方程拟合优度较高，城镇居民布料消费量变动的85%可由样本回归曲线做出解释；$DW=2.14$，通过查 DW 表得 $d_l=1.26$，$d_u=1.44$，可知 $d_u \leqslant DW \leqslant 4-d_u$，表明误差序列不存在一阶自相关，$F=53.76$ 大于临界值 $F_a=4.32$，表明两变量关系是显著的。$1/X$ 的负系数意味着布料消费量（Y）与缝纫机购买量（X）呈正方向变化，城镇居民布料消费量随着缝纫机购买量的增加而增加，但增长趋势逐渐减弱，并渐近其极限值50.50尺，表明随着生活水平的进一步提高，人们将不再满足于自己加工衣服，而转向购买成衣，衣着消费从自我服务走向社会服务。

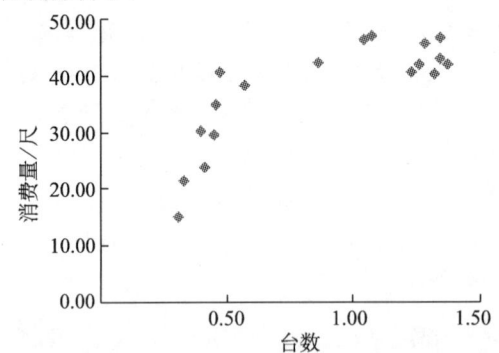

图3-1　1961～1983年城镇居民缝纫机购买量与布料消费量散点图
资料来源：国家统计局贸易物价统计司．1984．中国贸易物价统计资料（1952～1983年）．北京：中国统计出版社

(三) 追求蔽体取暖，消费趋于理性

20世纪六七十年代，城镇居民穿衣用布严格按票证进行计划供应，每年随经济形势的好坏，供应数量不等。以沈阳市为例，1957年沈阳市城市居民每人每年供应棉布39尺，1962年降为8.3尺，仅够做一件上衣，1969年为21.5尺，仅够做一套棉衣，之后此标准长期未变（沈阳市人民政府地方志编纂办公室，1994）。由于沈阳冬季漫长，气候寒冷，受到国家特殊照顾，其票证供应尚且如此，其他地方城市居民布票紧张程度就可想而知了。

衣着消费的捉襟见肘促使人们学会了精打细算。刚参加工作的年轻人通常只有两件褂子，总是脱了这件换那件。裤子也只有两条：一条单裤，一条棉裤；单裤夏天穿外头，冬天当衬裤穿里头。人们给孩子做衣服尽可能做大点，这样大孩子能当短衣服穿，小孩子能当长衣服穿，春天能当单衣，冬天能套棉袄。人们给孩子买鞋时故意挑大的，目的是为了多穿几年。当时不分左右的便脚鞋很受欢迎，原因是便于配鞋，直到把每一只鞋都穿烂为止，至于大鞋或便脚鞋穿起来是否合脚、舒适成了次要的问题。

人们总是想法设法来穷尽衣服的物理"寿命"，通过各种手段延长或维持衣服的使用期限。人们竞相传播翻改旧衣的经验，北京市等一些大城市主要街道所设的缝纫合作社门市部都开展旧衣服翻旧改新业务。不少人学会了拆劳保手套织衣服，拆鞋带织线衣。"新老大，旧老二，缝缝补补给老三"是当时大多数家庭衣着消费的真实写照，也成为人们心灵深处永远抹不去的记忆。"那时我也算是正在妙龄，可经常穿着爸爸穿旧的、肥大的、四个兜的蓝布制服。弟弟从出生总是穿姐姐、哥哥穿小的衣服，衣服上总是这一个窟窿，那一个三角口。妈妈曾用我和姐姐小时的两件旧红格子外套，改做了四件棉坎肩，四个儿女一人一件，最小的那件是用28块布角拼成的。"（敬一丹，1999）"1960年山东每人发的布票是1尺6寸，做条短裤都不够。母亲将一家人的布票全花在长子身上（10口人共16尺）……扯来的是16尺蓝卡其布，做了一套棉袄棉裤，是母亲一针一线缝的。我穿新衣服的那天正好下大雪，地上结冰，同学打雪仗、滑冰，结果一身新衣裳弄得面目全非，泥猴一般溜回家。母亲见了，抡起扫帚疙瘩狠狠把我揍了一顿。当时我没哭，母亲倒是呜呜地哭起来了。她边哭边说：'一家人的布票都花在你身上！你的妹妹马上要上学了，连件新衣裳都没有！你还不爱惜，能不打你吗？'"（陈明远，2006）

（四）政治色彩浓厚，穿着失去自由

20世纪五六十年代，为了服务于国家工业化建设，政府引导群众先生产后生活，先吃苦后享乐，全国上下普遍形成了艰苦朴素、以苦为乐的社会风气。60年代中期后，随着国家政治形势的日益恶化，这种以苦为乐的生活方式得到强化。政府通过暴力形式把国家意志强加给人民群众，在生活方式上批判封建主义、资本主义、修正主义，爱美之心被斥之为"剥削阶级的思想"，"西装革履"成为"资产阶级"服饰的代名词，干部职工脱下了"学苏联热潮"中买来的毛料衣服和"布拉吉"。人们压抑着对美的追求，小学生硬要妈妈在新衣服上钉上补丁，怕与同学们格格不入；姑娘们按捺着青春的萌动，怕被扣上"爱打扮"的帽子。女作家谌容50年代买了一条碎花连衣裙，没等上身就赶上社会形势的变化，在箱子里一放就是20多年。人们小心翼翼地注意着自己的穿衣打扮，稍有不慎就会为一时的风光而付出代价。雷锋曾因买过一条毛料裤子和一件皮夹克而自责。强烈的阶级意识、革命意识使人们的着装变成了统一的模式，全国上下普遍穿起了军便服，出现了"十亿人民十亿兵"的军便服时代。头戴绿军帽，腰扎武装带，胸配毛主席像章，肩挎帆布挎包成为最时尚的装束。不管是工人、知识分子，还是普通市民都穿军便服，上班穿，下班穿，开会穿，照结婚照时也穿，参加婚礼者穿，举办婚礼者也穿，军便服成了人们生活中不可或缺的重要服装。人们竭力把自己凝缩到统一的社会模式中，把自己包裹在政治化服装的外套里，唯恐脱离了无产阶级的阵线，而滑向剥削阶级和修正主义一边。这一时期城镇居民衣着款式比较单一，色调基本上以蓝、绿、黑为主。男女老幼在服装上只有尺码大小的差别，没有款式、颜色的不同，可以说进入了一个性别不分、老少不辨的着装时代。"十亿人民一款衣，三种颜色盖大地"，便是20世纪六七十年代城镇居民衣着消费的真实写照。这种千篇一律的服装款式和颜色是在政治高压下产生的一种畸形社会现象，反映出普通百姓在政治权威下没有最基本的个人自由和任何独立的生活空间。

三 大同小异的用品消费

用品消费是衡量居民家庭富裕程度的重要标志之一。但是受经济发展水平的影响，改革开放前城镇居民生活消费的重心主要投入到吃饭穿衣上，用品开支微乎其微，仅限于生活必需品消费，耐用品消费对大多数城镇居民来说还是一件十分遥远的事情。

（一）消费强调实用，用品档次很低

按照"吃、穿、用"消费序列的演变规律，在用品支出中，当人们收入水平较低时，首先满足的是日常用品等非耐用消费品的消费；随着收入水平的提高，耐用消费品的消费将逐步增大。用品消费的这一规律可以从苏联、东欧国家居民用品消费结构的变化中得到反映。这些国家居民用品消费可以分为两个时期：第一个时期从第二次世界大战结束到20世纪60年代末，居民用品消费支出主要集中在日用消费品等非耐用消费品上；第二个时期从20世纪60年代末70年代初以后，耐用消费品的消费支出急剧上升，各类新型家用电器产品，如电视机、电冰箱、洗衣机、小汽车等很快进入了居民消费领域，并且普及率很高，增长速度很快，在整个消费支出中的比重也逐步上升。中国城镇居民用品消费要落后于苏联和东欧国家，在改革开放前基本停留在日常消费品等非耐用消费品的消费上，以脸盆、茶缸、大柜、茶壶、扫帚等生活必需品为主，在消费观念上崇尚节俭、实用、牢固。有学者曾对20世纪80年代以前城镇居民购买日用品的影响因素进行调查（表3-7），结果显示：人们在购买日用品时，首先考虑的是实用，把实用作为第一位因素来选择的人数比例高达60.2%，其次是价格合适、凑合着用是排在第三位的考虑因素。

表3-7　20世纪80年代以前城镇居民购买日用品的考虑因素

考虑因素	样本数量/个	百分比/%	类型百分比/%	累计百分比/%
凑合着用	46	7.3	14.6	14.6
实用	189	30.2	60.2	74.8
新奇	2	0.3	0.6	75.5
给人美感	5	0.8	1.6	77.1
价格合适	57	9.1	18.2	95.2
名牌	1	0.2	0.3	95.5
讲究质量	14	2.2	4.5	100.0
合计	314	50.1	100.0	
缺失值	312	49.8		
累计	626	100.0		

资料来源：郑红娥.2006.社会转型与消费革命——中国城市消费观念的变迁.北京：北京大学出版社

自行车、收音机、手表、缝纫机等耐用消费品直到20世纪70年代中后期才开始在城镇居民中普及开来。老四大件属于人们的生活必需品范畴，自行车、手表是城镇职工上下班必不可少的代步行走的交通工具和计时工具，缝纫机是"新三年，旧三年，缝缝补补又三年"的工具，收音机是精神匮乏年代唯一能够给人们带来乐趣的文化用品。这些用品在解决人们穿、用、行方面有很大的实用价值。但对人口较多、负担较重的家庭来说拥有一辆自行车或一架缝纫机仍然是一件梦想。而电视机、电冰箱、洗衣机等耐用消费品是人们只有在看外国电影时才能见到的新鲜事物。

（二）用品极其简单，家家大同小异

这一时期人们收入比较平均，人们把收入的绝大部分用于维持基本生存的需要，在用品消费上的支出差别不大，所谓的耐用消费品只是一些生活必需品。家庭用品主要由茶缸、肥皂、牙膏、牙刷、脸盆、暖壶、电灯、家具、雨伞等构成，电器类耐用消费品还没有走进人们的生活，家家户户屋里的布置大同小异。"水泥地，白墙，电走明线，伞形白瓷灯罩里，是15瓦、25瓦，至多40瓦的灯泡。机关宿舍，家具都是一个模子刻出来的。三屉桌上摆着这些器物：菱形玻璃底座加绸纱布灯罩的台灯；搪瓷盘子里扣着开口带花纹的玻璃杯，上面盖着钩花白手绢；机械马蹄闹钟放在玻璃罩子里，每天晚上摘下罩子给它上劲；陶瓷或石膏的毛主席像得放在桌子中央，有的也罩罩子，有的石膏像下面还垫着四本'红宝书'。五斗橱或带两个抽屉的小衣柜或书架上摆着电子管收音机。

搪瓷茶缸子则随处可见，不少是作为纪念品发的，印着由五角星加一圈文字组成的图案。墙上除了毛主席像，必挂的还有月份牌，每天撕一张，每年换日历不换牌。桌子上铺着塑料布，床上摞着绣着一对凤凰或别的图案的缎子被面。"（刘仰东，2005）可谓年年岁岁家相似，家家户户都是一个面孔，相互之间没有什么值得炫耀的东西。20世纪五六十年代，手表、自行车、缝纫机和收音机等老四大件刚刚进入百姓生活，谁家要是有上一件，不知要招来多少令人羡慕的目光，因为在人均月收入只有几十元的情况下，买辆自行车、买块手表需要人们每月5元、10元地积攒，而且即使有了钱也不一定就能买上，凭票供应剥夺了人们的购买机会。进入70年代中期之后，四大件才逐渐在城镇居民中兴起，自行车、缝纫机、手表、收音机一时成为城市居民结婚必须置办的物品，骑辆自行车迎娶新娘成为一种流行的举动。到70年代末期，老四大件在城镇居民家庭中已经得到普及。如表3-8所示，1978年北京市每百户职工家庭自行车、缝纫机、收音机、手表的拥有量分别为135.80辆、58.60架、97部、208只（北京统计局，1989）。四川省每百户城镇职工家庭自行车、缝纫机、收音机和手表的拥有量也分别达到30.5辆、35.9架、53.1部和170.5只（表3-9），老四大件已经成为人们生活中不可缺少的部分。而电视机、电冰箱、洗衣机等耐用消费品还只是人们可望而不可即的梦想，即使是北京市职工家庭到1980年电视、冰箱、洗衣机的每百户拥有量分别仅为65.83部、0.25台、1.92台（北京统计局，1989）。对大多数中国人来说，还不知道电视、冰箱、洗衣机为何物，面对这些新鲜事物，大家表现出来的是好奇。哪个单位或家庭有一部电视，都会引来成群结队的人前来观看，大家都会看到深夜仍久久不愿离去。

表3-8　北京市每百户职工家庭耐用消费品拥有量

品名	1957年	1965年	1978年
自行车/辆	33.20	64.20	135.80
缝纫机/架	7.00	29.40	58.60
收音机/部	30.40	86.90	97.00
手表/只	41.50	97.20	208.10

资料来源：北京市统计局，1989

表3-9　四川省平均每百户职工家庭耐用消费品拥有量

品名	1957年	1962年	1965年	1970年	1975年	1976年	1977年	1978年	1979年
自行车/辆	4.4	12.4	14	19.1	23.3	24.9	27.8	30.5	35.1
缝纫机/架	0.7	6.7	8.1	18.3	24.6	26.3	29.7	35.9	42.4
收音机/部	1.1	8.9	15.2	28.1	32.3	37.4	46.5	53.1	59.3
手表/只	12.7	21.8	35.1	79.2	128.3	139.4	157.6	170.5	188.1

资料来源：四川省城市抽样调查队．1985．四川省职工家庭生活调查资料（1952~1984）．内部资料

（三）用品支出偏少，相互差别不大

对大多数城镇居民来说，养家糊口是第一任务，居民收入的绝大部分用在

第三章 计划经济时期城镇居民物质消费水平的变化趋势 (1957～1978年)

吃的方面，以满足热量和营养的需要，食品支出占60%左右，吃饱之后，才强调穿暖，衣着支出大体维持在10%左右，居民花在吃穿上的支出占整个生活消费支出的70%以上，用在家庭用品上的消费支出十分有限。以北京市城镇居民为例，用品消费支出1957～1965年没有什么变化，都是花费24.48元，支出比重从1957年的10.3%下降到1965年的9.9%。"文化大革命"期间不得而知，但比重不会有大的变化，"文化大革命"结束后，用的消费支出才开始有所上升，到1978年上升到48.42元，比重上升到13.46%。广大城镇居民用品消费支出都很小，无论是收入水平相对较高的家庭，还是收入水平较低的家庭，人们在用品上的支出没有多大差别，用品消费支出平均化倾向十分明显。以经济恢复水平较好的年份1964年为例（表3-10），虽然城市职工月人均收入水平从低到高有所区别，但大家在用品上支出比例都基本维持在6%左右，月收入水平在50元以上的家庭在用品上的支出比重仅比月收入10元及10元以下的家庭多2.67%。由于人们用品消费支出普遍较少，在社会消费品零售总额中，日用品零售额所占比例一直徘徊不前，甚至下降，从1957年的14.8%下降到1978年的12.4%（图3-2），说明这一时期用品消费还没有提上消费日程。

表3-10　1964年按月人均收入划分的城市职工家庭日用品消费情况

月人均收入/元	生活费支出/元	日用品支出/元	支出比重/%
平均收入	220.72	13.25	6.00
≤10	132.14	6.16	4.66
10～15	164.25	8.66	5.27
15～20	209.20	12.48	5.97
20～25	261.78	18.08	6.91
25～35	320.02	21.49	6.72
35～50	433.97	28.36	6.54
≥50	568.68	41.71	7.33

资料来源：林白鹏，1987

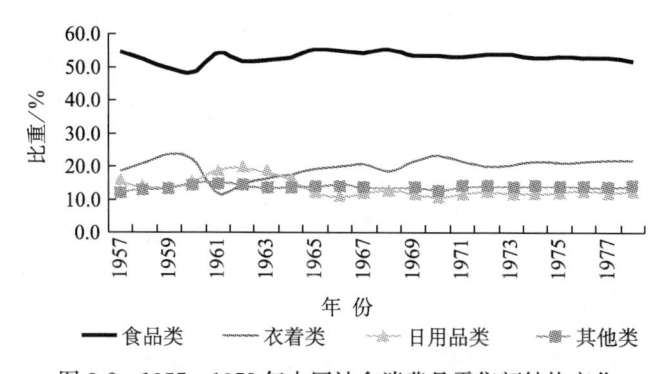

图3-2　1957～1978年中国社会消费品零售额结构变化

资料来源：国家统计局贸易物价统计司．1984．中国贸易物价统计资料（1952～1983年）．北京：中国统计出版社

四 居者无其屋的住房消费

住房是人们的基本生活资料,是家庭消费和个人消费得以进行的主要场所,但是在改革开放之前中国一直没有解决好城镇居民的住房问题。社会主义改造完成之后,当时人们认为住房不是消费资料,否认住房的个人所有制,对城市私有住房进行了社会主义改造,逐步形成了以公有制为主体,由国家投资、单位分配的福利性住房制度。在实际工作中,受国家重生产、轻生活的指导思想的影响,在基本建设投资中,生产性建设的比重过大,非生产性建设的比重过小,住宅建设投资严重不足,在第二个、第三个、第四个五年计划期间,住宅建设投资所占比重一直为4%~6%,加上计划生育政策的失误和城市化进程的影响,城市人口增长很快,全国市镇总人口从1957年的9949万人迅速增长到1978年的17 215万人,20年时间增长了近一倍,住宅建设远远不能满足城镇居民的需要,城镇居民居住空间十分狭小,甚至连最基本的生理需要都难以满足,住房问题成为比较突出的社会问题。

(一)公房比重急剧上升,私房比重迅速下降

过去由于我们缺乏对城市住宅性质的正确认识,把住宅所有制与生产资料所有制混为一谈,认为社会主义条件下的城市住宅只能公有不能私有,强调"房屋的所有制,应当逐步向全民所有制过渡",像生产资料的社会主义改造一样,将住宅的个人所有直接过渡到全民所有。正是在这种错误思想的支配下,中国在完成了社会主义三大改造之后,于1958年开始了对城市供出租的私有房产进行社会主义改造。当时对私人出租房屋进行改造的指导思想是,"对私有出租房屋进行社会主义改造是我国社会主义革命的一部分,充分利用这笔巨大的社会财富,为社会主义建设服务"(国家城市建设总局房产住宅局和北京日报社理论部,1981)。受"左"的思想的影响,国家把改造的起点定得比较低,规定"大城市一般是建筑面积150平方米,中等城市一般是100平方米,小城市一般是50到100平方米之间"(蔡德容,1993)。有些城市把起点定得更低,有些城市干脆取消了改造起点,把普通居民的少量住宅也进行了改造,绝大多数城市没有给房主留够居住的住宅,到1963年,纳入城镇改造的私房共约1亿平方米(苏星,1987)。在"文化大革命"期间,很多地方把住宅的个人所有制不加区分地认为是资本主义私有制,把个人所有的住宅当做"资本主义尾巴"来割,大规模地将城市居民的私有住宅收归国有,无偿接管,低价收购,错接、错管、错收了大量私人住房,出现了私有住宅面积逐年减少,个人新建住宅的数量直线下降,私有住宅占整个住宅的比重急剧下滑的局面。例如,武汉市私有房屋

第三章 计划经济时期城镇居民物质消费水平的变化趋势（1957～1978年）

的比重由1949年的84.3%下降到1957年的30.97%，到1975年又进一步下降到8.64%（表3-11）；长沙市私有房屋的比重由1949年的64.64%下降到1958年的27.32%，到1976年逐步下降到13.68%（表3-12）；南京市私人房屋的比重由1949年的66.8%下降到1958年的28%，到1975年又迅速下降到15.3%（表3-13）。这样逐步形成了城市住宅中公有住宅比重过大，私有住宅比重过小的住宅所有制结构。这种住宅所有制结构在理论上违背消费资料个人所有制的马克思主义经济学基本原理，违背商品经济的客观规律，在实践上极大地阻碍、限制和压抑了广大城市居民自己解决住宅问题的积极性，使解决住宅问题的路子愈走愈窄，居住水平越来越低。

表 3-11 武汉市住房所有制结构变化情况

年份	房屋总数 建筑面积/万平方米	所占比重/%	各系统自管房 建筑面积/万平方米	所占比重/%	房管部门直管房 建筑面积/万平方米	所占比重/%	私有住房 建筑面积/万平方米	所占比重/%
1949	1253.2	100		19.50		15.58	1056.7	84.32
1957	2203.4	100	1159.5	52.60	361.8	16.41	682.3	30.97
1962	2770.5	100	1660.9	59.93	577.4	20.12	552.8	19.95
1965	2988.9	100	1733.3	52.60	704.0	23.35	511.6	18.46
1970	3420.2	100	2094.6	61.14	945.1	27.58	386.5	11.28
1975	4094.5	100	2841.8	69.42	698.5	21.95	358.7	8.64

资料来源：蔡德容，1993

注：在中国城市公房中分为两种情况，一是单位自管房，二是房管局的直管房，二者的比例依城市不同而有所变化。1949年各种住房比重之和超过100%，书中数据如此

表 3-12 长沙市私有住房比重变化情况

年份	私房建筑面积/万平方米	占全市房屋比重/%
1949	311.95	64.64
1958	215.24	27.32
1964	201.00	20.94
1966	189.99	18.07
1970	178.61	17.25
1976	165.35	13.68

资料来源：蔡德容，1993

表 3-13 南京市住房产权结构 （单位：%）

年份	全市住房	直管公房所占比重	自管公房所占比重	私房所占比重
1949	100.0	12.4	20.8	66.8
1958	100.0	31.3	40.7	28.0
1962	100.0	22.2	55.8	22.0
1975	100.0	20.6	64.1	15.3

资料来源：杨鲁，王育琨．1992．住房改革：理论的反思与现实的选择．天津：天津人民出版社

（二）以租养房困难，房屋失修严重

新中国成立初期，遵循当时政务院的规定，"公有房屋一律收租，以便用房

租收入来保护现有建筑并发展新的建筑",城市住宅租金一般比较合理,房屋不仅得到养护维修,有些城市还用租金改建、翻建了一部分房屋。当时房租占职工家庭工资收入的6%~8%。1955年国家机关干部实行薪金制,工资构成中没有包括房屋租金。考虑到工资水平比较低,国务院于1955年8月颁布了《中央国家机关工作人员住用公房宿舍收租暂行办法》,将房租下降到每平方米0.12元,一般降到只占工资收入的2%~3%。各地城市相应降低租金,并将低租金范围扩大到所有城市房屋。针对房租过低导致房屋失修失养的严重情况,周恩来同志在党的八届三中全会上指出,城区房租政策和住宅管理制度很不合理,公房房租偏低,管理不善,制度不严,……必须适当地提高职工住公房的收费标准,租金一般应包括折旧、维护、管理三项费用,……一般平均每平方米每月应收租金为0.25元,……一般占职工工资收入的6%~10%,平均8%左右(潘其源,1992)。但这一正确主张,在1958年"共产风"的干扰下,并未得到贯彻执行,住宅租金反而进一步下降了。"文化大革命"期间,在"左"的思想的指导下,把低租金和补贴说成是社会主义的优越性,公房租金大幅度下降,有的城市一降再降,降到了历史最低水平。居民住房消费(即房租支出)几乎退出了个人消费支出范畴,成为统计指标中的非商品支出。在消费结构中,住的支出比例最少,甚至不及烧的支出比例。住房支出比例非但不随人们收入水平的提高而提高,反而呈下降趋势。以北京市为例,1955~1965年北京市城市居民人均房租支出从9.60元下降到8.65元,房租支出所占比重从4.66%下降到3.55%,无论是绝对数额,还是相对比重都有所下降。

一般正常的租金应包括折旧费、维修费、管理费、投资利息、税金、利润、地租、保险费八项内容。如果按照折旧、维修和管理费三项计租(低成本租金),能够实现"以租养房",维持住宅的简单再生产;如果按照维修、管理、折旧、利息、房产税金五项计租(准成本租金),能够部分地进行扩大再生产;如果按照维修、折旧、管理、利息、房产税、利润、地租、保险费八项计租(成本租金),能够实现住宅的扩大再生产(图3-3)。但是国家所能收回的只是一个象征性的低租金,连最基本的维修费用都不能补偿,很难实现"以租养房",住宅维修不能正常进行,必然加速住宅的损耗。到20世纪70年代末,全国59个城市住宅有一半以上失修失养,危房面积逐渐增大。北京市是中国大城市中居住水平较高的城市,但完好的住宅只占住宅总面积的16.4%,较好的住宅只占19.7%,破损的住宅占56.8%,危房占7.1%(蔡德容,1993)。上海市直管公房中维修房所占比例一直呈下降趋势,从1953~1957年的16.4%下降到1958~1962年的9.7%左右,以后继续下降,1976~1980年为5.9%左右(表3-14)。全国有相当一部分城市居民常年居住在低矮、潮湿、破烂不堪的房子里。

第三章　计划经济时期城镇居民物质消费水平的变化趋势（1957～1978年）　45

房子漏雨、房前积水现象十分普遍。全国各地大中城市都存在大量的棚户区，截至1978年9月，上海市还有棚户500万平方米，住着100多万人，按当年上海市人口645万人计算，15%～30%的上海市民为棚户居民。广州市还有3000多户"水上居民"没有上岸；哈尔滨的"三十六棚"、"十八拐"，青岛的"菜市场"，西安的"豫民巷"，北京的"南营房"、"北营房"等地方，居住条件十分恶劣（国家城市建设总局房产住宅局和北京日报社理论部，1981）。广东、重庆和内蒙古等地每年都会发生房倒屋塌砸死人的事件（刘方械和赵学焦，1982）。

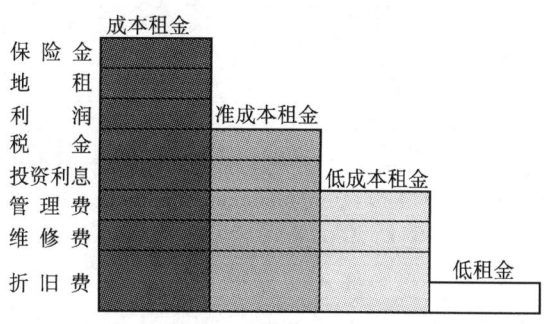

图3-3　房屋租金构成图

表3-14　上海市历年维修房所占直管房比例表

年份	经管房屋面积/万平方米	修理房屋面积/万平方米	修房占直管房/%
1949～1952	645.0	111	17.0
1953～1957	4 748.6	783	16.4
1958～1962	14 326.4	1 358	9.7
1963～1965	9 337.8	785	8.4
1966～1970	16 791.7	646	3.8
1971～1975	17 854.3	892	5.0
1976～1980	19 148.8	1 125	5.9

资料来源：上海房地产志编纂委员会.1999.上海房地产志.上海：上海社会科学出版社

（三）居住空间狭小，基本功能欠缺

由于住宅建设投资严重不足，住宅竣工面积的增长速度始终赶不上城镇人口的增长速度，导致城镇住房非常紧张。到1978年城市居民人均居住面积只有3.6平方米，不但低于新中国成立初期的水平（与1952年相比还少0.9平方米），而且低于新中国成立前的水平（表3-15）。由于人均居住面积很小，远远不能满足人们最基本的生活需要，居民居住十分困难。据统计，1978年在182个城市中，有689.1万个缺房户，占总户数的38.6%，重庆、哈尔滨、上海缺房情况较为严重，分别占全市总户数的68%、59.3%、57.4%，超过总户数的一半以上。在缺房户中，其中无房户（即调入城市、迁返、婚后无房、等房结婚、归侨、复转军人、退休等）131.1万户，不便户（即三代、大男大女同居一室）189.3万户，拥挤户（人均面积4平方米以下）368.7万户，其中不少居民居住面积在2平方米以下（刘方棫和赵学焦，1982）。很多年轻人因为缺房长期不能结婚，有的结婚后生了孩子还住在办公室或几户人家同住一室，床铺之间用布幔隔开，生活极为不便；有的大儿大女甚至老少三辈挤住一室，有的床上架床，上下都睡人。

表3-15 新中国成立前中国城市居民住房水平调查情况

城市居民	年份	户数	人均居住面积/平方米
上海工人	1929.4~1930.3	305	3.07
北平小学教员	1926	10	7.7
北平工人	1926~1927.6	48	2.4
总平均数			4.39

资料来源：刘方棫和赵学焦，1982

居住空间不但狭小，而且受城市公用设施发展滞后的影响，住宅功能比较单一，人民生活十分不便。1978年，城镇居民自来水普及率虽然达到81%，但供水不正常，时断时续，有相当一部分城市人口用不上自来水，三楼以上就上不去水，居民不得不在夜间到楼下接水。大多数居民家庭没有专用厨房和厕所，居民取暖过冬的主要方式就是靠煤炉和火盆。"筒子楼或拿走廊当厨房，或几家人合用一个厨房。谁家伙食如何，一览无余，没秘密可言。四合院里就在屋做饭，后来普遍自搭厨房，'小厨房'是破坏胡同文化的元凶之一，也是方便老百姓炊事的最佳办法。""一般是十多平方米一间的平房，出门就是地，没有暖气、厨房和厕所，砖头地甚至于土地。北屋还能见见太阳，南屋终日阴暗，西屋在风口上，东屋西晒。冬天家家插烟筒，水管子上要缠上防冻的草绳子，上趟厕所要走几十米，早晨倒尿盆都是一景。就是独门独院的普通私房，也有诸多不便。"（刘仰东，2005）家庭浴室是人们想都不敢想的设施，就是高干家庭的子女也得拎着大包小包到澡堂去洗澡。清洁能源还没有在城镇居民中广泛使用，煤气、液化气的普及率较低，到1978年仅达到13.9%，人们的生活燃料主要是煤炭。城镇居民煤炭消费量一直很高，到1978年人均煤炭消费仍达到321公斤，煤炭消费量随着人们收入水平的提高而提高，说明这时候煤气、液化气还没有真正走进人们的生活，家家在蜂窝煤炉子上做饭，天天得封火、掏炉灰，火筷子、钩子、铲子成为厨房的必备用具。居住设施的严重缺失，使家庭的功能弱化，家变成了吃饭、睡觉的地方，仅仅满足人们最基本的生理或生物学意义上的需求，有时甚至连这些最基本的需求都难以实现。

（四）城市基础设施发展薄弱，居民生活十分不便

这一时期，人们居住的主要问题是空间问题，实现居者有其屋是每一个城镇

居民的梦想，至于住房功能是否完善，居住环境是否方便、美化，还不是人们关心的主要问题。况且城镇职工主要以居住单位公房为主，以工作为单位，相互独立、封闭，没有形成大的生活区，没有统一的规划管理，谈不上居住环境的改善。加上经济发展缓慢，城市基础设施落后，给人们日常生活造成极度不便。

城市绿化工作进展缓慢。虽然不少大中城市从防风阻沙、美化城市环境出发，对市区主要道路进行了绿化，但绿地面积增长缓慢，到1980年达到85 543公顷，全国公园个数为679个，公园面积为16 192公顷，按全国220个城市计算，每座城市只有3个公园。

城市交通发展缓慢，人们出行十分不便。城市道路长度从1957年的18 259千米上升到1978年的26 966千米，道路面积从14 422万平方米上升到22 539万平方米，按每万人计算，每万人道路长度从1.72千米上升到1.77千米，仅上升0.05千米，人均道路面积从1.36平方米上升到1.48平方米，上升0.12平方米[①]；虽然平均每万人拥有的公用车辆从1957年的1辆上升到1978年的3.3辆，但仍然不能满足城市居民生活的需要，公共交通车辆少、乘客多，运力和运量不足，普遍出现乘车难的问题。北方重镇哈尔滨到了冬季，有些重点路线排队等车者竟达五六百人，等车时间长达一两个小时（苏少之，2002）。一些城市交通拥挤，行车速度慢，事故频繁发生。由于乘车困难，人们出行主要靠自行车，到1981年每百户城镇居民家庭拥有自行车135.9辆，平均每户1.4辆，自行车成为人们出行的得力帮手。据有关学者后来调查访问，在20世纪80年代以前，有65.6%的调查对象选择以自行车作为交通工具，有21.3%的调查对象选择以步行作为上下班的主要方式，选择乘公共汽车和单位班车的人数分别只占8.0%和4.1%，骑自行车或步行是人们上下班的主要方式（表3-16）。

表3-16　20世纪80年代以前南京和镇江城镇居民上下班的主要交通工具

地区	步行/人	自行车/人	单位班车/人	公共汽车/人	摩托车/人	私人汽车/人	助力车/人	合计/人
南京	35	98	5	20	0	1	1	160
镇江	32	108	8	5	1	0	0	154
合计	67	206	13	25	1	1	1	314
所占百分比/%	21.3	65.6	4.1	8.0	0.3	0.3	0.3	100

资料来源：郑红娥.2006.社会转型与消费革命——中国城市消费观念的变迁.北京：北京大学出版社

住宅周围服务网点稀少，人们生活十分不便。由于经济建设中存在着重生产、轻流通、轻服务的倾向，造成与人民群众生活相关的服务行业发展缓慢。"大跃进"期间，大批商业、餐饮业、服务业职工大炼钢铁，个体商贩返回农村劳动；

---

① 按1957年非农业人口为10 618万人，1978年非农业人口为15 230万人计算。国家统计局国民经济综合统计司.1999.新中国五十年统计资料汇编.北京：中国统计出版社.

三年困难时期，因为所谓不创造价值，服务行业成为首先精简的对象，大批商业、服务业职工被下放农村；"文化大革命"期间，商业发展更是受到限制，零售商业撤店、并店，零售网点数量大批减少。零售商业、饮食业、服务业营业点由 1957 年的 8.11 万个到 1978 年减少到 2.98 万个，平均每万人口拥有的营业点由 42 个减少到 13 个，平均每万人口拥有的服务人员由 118 人减少到 63 人。整个社会服务网点比较稀少，居民住宅周围服务网点的数量就更少了，人们理发、洗澡都要跑很远的地方，吃饭难、理发难、洗澡难成为老大难问题，长期得不到解决。

第三节 城镇居民物质化、雷同化的消费结构分析

计划经济时期，受经济发展水平和消费政策的影响，人们的收入水平极低，人们几乎全部的收入都用于满足基本的生活需要，消费需求指向简单，消费结构的粗放性、雷同性、稳定性现象十分严重。中国城镇居民消费结构的主要特点包括以下几个方面。

一 物质消费占绝对比重，劳务消费比重很小

这一时期，各种非商品消费支出由国家供给，个人很少问及，人们生活消费支出主要投向物质消费，物质消费在整个消费结构中占到 90% 左右。在物质消费结构中，生存资料又占据着绝大部分比例。从 20 世纪 50 年代到 70 年代末，城镇居民消费支出中用于食品的消费支出比重一直保持在 57%～58%，恩格尔系数相当高。如果考虑到受凭票供应制度的压抑，城镇居民实际恩格尔系数应在 60% 以上。衣着消费支出一直占 12% 左右，成为仅次于食品消费的支出项目，吃、穿两项支出比重一直维持在 70% 以上，这就意味着居民收入的绝大部分主要用于吃饱穿暖，以维持基本生存的需要。这种以吃、穿为主的消费结构，一直延续到 70 年代末仍没有大的改变。除了吃、穿以外，用品消费虽然也占 10% 以上，但主要用于购买日常生活用品，而真正用于购买家具、耐用消费品的支出十分有限（表 3-17）。

表 3-17　中国城市居民生活消费支出结构变化　（单位：%）

项目	1957 年	1964 年	1978 年
构成	100	100	100
吃	58.4	59.2	57.5
穿	12	11.1	13.6
用	11.6	10.9	16.1
烧	3.9	4.2	2.7
住	2.3	2.6	1.9
劳务消费	11.8	12.0	8.2

资料来源：丁声俊．1990．中外消费结构和食物结构．北京：中国商业出版社．

非商品支出在消费结构中所占比重很小，人们用在房租、水电、医疗、文化教育等方面的劳务支出加在一起仅占10%，有些地方还不到10%，甚至还反常地随着收入的增加呈下降趋势。这一时期文化艺术事业发展十分曲折，"反右倾运动"、"文化大革命"运动使众多的知识分子遭受打击，文化艺术事业一片凋零，文学艺术创作遭到封杀，精神产品十分匮乏。特别是"文化大革命"期间，960万平方公里的神州大地上除了八个革命样板戏之外，几乎听不到别的声音，除了"毛著"和"两报一刊"外，也几乎读不到别的文字，除了"老三战"（地雷战、地道战、南征北战）外，几乎看不到别的电影，人们精神生活十分单调。人们用在文化娱乐上的消费支出增长缓慢。以四川省职工家庭为例，1957年人均学杂费、文化娱乐费两项消费支出2.62元，到1978年上升到7.41元，所占生活消费支出的比重从1.37%上升到2.36%，文化娱乐消费微乎其微，文化娱乐还没有提到日程上来（表3-18）。

表3-18　四川省职工家庭平均每人生活费支出情况

项目	1957年	1965年	1975年	1978年
生活费支出（金额）/元	191.12	245.30	246.35	314.20
非商品支出/元	16.55	24.34	20.00	31.43
学杂费/元	1.60	4.20	2.92	3.61
文化娱乐费/元	1.02	2.45	1.90	3.80
生活费支出（构成）/%	100.00	100.00	100.00	100.00
非商品支出/%	8.66	9.92	8.12	10.00
学杂费/%	0.84	1.71	1.19	1.15
文化娱乐费/%	0.53	1.00	0.77	1.21

资料来源：四川省城市抽样调查队.1985.四川省职工家庭生活调查资料（1952～1984年）（内部资料）.

二　消费结构固定化、雷同化，相互之间差别不大

这一时期，城镇居民各项消费支出比重变化不大，相对稳定在一个区间，物质消费比重一直稳定在90%左右，劳务消费维持在10%左右。在物质消费中，吃的比重一直占58%左右，吃、穿两项一直稳定在70%左右，20年间变化不大。1978年各项消费支出比重与1957年相比，吃的比重下降了0.9%，穿的比重上升了1.6%，用的比重上升了4.5%，烧的比重下降了1.2%，住的消费比重下降了0.4%，非商品支出比重下降了3.6%。吃的比重下降，穿和用的比重上升，表明人们生活水平有所提高，但幅度不大。除去劳务消费，按消费支出比例大小，城镇居民的物质消费顺序是：1957年为吃、穿、用、烧、住；1964年仍为吃、穿、用、烧、住，1978年变为吃、用、穿、烧、住，穿和用的位次稍有变化。可以说，在物质消费结构中，城镇居民吃、穿、用、烧、住的消费支出顺序没有多大变化，消费结构相对固定、单一。从纵向看，在城镇居民的消

费结构中，不同年份各项消费支出的比例大致相同；从横向看，受平均主义分配模式及供给制、票证供应的约束，同一年份不同居民的消费结构具有明显的同构性特征。特别是"文化大革命"时期，全国城镇居民不但物质消费品的消费结构相互雷同，而且连精神文化服务消费结构都是整齐划一的。在物质消费方面连穿着消费几乎都是一样的颜色、一样的式样，直到粉碎"四人帮"后，这种局面才开始发生变化。当然这种消费结构的固定化、雷同化特征也不是绝对的。例如，在基本生活消费品消费结构相对稳定的同时，日用工业品及耐用消费品消费量在70年代后期增长较快，大大超过一般消费品消费的增长，自行车、手表、缝纫机、收音机的人均消费量增长较快。新兴耐用消费品，如电视机、录音机、照相机也在70年代末期开始进入一般家庭。此外，在城镇居民家庭消费结构上，不同地区、不同收入的家庭也呈现出一定差异，只是差异不大。

第四节 城镇居民近期化、非市场化的消费行为特征分析

受经济发展水平和消费政策的影响，这一时期我国城乡居民收入水平极低，人们几乎全部的收入都用于满足基本的生活需要，居民消费着眼于当前，过分集中于物质消费，日常消费商品化程度偏低。

一 消费目标近期化

由于收入水平极低，人们在满足基本生活需要外，没有多余的购买力可以积蓄，几乎不可能在远期消费和当前消费之间进行选择。大多数居民的收入水平甚至不能满足基本的生活需要，而且计划经济时期的金融体制也使得个人不可能依靠贷款进行消费。在这种情况下，收入的任何增加立刻就会反映为市场购买力的增加，个人消费需求的增长与个人收入的增长几乎同步，居民消费行为只能是即期的。臧旭恒对1952～1977年我国居民现期收入与现期消费进行回归分析，发现全国居民、城镇居民和农村居民的边际消费倾向分别为0.986、0.986和0.978（臧旭恒，2003），居民边际储蓄倾向几乎接近于零，说明我国居民增加的收入几乎全部用于消费，居民在现期消费和远期消费之间的选择余地极小，我国居民消费处于满足基本生存需要阶段。造成我国居民边际储蓄倾向较低的主要原因，除收入水平偏低外，还与下列因素有关。一是居民无风险预期。不确定性及由此产生的风险预期是居民进行储蓄的重要原因。计划经济时期，我国实行的公费（合作）医疗制度、几乎免费的教育制度、公有住房制度，使居民不存在风险预期。从1950年起，我国在拥有职工100人以上的企业中实行了劳动保险制度，在公教人员中实行了公费医疗制度。此后，很快普及

到大部分职工。劳动保险或公费医疗制度的实行,使职工的生、老、病、残、死等均由国家或企业包下来,使职工为发生意外进行储蓄的动机大大削弱。加上在城镇实行的保证就业政策和低房租住房政策,致使城镇居民形成无风险预期。农村居民在社会保障方面虽然远不如城镇居民,但依然享受到几乎免费的教育和普遍的农村合作医疗制度,也大大降低了农村居民的风险预期。二是消费品的定量配给和短缺。计划经济时期,我国城镇居民大部分消费品实行的是有时间限制的定量配给制度。农村居民生活消费虽然存在一定的自给性消费,但生活中的很多轻工业生活用品也像城镇居民一样实行凭票供应制度。直到1978年,主要消费品自由市场购买额所占比重,粮食、食用植物油、猪肉、水产品、茶叶、燃料等为0.46%～6.85%;鲜蛋、牛肉、羊肉、水果为10%左右,蔬菜为14.67%,家禽最高为28.56%。城乡居民所购买的消费品不仅基本上实行定量配给,而且还有时间限制,一般为按月定量配给,有些是按季度或按年度配给,过期作废,加上物品短缺,更加剧了人们一有现金就抢购商品的心理,促使居民把现期收入主要用于现期消费。

二 消费途经非市场化

计划经济时期,我国居民消费非货币化、非市场化部分过大,商品化程度偏低。首先,城镇居民福利性消费比重过大。受供给制的影响,城镇居民家庭消费品除实行定量供应外,在粮油、燃料、住房、医疗、教育等方面享受很大的物质福利,消费者免费或者只需支付很少的费用就可以享用。在城镇居民的消费结构中,存在大量的非市场化、非货币化的福利性消费。1957～1978年全民所有制单位支付给职工的劳保福利费占职工工资总额的10%以上,多的年份高达18%。这种福利性、实物化的消费不通过市场交换,而是从生产领域直接进入分配领域和消费领域。福利性消费比重过大,一方面限制了消费者选择的自由,强化了个人消费对政府意志的依赖,另一方面导致居民以货币形式表现的消费结构不能反映实际的消费状况,使消费结构扭曲,不利于组织生产和流通。其次,农民自给性消费比重过大。所谓自给性消费,就是农民自产自用的那部分消费品。由于农村居民收入水平低,自给性消费在日常生活中占据主导地位。1952～1978年,除个别年份外,自给性消费一般在50%以上,多数年份在55%左右。在此期间,与农村居民商品性消费相关的农村工业品零售价格变化不大,与自给性消费相关的农副产品收购价格有较大幅度提高。如果考虑到工农业产品比价变动因素,自给性消费占的比重更大一些,一般在55%以上,多数年份在60%以上(臧旭恒,1994)。到1978年,我国农村居民自给性比重仍占60.3%,其中食品的自给性比重占75.9%、燃料的自给性比重占68.1%(中华人民共和国农业部计划司，1989）。这种自给性消费是自然经济、小农经济的产物，阻碍着农村商品经济的发展，不利于农村经济结构的调整和农民收入水平的提高。

第五节 中外居民物质消费水平的国际比较

从 20 世纪 50 年代末期起，由于受"大跃进"、"文化大革命"运动的影响，中国经济增长速度减慢，1957～1978 年国内生产总值年均增长速度为 5.4%，明显低于 1950～1957 年的经济增长速度。中国经济总量占世界国民生产总值的比重由 1955 年的 4.7%下降到 1980 年的 2.5%（世界银行，1982），中国经济在世界经济中所占的份额下降了，中国与世界经济发展差距拉大了。农业、轻工业发展裹足不前，造成城乡居民物质生活水平长期处于停滞状态，与世界主要国家居民消费水平差距明显扩大了。

一 物质消费差距

（一）食物消费及居民营养方面

1957～1978 年，我国采取重工业优先发展的战略，重工业超前发展，农业和轻工业发展缓慢，农业生产效率极低，农副产品产量不能满足城乡居民的生活需要，政府被迫采取凭票限量供应制度，以保证人们最基本的生活需求。从表 3-19 可以看出，在中国居民的食物消费构成中，粮食消费的比重偏大，而其他食品消费比重较小。食物消费主要以粮食消费为主，肉类、蛋类、鱼类、糖类等副食消费少得可怜，奶类消费限于空白，与我国居民形成鲜明对照的苏联、东欧等社会主义兄弟国家居民食物消费基本以肉类、奶类食物消费为主，粮食消费量远远低于我国，这既是各国居民饮食习惯的差异所致，更是各国经济发展水平所致。

表 3-19 1980 年部分国家人均主要食品消费量

食品类别 国别	粮食/ 公斤	蔬菜/ 公斤	肉类及制品/公斤	鱼类及制品/公斤	奶类及制品/公斤	蛋/个	植物油/公斤	糖及制品/公斤
中国	214		12.8[①]	3.4[②]		36[③]	2.3	3.8
保加利亚	160	125	64.9	6.5	234	204	14.8	34.7
匈牙利	115	80	71.7	2.1	166	317	4.2	37.9
民主德国	94.5	94	89.5	7.4	289		1.6	40.6
古巴	109	52	36.4	12.3	158	233		50
波兰	127	101	82.1	8.1	451	223	2.6	41.4
苏联	138	97	57.6	17.6	314	239	8.8	44.4
捷克斯洛伐克	107	66	85.6	5.4	228	316	7.2	37.5

资料来源：中国社会科学院人口研究所.1992.中国人口年鉴1991.北京：中国社会科学出版社

注：①为猪、牛、羊肉和家禽肉的人均消费量；②为水产品人均消费量；③按 1 公斤等于 16 个计算

第三章 计划经济时期城镇居民物质消费水平的变化趋势（1957~1978 年）

中国采取的凭票限量供应制度保证了人们最基本的营养需求，避免了大多数发展中国家普遍出现的营养不良问题。对此，世界银行考察团大加赞许，认为"一国营养不良的程度与粮食消费平均数的关联不大明显。更重要的是粮食分配的方法，特别是对低收入集团的相对消费水平。在这方面，中国的情况几乎比所有发展中国家，无论低收入或中等收入国家要好得多，只有极少例外"。"在城区，主要粮食一向按每月应得数字配给，数额因年龄、性别、职业而不同，配给的数额似乎可以满足消费（相当克俭）。这些粮食必须购买，但其价格使大多数户都有能力购买全份。""在乡村，政府保证向住户出售谷物，以补足生产队作为实物收入分配的谷物数量与每人每年最低数量之间的任何差额，种稻地区每人每年的最低数量是 200 公斤（未加工的谷物），其他地区每人每年的最低数量是 150 公斤。这里所说的'配给'，也要购买，但必要时可发放贷款和社会救济补助金。最低数额很低，相当于每日 1400 卡。不足的数量，通常用自留地生产的粮食弥补，或用集体或个人活动的收入购买补足。"正是由于我国对基本农产品实行统购统销和配给制度，保证了普通百姓最基本的口粮供应，居民营养得到有效改善。1975~1977 年中国居民每天摄取的营养成分：热量为 2439 卡，蛋白质为 63.4 克，脂肪为 38.9 克，虽然各项指标还达不到世界平均水平，但已经超出发展中国家平均水平，远远超过同属于发展中国家印度的水平（表 3-20）。正如世界银行考察团得出的结论："实行中国制度的结果，许多发展中国家普遍存在的严重的营养不良情况（必然导致早死、体衰、其他的体制缺陷和智力迟钝）几乎已经消除。"（国家财政部外事财务司，1982）

表 3-20　1975~1977 年各国居民日均营养状况比较

国别	热量/（卡/人）	蛋白质/（克/人）	脂肪/（克/人）
世界平均水平	2590	69.3	62.7
发展中国家	2282	57.8	38.5
中国	2439	63.4	38.9
印度	1949	48.4	29.3
发达国家	3373	98.5	124.5

资料来源：范慕韩.1985.世界经济统计摘要.北京：人民出版社.

（二）用品消费方面

这一时期，中国经济发展缓慢，工农业生产停滞不前。经济发展的落后导致人民生活水平提高缓慢，恩格尔系数长期保持在 60% 左右，人民生活处在绝对贫困阶段，解决温饱问题是每个家庭的头等大事。因此，用品消费极其有限，耐用消费品消费在世界各国中处于落后地位。以收音机、电视机为例（表 3-21），20 世纪 70 年代末期，中国每千人收音机拥有量为 78 部、电视机拥有量为3台，这个数字不但远远落后于英国、美国、日本等发达资本主义国家，而且落后于苏联、南斯拉夫、罗马尼亚、保加利亚、波兰、匈牙利、捷克斯洛伐克等社会主义兄弟国家，在社会主义阵营中处于末游地位，与埃及、印度、印度尼西亚等低收入国家处于同一行列。

表3-21　20世纪70年代末世界各国每千人耐用消费品拥有量

国别	年份	收音机拥有量/部	电视机拥有量/台
印度	1976	24	0.5
印度尼西亚	1975		2.2
中国	1978	78	3
埃及		138	17
南斯拉夫	1976	210	161
罗马尼亚	1976	145	138
波兰	1976	239	198
保加利亚	1976	314	176
捷克斯洛伐克	1976	263	254
匈牙利		241	236
苏联	1975	481	217
英国	1976	706	317
日本		530	239
美国	1975	1882	571

资料来源：中国社会科学院世界经济研究所.1980.世界经济年鉴1979.北京：中国社会科学出版社

注：埃及收音机拥有量为1976年的数据，电视机拥有量为1975年的数据；匈牙利收音机拥有量为1975年的数据，电视机拥有量为1976年的数据；英国耐用消费品拥有量不包括北爱尔兰；日本收音机拥有量为1976年的数据，电视拥有量为1974年的数据；中国数据来自《1993中国统计年鉴》

（三）居住水平方面

我国长期以来重积累、轻消费，造成历史欠账过多，加之人口增长过快，造成我国居民，尤其是城镇居民居住拥挤不堪，居住水平低下。据对我国182个城市的统计，1978年城市居民平均每人居住面积为3.6平方米，182个城市中缺房户占总户数的38.6%，相当多的住户人均居住面积还不足2平方米；农村居民居住条件稍微宽敞，人均居住面积为8.1平方米，但居住条件恶劣，人畜混住现象严重。我国城乡居民居住水平不仅低于西方工业发达的资本主义国家和苏联、东欧的社会主义国家，而且也低于新加坡、土耳其等一些发展中国家（表3-22）。我国人均居住面积如此之低，与我国长期偏重发展重工业，忽视人民生活水平的提高，在住宅建设方面投资严重不足有关。中国用于基本建设的投资中，用于住宅方面的投资远远落后于世界主要国家。1978年，在我国基本建设投资中，用于住宅建设的比例为7.8%（中华人民共和国国家统计局，1984），远远低于美国（24％，1976年）、苏联（14％，1977年）、日本（28％，1976年）、联邦德国（28％，1976年）、英国（20％，1976年）、法国（31％，1976年）等国的住宅投资水平，甚至落后于印度（11％，1973年）的投资水平（辽宁社会科学院外国社会科学情报研究所，1979）。

表 3-22　世界各国人均居住面积比较　　　（单位：平方米）

国别	年份	人均居住面积	国别	年份	人均居住面积
美国	1976	18	罗马尼亚	1977	9.6
法国	1976	13	捷克斯洛伐克	1978	12
日本	1978	13	匈牙利	1977	21.7
联邦德国	1978	25	保加利亚	1978	11.9
苏联	1978	12.7	新加坡	1980	15
民主德国	1977	15	土耳其	1983	12.5
南斯拉夫	1979	13.6	中国	1978	3.6、8.1*

资料来源：国家统计局综合司.1990.全国各省自治区直辖市历史统计资料汇编1949~1989.北京：中国统计出版社
注：＊中国城市为3.6平方米，农村为8.1平方米

二　消费阶段和消费结构的差距

（一）与同时期西方发达国家相比，中国城镇居民生活水平与之相差三个阶段

从恩格尔系数来看，到1977年世界主要国家都已经进入富裕阶段，美国进入最富裕阶段；而中国城镇居民恩格尔系数居高不下，到1978年北京市城镇居民恩格尔系数仍为58.69％，考虑到北京市城镇居民生活水平高于全国平均水平，加上凭票供应制度的限制，中国城镇居民恩格尔系数应高于60％，生活水平应普遍处于绝对贫困状态，中国城镇居民与西方发达国家相差三个阶段（温饱、小康、富裕）。中国城镇居民吃、穿两项消费开支占据整个消费开支的70％以上，解决吃、穿问题是人们生活的头等大事。收入水平和消费水平低下，人们还无暇顾及劳务消费，加上国家实行福利补贴制度，造成人们在医疗、交通、教育娱乐上的消费支出很少，北京城镇居民花在三者之上的消费合起来仅占3.69％，其中医疗、文化教育支出微乎其微，分别占0.74％和0.67％。而同时期西方发达国家在三者之上的开支很大，美国占36.8％，法国占31％，日本占28.4％，各项消费支出也都远远高于中国城镇居民（表3-23）。

表 3-23　1977 年部分国家个人消费支出构成　（单位：%）

国别	食品费所占比重	服装费所占比重	住宅、燃料及电费所占比重	保健费所占比重	交通费所占比重	教育、文娱费所占比重	其他所占比重
美国	16.5	6.9	27.1	11.8	16.4	8.6	12.7
联邦德国	27.2	9.7	28.6	3.2	15.3	7.4	8.6
法国	23.5	7.2	25.6	11.6	12.8	6.6	12.7
英国	31.4	8.2	27.2	1.0	13.2	10.0	9.0
加拿大	20.9	8.0	27.2	3.1	15.6	10.1	15.1
瑞典	27.7	7.3	27.2	4.6	14.6	8.9	9.7
瑞士	29.4	5.2	26.6	8.1	11.8	9.3	9.6
日本	25.2	7.2	23.6	9.8	9.6	9.0	15.6
中国	58.7	14.0	6.0	0.7	2.3	0.7	17.6

资料来源：中国社会科学院世界经济与政治研究所综合统计研究室．1983．世界经济统计简编（1982）．北京：生活·读书·新知三联书店

注：中国数据为 1978 年北京城镇居民数据

（二）与同时期的社会主义兄弟国家相比，中国城镇居民生活水平与之相差一个阶段

截至 1978 年，中国人均国民收入刚刚达到 340 美元，而民主德国、苏联、捷克斯洛伐克、波兰、匈牙利、罗马尼亚、保加利亚、南斯拉夫等社会主义兄弟国家的人均国民收入分别在 1960 年、1967 年、1967 年、1970 年、1971 年、1971 年、1974 年、1974 年已经达到 1000 美元（吴明瑜和李泊溪，1991），其消费水平显然要高于中国居民。从表 3-24 可以看出，苏联、东欧国家恩格尔系数都处在 40%～50%，要比中国城镇居民至少低 10 个百分点，其居民生活水平已经进入温饱阶段，而中国城镇居民温饱问题还尚未解决。苏联、东欧国家在住房方面对居民的补贴力度没有中国大，住房在居民消费结构中支出比重高于中国城镇居民。虽然苏联、东欧国家居民与中国城镇居民都是吃、穿、用、住的消费顺序，但吃、穿在这些国家居民的消费结构中只占 60% 左右，要比中国城镇居民低 10 个百分点；整个物质消费所占比重也只有 70% 左右，而中国城镇居民物质消费却占 90% 以上；苏联、东欧国家居民劳务消费比重普遍都在 20% 左右，而中国城镇居民劳务消费比重还不到 4%。所有这些表明中国城镇居民的生活水平明显落后于同时期的社会主义兄弟国家。

表 3-24　苏联、东欧国家居民消费结构（按当年价格计算）　（单位：%）

国别	年份	食品所占比重	衣着所占比重	用品所占比重	住房所占比重	劳务所占比重
苏联	1965	42.3	15.5	6.8	3.4	24.2
波兰	1970	49.7	13.1	6.8	4.8	24.0
捷克斯洛伐克	1970	40.2	14.7	9.2	11.1	20.3
匈牙利	1971	45.6	11.7	8.2	6.9	23.7
保加利亚	1972	48.7	12.5	8.7	0.7	12.2
南斯拉夫	1974	48.7	12.6	10.2	6.6	18.5

资料来源：吴明瑜和李泊溪，1991

第三章 计划经济时期城镇居民物质消费水平的变化趋势（1957~1978年） 57

（三）与同时期低收入国家印度相比，中国城镇居民生活水平与之相当

中、印两国是近邻，虽然所走的道路不同，但两国都是农业大国，经济发展水平相同，其消费水平具有一定的可比性。1978年中、印两国人均国内生产总值分别达到240美元、184美元，同属于低收入国家，两国居民在消费水平上基本相当，恩格尔系数都在60%左右徘徊，都处在勉强度日阶段。生活的中心问题主要是吃、穿问题，两项消费开支都占据整个生活消费开支的70%以上。受福利制度的影响，中国城镇居民在医疗保健、交通通信、文化娱乐等方面的劳务消费要远远低于印度居民，1978年北京城镇居民三项消费开支比重为3.7%，而印度居民三项开支为12%（表3-25），但中国城镇居民的享有的文化水平和医疗水平要远高于印度居民。

表3-25 1978年中印两国居民消费结构比较 （单位：%）

国别	食品所占比重	衣着所占比重	家庭用品及服务所占比重	居住所占比重	医疗保健所占比重	交通通信所占比重	娱乐教育文化服务所占比重	杂项所占比重
印度	61.8	10.7	3.9	7.2	2.2	6.8	3	4.4
中国	58.69	14.01	13.46	6	0.74	2.28	0.67	4.17

资料来源：消费水平与食物结构研究组，1991

注：中国数据为1978年北京市城镇居民数据

本章小结

1957~1978年，中国一改新中国成立初期经济迅猛发展的良好势头，宏观经济政策接连失误，政治运动频繁不断，既错过了20世纪60年代与日本、德国等国家结伴腾飞的历史机遇，又错过了70年代世界新科技蓬勃兴起，与"亚洲四小龙"，即韩国、新加坡、中国台湾、中国香港挽手前进的发展时机。中国不仅与世界发达国家相比拉大了距离，就是与亚太地区新兴国家和地区相比，也呈现出相对落后的势态。这一时期我国人民生活水平提高缓慢，既是经济发展的结果，又是制度安排的结果。新中国成立后，要想在短时期内把中国从一个以农业为主的国家转变成以工业为主的国家，在资金缺乏的条件下，中国选择了一条先国强后民富，以牺牲人民群众生活水平提高为代价，压制消费，提高积累，以迅速搭建起新中国工业体系的发展之路。这其实是城乡居民在国家安全与眼前生活、长远利益与近期利益之间如何抉择的问题。经济发展的缓慢曲折和片面发展重工业的制度安排，加上人口政策的失误，导致我国农业、轻工业发展缓慢，物质产品严重匮乏，人民生活水平陷入徘徊停滞的状态。缺吃少穿，用品缺乏，居住不便，成为人们日常生活的真实写照。城镇居民收入的绝大部分用在物质消费上，劳务消费所占比例偏低。居民消费短期化、实物化、雷同化特征明显。我国城镇居民物质消费水平不但与西方发达国家相比差距甚远，就是与社会主义兄弟国家相比差距亦很远。但这一时期中国政府充分发挥计划经济体制的管理优势，实行定量供应制度，保证人民最基本生活需要，维持了社会安定，并以极低的成本，大力发展大众教育和全民医保，使人们的文化素质和身体素质得到空前提高，为日后中国经济的腾飞奠定了人力资本。

第四章 双轨制时期城镇居民物质消费水平的变化趋势（1979~1992年）

1978年12月，党的十一届三中全会胜利召开。这次会议是中国共产党历史上具有深远意义的伟大转折的一次会议，它开创了中国社会主义革命和建设的新局面。十一届三中全会后，中国迅速结束了以阶级斗争为纲的局面，把国家的工作重心重新转移到以经济建设为中心的轨道上来，中国经济全面进入持续高速增长时期。伴随经济高速增长，中国经济经历了一个特殊的历史时期，开始进入由传统的计划经济体制逐步向市场经济体制转变的过渡期。一方面，市场因素的作用日益凸现；另一方面，计划经济的因素仍在经济中发生作用。市场因素的作用不断强化，计划因素的作用则不断弱化，市场因素逐步替代计划因素。这一时期，中国城镇居民消费深深打上了时代的烙印，反映出由计划经济体制向市场经济体制转变的过程，呈现出与计划经济时期不同的消费特征。

第一节 城镇居民消费水平的影响因素分析

一 城镇居民消费水平的简单概括

改革开放后，中国经济转入正常的发展轨道，政府从根本上改变了过去片面强调积累，忽视人们生活水平提高的错误做法，进一步明确了社会主义生产的目的在于满足人们不断增长的物质文化生活的需要，确立了消费在社会主义生产中的主导地位。国民经济中的重大比例关系，按照"一要吃饭，二要建设"的指导思想进行安排，人民群众不断增长的物质文化生活需要、消费需求变化规律成了调整产业结构、指导国民经济发展的基本依据。随着党的农村政策及消费品工业政策的贯彻落实，农业和消费品工业得到了迅速发展，与人民群众息息相关的农副产品和轻工业用品日益丰富，相当一部分商品已经摆脱了长期存在的短缺局面。这一切都为人民群众生活水平的改善提供了制度保障和物质前提。

国民经济的快速发展使人民群众的收入水平迅速增加。1978年城乡居民年人均可支配收入为171.20元，到1992年增加到1127.33元，比1978年增加956.13元，扣除物价因素（1978年为不变价），实际增加329.39元，是1978年的2.9倍，改革开放后的14年中，平均每年增长7.97%。其中，城镇居民1978年人均可支配收入为343.40元，1992年为2026.60元，增加1683.20元，实际增加456元，年均增长率为6.22%。收入水平的提高带来消费水平的增加。1978年城乡人均年消费水平为184元，1992年为1116元，比1978年增加了932元，扣除物价因素，实际增加182元，是1978年的2.82倍，消费水平年均增长7.69%。其中，城镇居民1978年的消费水平为405元，1992年为2262元，增加了1857元，扣除物价因素，实际增加145元，是1978年的2.45倍，年均增长率为6.62%，居民消费水平进入了一个稳定、较快增长时期。消费支出的大幅度提高带来了居民生活水平和生活质量的迅速提升。城镇居民食品消费摆脱了过去以杂粮和蔬菜为主的饮食结构，细粮、食用油、肉类消费大量增加；美重新回到了人们的日常生活中，衣着消费朝成衣化、多样化的方向发展；耐用品消费支出急剧攀升，冰箱、彩电、洗衣机等过去人们想都不敢想的电器用品走进了寻常百姓家；居住空间得到拓展，几代人挤在一起的日子已经变成了历史。城镇居民在物质产品极大丰富的同时，精神消费也得到了前所未有的进步。这一阶段，城镇居民恩格尔系数开始低于0.60，稳定在0.50～0.60，生活水平从过去勉强度日阶段稳步进入温饱阶段。

二 影响城镇居民消费水平的主要因素

（一）居民收入来源多元化，收入水平大幅度提高

1979年之前，城镇居民收入在来源、途径和形式等方面都具有明显的单一性特征，城镇居民收入主要是职工工资收入。据统计调查，1964年城镇居民家庭平均每人现金收入为243.48元，其中221.41元来自全民所有制单位职工工资，其比重占90.9%。另据有关数据统计，1953～1978年，城镇职工工资总额占城镇居民全部货币收入的比例达到80%左右（中华人民共和国国家统计局，1990）。因此，收入来源和途径的单一化是导致1979年以前居民收入水平低、增长慢的重要原因。

1979年以后，国家放宽了对工资的管制，把奖金和其他工资收入的发放权利逐渐下放到企业。这样职工收入就由两部分组成：一部分是基本工资，由国家指令性规定，称之为职工收入中的相对固定部分，也称为国家可实施控制部分；另一部分是奖金和福利，由企业自主决定，国家不再作硬性规定。这部分工资往往随企业单位盈利状况而涨落，表现出很大的浮动性，被称为职工工资中的相对不固定部分，也称为国家不可直接实施控制的部分。工资政策的放宽和就业途径的增多，使城镇居民收入来源出现了多元化的趋势。职工工资收入除标准工资以外，奖金、津贴和其他工资形式，或者从无到有，或者由少变多，在职工全部工资收入中的地位越来越重要。以全民所有制单位职工工资总额构

成变化为例，1991年与1978年相比，计时工资在工资总额中的比重由85%下降到48.6%，计件工资由0.8%上升到9%，各种奖金由2.3%上升到17.8%，各种津贴由6.5%上升到22.1%（中华人民共和国国家统计局，1992）。另外，其他属于国家不可直接控制的工资外收入，如第二职业收入、利息收入、租赁收入、单位创收分配等也大量增加。各种收入的大量增加使城镇居民能用于家庭日常生活开支的生活费收入呈直线上升之势，城镇居民人均生活费收入从1981年的458.04元增长到1992年的1544.3元，增长了3.37倍。收入水平的提高，大大增强了城镇居民的消费能力，为这一阶段城镇居民消费扩张奠定了基础。

(二) 消费品定量配给范围缩小，居民消费选择自由度增强

从20世纪50年代中期到70年代，城镇居民的基本生活资料主要按指令性计划定量配给的方式进行平均分配，居民消费选择的余地极小。1978年以来，随着工农业生产的发展和消费品供给状况的改善，国家相应缩小了定量配给消费品的范围，取消了部分票、证、券供应方式。到1983年全国取消了棉布、絮棉的定量供应制度，棉布、絮棉敞开供应，由国家统一限量供应的主要消费品只有粮食和食用植物油两种。1985年，国家又取消了农产品统购、派购制度，放开了农副产品价格，改由市场调节。粮食及其制成品在完成合同定购任务后，国家可以通过市场收购，灵活经营，农民也可以自由上市，随行就市，按质论价，自由购销的比重大大增加。80年代中后期，相当多的城市居民家庭已不再向粮店购买计划定购粮，而是到粮食集贸市场购买粮食，在品种、质量上有更多的选择余地。大中城市副食品经营也逐步由统到放。从1985年起，广州、武汉、成都、湛江等大中城市相继放开了蔬菜、猪肉、牛羊肉、水产品、禽蛋奶等副食品市场。随后，其他大中城市也陆续放开了副食品市场。日用工业品消费品市场进一步放开。在日用工业品消费领域，基本实现了市场调节。其中，小商品日用工业品市场已完全实行市场调节。1992年国家取消了粮票，标志着中国居民的消费方式已实现了历史性转变。经济管理体制改革的深入进行，使由市场分配的消费品比重越来越高，非市场配给的比重逐渐减少，城镇居民日常消费对市场依赖性提高。据测算，1978年中国产品市场化程度仅为2.65%，到1990年上升到45.08%（李通屏，2005）。市场在中国城镇居民消费生活中的作用范围逐步扩大，消费者在消费开支中的自主支配、自由选择权利也随之扩大了。

(三) 福利配给制度有增无减，货币溢出效应明显

长期以来，城镇职工的收入构成基本特征是商品经济下的货币工资与产品经济下的实物配给相混合。城镇居民的收入实际上由两部分组成。一部分为居民可支配货币性收入。它包括工资、各种福利性"明补"及除各类工资外的货

币收入。另一部分则由政府支配，以财政补贴方式或通过"企业办社会"的途径分配给居民。它体现为各类福利性暗补及实物发放。城镇居民的可支配货币收入主要用于商品性支出（食品、衣着、日用品、文娱用品与服务等）；非商品性支出（住房、水电、燃气，以及医疗、公共交通等服务），以实物配给为主，由政府直接或通过居民所在单位提供，国家基本是象征性收费。因此，城镇居民的消费市场实际上由商品性消费市场和非商品性消费品配额市场组成。前者基本上通行市场交换准则，后者则不存在实质性"货币—商品"交换。

改革开放以来，居民货币性收入迅速上升，但不完全消费品市场依然存在。尽管国家在很大程度上仍控制着货币工资的调整，但无法控制的各种补贴、奖金、创收分配等却以极快的速度增长，居民货币性收入大幅度增加。另外，国家发放给居民的各种实物补贴也有增无减。以北京市为例，北京市财政补贴由五个部分组成：①粮棉油差价补贴；②农副产品价格补贴，包括猪牛羊肉、鲜蛋、蔬菜等补贴；③居民生活补贴，包括月票、房租、取暖等补贴；④居民副食补贴，这一部分补贴发至居民手中；⑤其他补贴，包括化肥、农药、肥皂等补贴。北京市财政补贴数额增长迅速，1978年为2.2亿，仅占全市总收入的4.42%，1987年增长到25.2亿，是1978年的11.3倍，翻了3番还多（表4-1）。1987年财政补贴已达到全市总收入的39.6%。同时，财政补贴的人均占有额也是相当大的，据测算，1987年北京市城镇居民人均得到的财政补贴为689.5元，如果把全部财政补贴由暗补改为明补，则职工工资可以增长约一倍（表4-2）。可见，北京市财政补贴无论从总量看还是从人均占有量看，都是相当可观的。

表4-1 北京市1978~1987年财政补贴情况

构成	1978年	1980年	1983年	1985年	1987年
全市财政收入/万元	504 559	512 890	398 441	575 339	636 150
全市补贴总额/万元	22 277	49 825	94 023	151 822	251 886
补贴占收入的比重/%	4.42	9.71	23.60	26.39	39.60

资料来源：张彤和王晓东，1991

表4-2 北京市城镇居民1987年人均占有财政补贴数额 （单位：元）

项目	每人每年平均额
副食补贴	166.4
粮油补贴	250.2
肉禽蛋菜补贴	129.4
生活用煤和液化气补贴	44.8
公共客运交通补贴	38.7
房租和取暖补贴	60.0
总计	689.5

资料来源：张彤和王晓东，1991

这一时期，商品性消费品市场与非商品性配额市场仍是基本分离的，居民依然不能在"非商品性配额市场"中依照市场原则，根据自己的实际需要进行消费，居民货币收入的增加与"配额市场"中物品配给的数量无关（按级别分配依然严重）。这时候，非商品市场的实物补贴发挥强大的货币溢出效应，[①] 为了补偿过去长期冻结工资所受损失的心理要求，居民将增加的货币性收入和溢出的货币纷纷投向商品性消费品市场，加上商品市场的逐步放开，消费者自主权的增强和通货膨胀的影响，造成这一时期商品市场上所涌现的抢购风、高消费现象愈演愈烈。

（四）收入差距有所拉大，平均主义依然严重

1979年以来的个人收入分配制度改革虽然在一定程度上触及了公有制经济内部严重的平均主义分配制度，但是住房、医疗、养老及劳保等福利性暗补，不仅没有触动，而且进一步扩大。据测算，1979～1991年，国家在住房、医疗、交通、教育、文化设施等方面对职工的补贴在总量上大体相当于职工工资的80％左右，这部分没有进入工资和流通，主要仍然是以公共福利的方式供给的。本来作为超额劳动报酬的奖金可以更好地体现按劳分配的原则，但实践中同补贴与实物配给一样，人人有份，致使按劳分配的原则远未得到真正的贯彻，新的平均主义现象又再次出现。

机关事业单位情况更为严重，不论新老干部、科研技术人员，同一职务或职称的差不多都处在同一档工资线上，工资"平台"已经发展到"平原"的程度，甚至出现了"四代同酬"现象，各类成员的工资差距日益缩小。据国家统计局对48个城市的调查显示：1988年同1985年比较，科研单位实习研究员与研究员工资差距由1∶3缩小到1∶2；大学助教与教授由1∶4.1缩小到1∶2.1；医院医士与主任医师由1∶3缩小为1∶2.2；国家机关办事员与司局长由1∶3.1缩小到1∶1.6（吴明瑜和李泊溪，1991）。

从反映收入分配公平程度的基尼系数来看（表4-3），1980～1986年我国城镇居民基尼系数处于高度平均阶段[②]，1987～1991年扩大为0.23，进入相对平均阶段。整体来看，1980～1991年城镇居民基尼系数虽有提高，收入差距稍有扩大，但不很明显。与近邻的低收入或中等收入国家比较，印度的基尼系数为0.42、印度尼西亚为0.31、菲律宾为0.45、泰国为0.47、韩国为0.36、马来西亚为0.48，这些国家收入差距不平等程度都要高出我国很多，可以看出中国城镇居民收入分配的主流仍是平均主义（城镇居民消费问题研究课题组，1993）。

---

① 实物补贴具有一种货币溢出效应，当某种消费品主要以实物补贴方式获得时，居民本来准备用满足于消费品需求的那部分货币收入被溢出。被溢出的货币收入或者用于购买其他消费品，增加了对其他消费品的需求压力，或者用于储蓄（这一时期依然牢不可破的社会保障制度使人们储蓄的积极性并不是很大）。

② 1986年国家统计局将基尼系数划分为4个区间：0.2以下为高度平均，0.2～0.3为相对平均，0.3～0.4为比较合理，0.4以上为收入差距偏大。资料来源：吴明瑜和李泊溪，1991。

表 4-3　1980~1991 年中国城镇居民基尼系数

	1980年	1981年	1982年	1983年	1984年	1985年	1986年	1987年	1988年	1989年	1990年	1991年
基尼系数	0.16	0.15	0.15	0.15	0.16	0.19	0.19	0.20	0.23	0.23	0.23	0.23

资料来源：闻潜，2005

第二节　城镇居民量的扩张的物质消费分析

一 量的扩张的食品消费

十一届三中全会后，中国首先在农村掀起了改革开放的浪潮。农村家庭联产承包责任制的推行，极大调动了广大农民发展农业生产的积极性，农业生产逐渐克服了过去"以粮为纲"的错误倾向，农村副业生产发展迅速，为城镇居民生活水平的改善提供了物质前提。政府也逐步放宽了对粮、油等基本生活资料的控制，1985 年粮食收购由统购改为合同订购，城市副食品价格由计划调节改为市场调节，赋予了人们在消费上更多的自主权。收入水平的提高使人们首先想到满足吃的需求，城镇居民食品消费进入以吃饱为主的量的扩张阶段。

（一）形成"鲜菜＋粮食＋动物性食品"的消费格局

这一时期鲜菜取代了粮食的主体地位，成为城镇居民食品消费的第一大对象，但其消费量由前一时期的上升转为下降；细粮消费量由前一时期的上升转为下降，导致粮食消费量下降速度加快，降为第二大消费对象；动物性食品虽然继续保持原有的位次，但其消费量在不断增长（图 4-1）。鲜菜和动物性食品的消费量大大超过粮食的消费量，居民食品消费开始由主食型向副食型转变，人们的生活水平正发生着翻天覆地的变化。

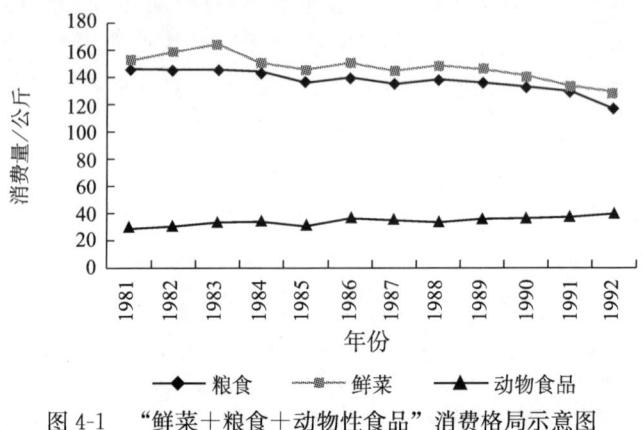

图 4-1　"鲜菜＋粮食＋动物性食品"消费格局示意图

（二）补偿性特征明显，处于量的扩张阶段

根据美国经济学家梅杰的研究结果，在人均国民收入水平达到高水平之前，人们增长的收入首先用于满足在低收入水平时尚未满足的食物消费需求上。改革开放后，随着收入水平的上升，城镇居民多年来被压抑的消费愿望开始释放出来，食品消费需求大增。人们不再满足于填饱肚子，粮食消费量迅速下降，物美价廉的大白菜虽然还是冬令的主菜，但"当家"的地位明显削弱，新鲜细菜开始出现在普通居民的餐桌上。人们对猪牛羊肉、家禽、鲜蛋、水产品、鲜奶、植物油的消费量普遍上升，1992年比1978年分别上升6.5公斤、4.1公斤、5.8公斤、1.2公斤、1.5公斤、2.6公斤，其中动物性食品总体上升19.1公斤。在这些增长的食品中，主要是肉类食品、鲜蛋、植物油等生活必需品的消费量增长较多，而高营养、高蛋白的家禽、水产品、鲜奶等高层次的动物性食品增长较少（图4-2）。此外，对有损人们身体健康的烟酒消费上升迅速，城镇居民人均卷烟消费量由1981年的人均35.9盒上升到1986年的41.4盒，酒的消费量从1978年的3公斤上升到1992年的9.9公斤，其中白酒消费一直呈上升态势。对低层次副食，特别是对猪牛羊肉、鲜蛋、植物油和烟酒消费量的增加，是生活水平刚刚转好之后收入水平还十分有限的情况下人们食品消费的主要特征。

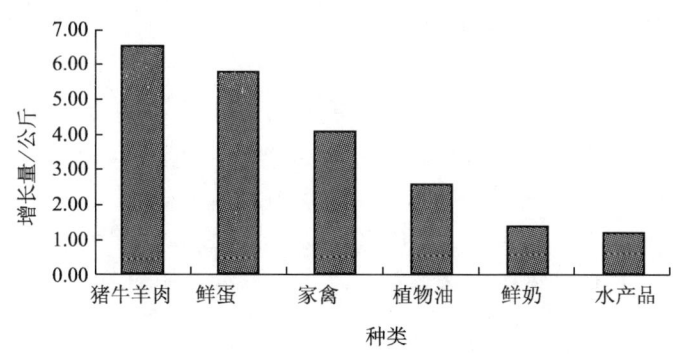

图4-2 1978~1992年城镇居民主要食品增长量

（三）选择余地扩大，但便捷化程度不高

改革开放以来，农贸市场上食品供应充足，种类丰富。多少年来存在的吃肉难、吃菜难、吃蛋难问题在一定程度上得到解决，家家户户不再为吃饭而发愁，排队购买食品的现象已不复存在。居民食品消费多以"米袋子、菜篮子，买回家里居家过日子"的生活方式为主。居民食品消费便捷化程度较低，所购买的食品多以未加工的食品或半成品为主，加工食品所占比例较少。北京城镇居民家庭的肉食消费主要以胴体肉为主，肉食加工产品的比重较低，而同时期

的发达国家几乎没有胴体肉上市,其熟食制品或半成品占居民食品消费量的50%以上,而北京居民还不到10%。外出就餐只是在朋友聚会、节日庆典时偶尔为之的奢侈行为。据统计,在社会消费品总零售额中,餐饮业所占比例从1978年的3.5%上升到1992年的5.4%,仅上升1.9个百分点。

(四) 营养不均衡状况大大改善

20世纪80年代是城镇居民食品消费调整的重要时期,也是居民营养结构得到较好改善的时期。根据2004年国家卫生部、科技部、统计局公布的《中国居民营养与健康状况调查》结果表明,1992年中国城镇居民人均每日所摄取的热量为2394.6千卡、蛋白质为75.1克、脂肪为77.7克。从数量上看,中国城镇居民蛋白质、脂肪摄入量都已超过亚洲和世界平均水平,虽然由于粮食消费量的减少导致居民热量的摄入量大大低于亚洲和世界平均水平,但也达到国家标准。从构成上看,营养来源单一状况大大改善,动物性热量达到15.2%,与世界平均水平持平;动物性蛋白达到37.6%,要比世界平均水平高2.9个百分点。无论从数量上还是从质量上,居民营养达到了世界水平,城镇居民食物结构和营养结构都在朝着科学化、合理化的方向发展。

二 盲目追风赶潮的衣着消费

1978年之后,中国结束了以阶级斗争为纲的思想路线,重新回到以经济建设为中心的轨道上来。衣着消费在饱受了政治的寒霜之后,人民群众终于获得了穿衣打扮的自由和追求美的权利。政府逐步放宽了对棉布、棉絮等基本生活资料的控制,从1983年12月1日起免收布票、棉絮票,棉布、棉絮敞开供应。政治环境的日益宽松和国民经济的恢复发展,促进了城镇居民衣着消费的大幅度上升,人均衣着消费支出从1978年的42.24元上升到1992年的235.41元,增长5.57倍,衣着消费发生了根本的变化。

(一) 棉布(制品)需求下降,化纤及其他布料(制品)需求上升

在布料消费中,棉布的购买量下降,由1981年人均1.55米下降到1990年的1.33米,下降了14.2%,化纤、呢绒、绸缎的购买量下降较为缓慢,甚至有所上升,如呢绒购买量从1981年的人均0.22米上升到1990年的0.26米,上升18.2%。

在成衣消费中,人们对布制服装的购买量迅速下降,对呢绒、绸缎、化纤服装的购买量不断上升,尤其是化纤服装呈直线上升趋势。1990年与1981年相比,城镇居民家庭年人均购买布制服装由0.47件下降到0.29件,下降38.3%;

化纤布服装由 0.73 件上升到 1.4 件，增长 92%；呢绒和绸缎服装分别由 0.11 件和 0.02 件上升到 0.17 件和 0.05 件，分别增长 54.5% 和 150%。此外，款式新颖、色彩鲜艳、舒适大方的针织衣裤和毛线毛裤受到少年儿童和青年男女的普遍喜爱，消费量迅速增长。人们用于购买化纤、呢绒、绸缎等布料及其服装的支出越来越多，其中化纤布和化纤服装的支出增长迅猛，使不少服装加工厂家生产集中于化纤制品，而生产的棉织品很少，以至于有人想买棉制的衣服都很难买到。重"化纤"轻"棉织"的消费倾向，集中体现了由农业型社会向工业性社会转变时人们的喜好变化。

（二）成衣消费有所增加，量体裁衣仍比较盛行

20 世纪 80 年代，虽然城镇居民购买成衣有所增加，但购买布料做衣服仍然比较盛行。随着市场供应情况的日益好转，国家取消布票，棉布、棉絮敞开供应，由此城镇居民棉布购买量大增，导致整个布料购买量呈上升趋势，布料购买量在 1984~1988 年常居高位不下，1988 年之后开始下降，到 1990 年又恢复到 1980 年的水平。1990 年城镇居民人均购买各种布料 3.9 米，与 1981 年 3.87 米相比，不但没有减少，还略微有所上升。

与布料相比较，各种成衣购买量除化纤服装上升较大外，其他服装上升较慢，甚至下降。1990 年城镇居民人均购买成衣 1.96 件，年人均购买成衣不到 2 件。1990 年人均购买布料 3.9 米，按成年人用布量 2 米计算，可以做 1.95 件衣服，职工购买布料做衣服与直接购买成衣的数量基本相当；从支出金额上看，1990 年城镇居民用于购买成衣的支出为 48.46 元，用于购买布料的支出为 31 元，二者之比为 1.56：1。这说明成衣消费在 80 年代还未成为主流趋势，购买布料做衣服仍比较流行。不过大部分城镇居民购买布料不再像六七十年代那样拿回家自己凭经验做衣服，而向专业裁缝店转移。一个明显的例子，就是 1984 年之后每百户城镇居民缝纫机购买量呈下降趋势。不少家庭转向专业裁缝寻求"代剪"，或者干脆直接在裁缝店量身定做衣服，这样一些以卖布为业，并以提供"代剪"服务促进销售的布匹店生意十分火爆。据福州晚报报道，20 世纪 80 年代末 90 年代初"代剪"特别流行。"代剪"盛行时，从福州市洋头口到东街口一带有上百家布店。不少布店专门聘请技术好的裁缝师傅，当场裁剪衣料，生意非常兴隆。尤其是过年的时候，常有不少人排队等候裁剪。适应衣着消费的需要，一大批专业服装加工店应运而生。以北京市为例，1980 年北京市从事服装加工的个体工商户 327 家、人员 356 人，到 1990 年迅速上升到 2285 家、人员 2840 人，分别增长了 7 倍和 8 倍（图 4-3）。一时间裁缝店门前门庭若市，据林师傅回忆，裁缝店生意最好的时候是 1987~1990 年。他们夫妇俩几乎每天都要加班到晚上八九点钟，过年的时候

还要加班到天亮。

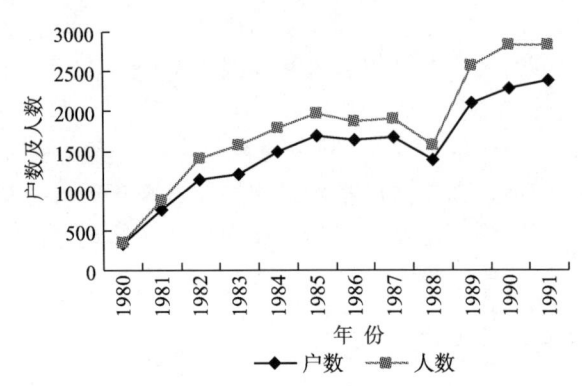

图 4-3　1980～1991 年北京市区服装加工个体户及人数
资料来源：根据北京市统计局历年《北京市社会经济统计年鉴》公布数据绘制

（三）政治色彩淡化，衣着消费走向自由

20世纪80年代是各种新思想与旧观念交织碰撞的年代，作为文化意识载体的衣着消费也正是在这种交织碰撞中走向前进的。改革开放之初，面对日益盛行的喇叭裤，一些极"左"思想的人认为，喇叭裤是"奇装异服"，是资产阶级"低级趣味"、"腐朽颓废"生活方式的表现。有些地方甚至动员团员、青年上街纠察，不许青年人穿喇叭裤，遇到不听"禁令"的，就强行剪破。有些地方禁止穿喇叭裤者出入机关大门。在极"左"派的煽动下，1983年全国上下开展了一次包括衣着、歌曲、电影、舞蹈、绘画等方面的所谓"清除精神污染"运动，一时间中国的天空又是乌云密布。负责主持中央日常工作的胡耀邦提出了划清几个界限的指示，其中第一条就是"不要干涉人家穿衣打扮，不要用奇装异服一词。总的说，我国的衣着还是单调的，不要把刚刚出现的活泼多样又打回到古板、单调状态中去"（胡绩伟，2000）。《中国青年》专门刊出文章进行辩论，提出头发的长短、裤脚的大小和思想的好坏没有必然的联系。经过这场争论，人们穿衣打扮获得了一些自由。但是伴随着对改革开放的激烈争论，人们在衣着消费观念方面的争论也从来没有停止过，穿衣打扮总是受着意识形态、传统习惯、社会舆论的羁绊。1985年有关部门抽样调查显示，在回答"对于人们的服装打扮完全不应该加以干涉，谁爱穿什么就穿什么"时，赞成的占56.2%，有点赞成的占19.3%，很难说的占6.2%，有点反对的占11.7%，反对的占6.5%。虽然对穿着多样化表示赞同的占大多数，但表示反对的人数依然不少，占18.2%（潘建雄，1986）。然而"青山遮不住，毕竟东流去"，传统观念虽有市场，却阻挡不住服装变化的潮流。随着中国融入世界潮流步伐的加快，穿衣打扮逐渐摆脱了意识形态的锁链，没有人再去限制你，也没有人再会为了爱美、穿着个性衣服而担惊受怕，人们可以按照自己的愿望塑造自身形象。

三 均衡化、跨越式发展的用品消费

改革开放以来，城镇居民耐用品消费经历了从无到有、从少到多、从低档到高档的发展转变过程。受消费需求扩张的推动，城镇居民用品消费经历了三次集中式、排浪式的消费浪潮：从20世纪70年代末期的自行车、手表、缝纫机、收音机热，到80年代初期的黑白电视机、电风扇、录音机热，再到80年代中期的彩电、冰箱、洗衣机热。各种耐用品以前所未有的速度进入千家万户，不仅大大地丰富了居民的生活内容，改善了居民的生活质量，也悄悄地影响和改变着人们的生活方式和消费习惯。城镇居民家庭耐用品消费水平基本达到或超过同时期处于相同发展阶段其他国家的水平。

（一）量的增长过快，用品支出骤增

20世纪80年代以来，城镇居民耐用消费品拥有量增长很快。以手表、自行车、缝纫机、收音机为代表的百元级耐用消费品纷纷走向饱和，购买量呈下降趋势，但是以电冰箱、彩电等高档耐用消费品开始在城镇居民中普及开来，增长速度较快。1981年（1978年、1979年、1980年中国未对城镇居民新四大件拥有量作统计）每百户城镇居民家庭电冰箱拥有量仅为0.22台、彩电为0.59台、洗衣机为6.23台、录音机为12.97部，新四大件在城镇居民家庭中还比较稀有，经过短短10年多时间，到1992年分别增长到52.6台、74.87台、83.41台、73.59部，分别是1981年的239倍、126.90倍、13.16倍和5.67倍，新四大件在城镇居民家庭中得到普及。这些新兴耐用消费品的增长，以1988年为界分为两个阶段。1988年以前为急剧增长阶段，1988年以后进入平稳增长阶段。后一阶段虽然增长速度减缓，但从绝对量来看这几种耐用消费品拥有量仍在不断增加，普及率在不断上升。1981~1988年每百户城镇居民耐用消费品拥有量年平均增长率，洗衣机为41.89%，电冰箱为99.91%，彩色电视机为81.10%；1989~1992年，洗衣机为3.05%，电冰箱为12.98%，彩色电视机为13.31%。后一阶段的年平均增长率与前一阶段相比，洗衣机低出38.84个百分点，电冰箱低出86.92个百分点，彩色电视机低出71.80个百分点。

耐用消费品家庭拥有量的迅猛增长推动了城镇居民用品消费支出的急剧攀升。城镇居民用品消费支出也以1988年为界分为两个阶段。1981年城镇居民家庭人均家庭用品及服务支出为43.68元，到1988年增长到166元，所占比重从1981年的9.56%，上升到1988年的15.06%，达到改革开放以来的最高峰，1988年之后用品支出有所回落，到1992年降到140.68元，所占比重也相应下

降到8.41%。总的来说，这一阶段家庭用品及服务支出增长较快，只是后期稍微有所回落。

(二) 集中式、排浪式消费特征明显

20世纪80年代以来，受国家补偿性消费政策的影响，城镇居民收入增长较快。由于消费领域过于狭窄，没有更多的渠道吸收、分流居民的新增收入，人们在基本解决了吃、穿问题后，受国际消费示范作用的影响及邻里同事之间攀比心理的刺激，许多居民的消费兴趣集中转向高档耐用消费品。收入水平、消费起点、消费嗜好和消费规模等因素的无差异性，使得他们在消费对象上具有高度的一致性，导致消费同步化现象相当严重，往往是同步需求、同步购买、同步消费，从一个消费热点迅速转向另一个消费热点，形成一浪又一浪的消费热潮。从70年代末期的自行车、手表、缝纫机、收音机热，到80年代初期的黑白电视机、电风扇、录音机热，每轮热潮过后，各种耐用消费品迅速饱和，收音机、缝纫机、黑白电视机、自行车、手表纷纷在80年代初期居民拥有量达到顶峰，自此以后增长缓慢或出现负增长态势；80年代中期之后，以彩电、冰箱、洗衣机为标志的千元级耐用消费品在城镇居民中间普及开来，新一轮的耐用消费品购买热潮迅速兴起，到1992年每百户城镇居民彩电、冰箱、洗衣机拥有量已分别达到74.87台、52.60台、83.41台，拥有量成倍、几十倍甚至上百倍的增长。城镇居民耐用品消费从起步到90年代初短短10多年时间，形成三次消费热潮，完成了从百元级到千元级，从生活必需型耐用消费品到现代高档耐用消费品的转移，表现出明显的集中式、排浪式特征。在这三次消费浪潮中，居民消费期望转移之快，是令人惊讶的。对1981年京、津、沪等34个大城市6500户家庭调查，结果显示每百户家庭持币购买耐用消费品中按数量划分的序列为自行车、收音机、黑白电视机、手表、电扇，到1984年消费序列变为洗衣机、收录机、彩电、电冰箱、手表、自行车。处于预期消费第一位的自行车，3年之内下跌到最后一位，以前想都没想过的洗衣机、彩电分别跃居第一位和第三位，消费期望序列的变化反映出消费层次的跃迁，反映到市场上表现为消费热点的转移（杨晓，1985）。居民消费欲望一次次满足，新的消费欲望一次次提出，推动了耐用消费品消费热点的迅速转移，每次消费热点从形成到结束，长不过10年，短不过5年，一波过后又起一波，形成独特的集中式、波浪式的消费特征（表4-4）。

表4-4 中国城镇居民三次排浪式消费升级表

次数	时间	内容
第一次	20世纪70年代末~80年代初	手表、自行车、缝纫机、收音机
第二次	20世纪80年代初~80年代中期	黑白电视机、电风扇、录音机
第三次	20世纪80年代中期~90年代中期	电冰箱、彩电、洗衣机

第四章 双轨制时期城镇居民物质消费水平的变化趋势（1979~1992年）

（三）用品消费均等化现象严重

一般来说，不同收入居民家庭的消费差别主要反映在耐用消费品方面，至于基本生活必需品不存在什么差别。但这一时期城镇居民耐用品消费差别并不显著，高、低收入户之间雷同化现象比较严重。主要表现在两个方面：一是老几大件在高、低收入组之间几乎没有什么差别，如自行车、缝纫机、手表、普通收录机、电风扇等就是如此。即使在最高收入户与最低收入户、困难户之间，差别也不大。以1988年为例（表4-5），在最低收入户中，黑白电视机的普及率达66.07％，自行车达154.54％、电风扇达90.71％、缝纫机达67.76％，连困难户自行车的普及率也达147.23％、缝纫机达66.35％、电风扇达85.25％、黑白电视机达66.70％，这个比重是相当高的，与最高收入户差别甚微。二是高档耐用消费品在高收入户与低收入户之间，普及率差别也比较小。比如，彩电，高收入户为57.30％，低收入户为30.18％；电冰箱，高收入户为38.30％，低收入户为18.33％；洗衣机，高收入户为79.93％，低收入户为65.10％；立体声收录机，高收入户为39.86％，低收入户为27.82％。

表4-5　1988年按收入等级分类，城镇居民家庭平均每百户年底耐用消费品拥有量

商品名称	总平均	最低收入户(10%)	困难户(5%)	低收入户(10%)	中等偏下户(20%)	中等收入户(20%)	中等偏上户(20%)	高收入户(10%)	最高收入户(10%)
自行车/辆	177.54	154.54	147.23	170.46	177.32	180.02	184.97	185.00	180.81
缝纫机/架	70.75	67.76	66.35	70.52	70.91	70.93	70.81	70.54	73.41
机械手表/台	228.01	205.27	201.22	219.49	227.57	228.33	232.99	238.09	239.47
电子手表/台	66.45	55.48	53.02	63.71	66.08	67.26	68.85	73.07	67.92
电风扇/台	117.51	90.71	85.25	105.64	112.12	118.47	124.74	130.67	137.50
洗衣机/台	73.42	52.39	47.23	65.10	69.90	77.16	79.90	79.93	82.91
电冰箱/台	28.07	11.83	10.02	18.33	22.50	27.62	34.46	38.30	43.07
彩色电视机/台	43.93	22.07	18.25	30.18	36.65	43.75	51.31	57.30	66.33
黑白电视机/台	59.68	66.07	66.70	64.83	62.72	60.50	56.59	52.77	48.84
立体声收音机/台	34.21	22.18	20.78	27.82	30.62	36.15	38.14	39.86	42.44
普通录音机/台	29.95	23.29	22.31	26.58	28.34	29.89	32.93	34.24	33.11
照相机/架	16.03	7.18	5.37	11.04	11.91	15.59	18.84	22.22	27.19

资料来源：中华人民共和国国家统计局．1989．中国统计年鉴1989．北京：中国统计出版社

这种雷同型、同步型的消费结构给社会经济的发展带来一系列难以克服的后果。一方面，同步购买给市场造成很大压力。一旦遇上其他原因或预期价格可能上涨，必然出现抢购风潮，使市场压力增大，消费品总供给与总需求失衡。80年代消费品供给与需求的缺口逐年扩大，不仅与消费领域狭窄、福利性消费过多密切相关，而且与消费结构的雷同化密切相关。另一方面，消费的同步饱和往往导致市场疲软。这一现象与前一现象正好相反。从城镇居民来看，耐用

消费品的普及率已相当高，大多数耐用消费品基本处于饱和状态，少数高档耐用消费品在 50% 以上居民中达到饱和。由于消费结构的雷同化、同步化，所以饱和也是同步的。同步饱和，必然导致市场疲软。当然，导致市场疲软的原因非常复杂，但其中一个非常重要的原因就是同步饱和。消费领域过窄和消费结构缺乏层次，导致了"排浪式"的消费行为和浪潮过后的消费品市场疲软，这显然不利于消费品生产的稳定发展，也不利于整个国民经济的稳定发展。

四 居住空间得到有限满足的住房消费

长期以来，中国城镇住房制度实行的是统一建造、统一分配的国家一包到底政策，既没能较好解决居民住房问题，又使国家背上了沉重的包袱，城镇居民的住房问题变得越来越严重，成为严重的社会问题，引起人民群众的强烈不满。改革开放之后，国家一方面加大了对城镇住宅建设的投资力度，使住宅建筑面积成倍增长，城镇居民人均居住面积从 1978 年的 3.6 平方米增长到 1991 年的 7.3 平方米，住房紧张状况得到缓解。另一方面，积极推进城镇住房商品化改革，先后进行了住宅出售、住宅补贴出售、提租促售等各项改革试点，居民的住房消费观念开始有所松动。但这一时期住房改革由于始终没有处理好售房与租金之间的关系，造成住房改革迂回曲折，进展缓慢，单位建房再无偿分房的旧体制仍在延续，大多数城镇职工仍停留在福利住房制度的观念中，依靠城镇居民自主改善居住条件的积极性和主动性并没有调动起来，加上城市化进程加快，城市人口迅速增长，城镇居民住房空间的改善十分有限，居住质量上也不可能有大的提高。

（一）自有房比重有所增加，公房比重仍占优势

十一届三中全会以后，为了纠正私房改造面过宽，以及错接、错管、挤占私房的错误，党中央、国务院采取了一系列措施，制定了有关政策，要求把"大跃进"和"文化大革命"中被没收、被错接、被挤占的私房分期、分批予以退还。机关团体、企事业单位挤占的私房，要限期退出，交还原主，并把落实私房政策，退还私人自有住房，当做促进安定团结、推动四化建设的大事来抓。在落实党的私房政策过程中，各城市将错接、错改、错管、挤占的私人住房，陆续进行了核实退还。1980～1986 年，全国约占 85% 的应退还私房得到退还（蔡德容，1993）。与此同时，随着人们对社会主义条件下住宅经济属性和住宅个人所有制认识的不断深入，从 1979 年开始，中国围绕住宅投资体制、住宅所有权关系等方面，推行城镇住宅商品化改革。1980 年 6 月中共中央、国务院发布 72 号文件，正式公布了关于住宅商品化的政策，规定："要准许职工私人建

房、私人买房，准许私人拥有自己的住宅。要有计划地由国家建设一批住宅向私人出售，房价可以一次付清，也可以分期付清。一次付清的，应当享受优惠待遇。分期付款的，也要实行低利率，期限为 10 年、15 年，不要超过 20 年。不仅新住宅可以出售，现有住宅也可以出售。"在中央精神的指导下，很多城市开展了住宅出售试点工作，到 1980 年 10 月，全国近 50 个城市向个人出售住宅共 747 套，建筑面积 4.2 万平方米，1981 年全国共售出住房 1184 套，建筑面积达 7.2 万平方米。为了进一步鼓励职工买房，1982 年国家又推出了由国家、个人、单位各负担 1/3 的新建住房补贴出售方案，选定常州、郑州、沙市和四平四个城市试点，到 1984 年 8 月共补贴出售住宅 2140 套，建筑面积 11.5 万平方米（杨圣明，1989）。1986 年之后，国家又采取了提高租金的措施促使居民购买公房，对于推动城镇居民购买住房起到一定的作用。各地从实际出发，采取措施，积极鼓励个人建房、集资建房、合作建房，也收到了一定的成效。在中央、地方、单位的积极推动下，城镇居民住房消费观念有了一定的转变，购买住房、自建住房的数量有所上升，住宅所有制结构发生了变化，私有住宅在经历了 1957~1978 年的急剧下降后开始有所回升，到 1991 年在住房所有制结构中公有住房的比重从 1983 年的 88.44% 下降到 81.63%，租赁住房的比重从 2.2% 下降到 1.68%，私有住房的比重从 9.36% 上升到 16.52%，但公有住房独霸天下的所有制格局未被打破。由于这一时期房改工作进展缓慢，私有住房的比重虽然有所上升，但仍然很小。所以，积极调动广大城市居民自己解决住宅问题的积极性，鼓励个人建房买房，大力扩大私人住宅的比重，是这一时期房改工作的重要任务。

（二）住房支出依然偏低，城乡居民反差巨大

一般说来，在一定时期内随着居民收入的增加，居民消费结构中住的比重应呈上升趋势，这是恩格尔定律所揭示的规律。但整个 20 世纪 80 年代到 90 年代初，城镇住房制度仍旧沿袭计划经济体制下的福利分房制度，住房消费支出并不随人们收入水平的提高而提高，其所占生活消费支出的比重不但没有上升，反而不断下降，从 1978 年的 1.93% 下降到 1985 年的 0.96%，后来再次下降到 1991 年的 0.73%。大多数年份人均房租支出都在 7 元左右，人均月房租支出仅相当于一包香烟的价格。水电价格也普遍较低，1981~1985 年人均水电费支出基本为 5~6 元，只是 80 年代后期水电费支出才有所上升。加上水电、燃料及其他杂费在内，中国城镇居民住房消费支出比重依然很低，一直为 4%~6%，与农村居民一路攀升的住房消费支出形成巨大反差。改革开放以来，随着农村经济的发展和温饱问题的解决，一股持续不断的建房热在农村掀起，农村居民住房消费支出比重迅速从 1978 年的 3.24% 上升到 10% 以上，到 80 年代后期达到

高潮，上升到17%~18%，一直到90年代初期才稳定在14%左右，高出城镇居民近10个百分点。根据一般国际经验（表4-6），当恩格尔系数处在50%~55%时，住房消费支出应为11%左右，但事实上中国城镇居民的住房消费支出水平却大大低于实际所应该达到的支出水平（1985~1992年城镇居民恩格尔系数为52%~54%）。住房消费支出偏低，使居民的购买力向别处转移。无论是低收入家庭还是高收入家庭，在消费渠道上都高度聚焦到耐用消费品上，使城镇居民用品消费支出急剧攀升。冰箱、彩电、洗衣机等大件电器的增多造成人与耐用品争空间的矛盾更加突出，加剧了住房紧张程度。长期的低房租造成城镇居民"用品超前，住房滞后"状况的出现，是这一时期居民住房紧张的重要原因之一。

表4-6 经济发展阶段与住房支出比重

消费水平	恩格尔系数	住房支出比重/%
温饱型	55~59	7.6
	50~55	11.2
小康型	45~50	12.1
	40~45	18.9
丰裕型	23~25	30.0
	20~23	35.0

资料来源：吴明瑜，李泊溪．1997．中国1997~2020：科学技术与人民生活．北京：中国财政经济出版社

（三）居住空间有所扩大，居住质量依然不高

改革开放以来，国家加大了对城镇住宅建设的投资力度，1980年以来每年以超过100亿投资速度增加，推动住宅建筑面积成倍增长。1978年年底，全国城镇住宅建筑面积为51 678万平方米，1985年年底上升为127 791万平方米，1989年则达到190 840万平方米，每年竣工面积约1.27亿平方米（中国城市发展研究会，1990），住房建设规模和速度都创下了国际纪录。住宅建筑面积成倍增长使人均居住面积也有了大幅度提高。城镇居民人均居住面积从1978年的3.6平方米，到1992年增长到7.3平方米，远远超过了国际上人均居住面积2平方米的最低标准（潘其源，1992）。城市居民中缺房户比例迅速下降，从1978年的37.68%下降到1991年的9.25%，有占57.75%的居民达到了国际上人均居住面积8平方米的文明标准。经过十几年的努力，中国城镇居民终于实现了"住得下"的目标。

衡量人们居住水平的高低，不仅要看居住空间的大小，还要看室内必需的生活设施是否配套，人们的生活是否方便。改革开放以来，城市基础设施发展较为迅速，具有现代化设备的单元成套楼房比例进一步增大，城镇居民的居住条件得到改善，大多数住户拥有了独用的厨房，实现了通水、通电。北方地区不少居民室内安装了暖气设施，部分住宅区还通了管道煤气，安装了电视天线。

第四章 双轨制时期城镇居民物质消费水平的变化趋势（1979~1992年）

但总体说来，这一时期城镇居民住宅成套率[①]不高，到80年代末，全国城镇住宅成套率仅为40%左右，住宅配套设施不够齐全，人们居住质量普遍不高。据统计（表4-7），到1991年在城镇居民家庭中拥有独用厨房的家庭占86.95%，合用厨房的家庭占4.65%，没有厨房的家庭占8.18%，占一成以上的家庭没有自己的专用厨房；有浴室厕所的家庭占15.92%，有厕所无浴室的家庭占36.65%，有公共厕所浴室的家庭占15%，无厕所、浴室的家庭占32.20%，居民卫生条件较差；居民用水情况相对较好，占83.99%的家庭用上了独用自来水，用公用自来水的家庭占13.10%，无自来水的家庭占2.68%；居民取暖状况更为落后，仅有23.96%的居民家庭使用暖气，占27.96%的家庭靠火炕、火炉取暖，占47.46%的家庭无任何取暖设备。清洁炊事燃料还未在城镇居民中普及，液化气、煤气、天然气的普及率仅占46%，占一半以上的居民生活靠煤炭、柴草做炊事燃料，环境污染十分严重。这一时期中国城镇居民住宅处在量的增长阶段，居住空间有所提高，但居住质量不是很高，住宅配套设施的建设跟不上住宅建设的步伐。完善居民住宅设施，提高居住质量，是下一时期中国城镇居民住房问题中一个亟待解决的重大问题。

表4-7　1991年城镇居民家庭年末居住状况　　　　（单位:%）

按居住条件分组	各组所占比例	按居住条件分组	各组所占比例
一、按居住面积分		2. 独用厨房	86.95
1. 无房户	0.23	3. 公用厨房	4.65
2. 拥挤户	3.85	五、按卫生设备情况分	
3. 不方便户	5.17	1. 无卫生设备	32.20
4. 4~6平方米	13.58	2. 有浴室厕所	15.92
5. 6~8平方米	19.42	3. 有厕所无浴室	36.65
6. 8平方米以上	57.75	4. 公用卫生设备	15.00
二、按房屋产权分		六、按取暖设备分	
1. 公房	81.63	1. 无取暖设备	47.46
2. 租赁私房	1.68	2. 有空调设备	0.39
3. 自有房	16.52	3. 有暖气	23.96
4. 其他	0.11	4. 火炕、火炉等	27.96
三、按自来水使用情况分		七、按燃料使用情况分	
1. 无自来水	2.68	1. 管道煤气	17.56
2. 独用自来水	83.99	2. 液化石油气	28.57
3. 公用自来水	13.10	3. 煤	49.05
四、按厨房使用情况分		4. 其他	5.58
1. 无厨房	8.18		

资料来源：国家统计局城市社会经济调查总队. 1992. 1991年中国城镇居民家庭收支调查资料. 北京：中国统计出版社

[①] 住宅成套率是指成套住宅建筑面积与实有住宅建筑面积的比例。计算公式：住宅成套率＝成套住宅建筑面积/实有住宅建筑面积×100%。

(四) 居住环境有所改善，生活仍然不甚方便

衡量居民居住质量的标准，不仅要看房屋本身功能是否完善，还要看周围的居住环境是否协调，既要看内涵，又要看外延。生活居住的绿地面积、服务设施、交通设施的多少与优劣直接决定着居民生活质量的高低。

城市绿化刚刚起步。绿地面积是衡量人们居住环境好坏的一个重要指标。1980年城市绿地面积为85 543公顷，1990年为474 613公顷，每万人拥有绿地面积1980年为9.6公顷，1990年达到32.2公顷，城市绿地面积总体发展很快，但人均绿地面积很少，城市绿化还处在刚刚起步阶段。

城市道路有所延伸，公交车辆有所增加。1980年每万人拥有的道路长度3.3公里，道路面积为2.8万平方米，到1990年每万人拥有的道路长度延伸为6.4公里，道路面积扩展为6.0万平方米；每万人拥有公共汽车数量也由1980年的3.5辆上升到1990年的4.8辆，出租车行业刚刚发展。城市公交线路仅限于主要交通干道，还没有延伸到居民小区，人们出行还不能实现出门乘车的要求。据记载，截至1987年，河南全省18个市开通了公共汽车客运服务，共有公共汽车1265辆，平均每个城市仅有公共汽车70辆；城镇居民家庭摩托车拥有量还很少，1987年每百户摩托车拥有量为1.55辆；自行车拥有量呈饱和状态，1987年每百户自行车拥有量为231.61辆，比1978年增长93%（河南省地方史志编纂委员会，1995）。居民外出大多骑自行车，有的乘公共汽车，少数人骑摩托车，极少数人坐小轿车，但小轿车一般多为单位配备。

居民小区各项服务功能欠缺，仅限于小卖部、小吃部等最基本的服务，居民理发、看病、孩子入托、维修电器等活动都要跑到离家很远的地方。小区内部诸如健身器材等基础设施几乎没有，小区绿化、物业管理处于空白。整个小区还是一个各项社会功能不太健全的生活空间，没有形成一个小型的社会，人们的衣食住行还离不开整个社会的大环境。这时的居民小区只能算做住宅小区，还不能算做生活小区，居民小区正处在由住宅小区向生活小区的过渡阶段。

第三节　城镇居民相对稳定的消费结构分析

改革开放后，城镇居民生活水平进入了一个以量的满足为主要特征的温饱阶段。伴随着量的满足，同时又有一个质的缓慢提升的过程，各种物质消费结构发生着激烈的内部调整，劳务消费还未提上消费日程，城镇居民总体消费结构变化不大。

一 物质消费仍占绝对比重，劳务消费比重依然过低

在中国城镇居民消费支出的各项统计指标中，没有专门的物质消费和劳务消费的统计指标，我们只能大致把城镇居民用在食品、衣着、家庭设备用品及服务、居住方面的消费支出划分为物质消费支出，把用在医疗保健、交通通信、文教娱乐方面的支出划分为劳务消费支出。20世纪80年代是城镇居民温饱问题解决的阶段，城镇居民在消费方面的支出更多地表现为量的扩张，特别是对各种物质消费资料的量的追求上，劳务消费还没有提上生活日程，对精神消费的追求还停留在一个较低的层次上。到1992年城镇居民用在物质消费方面支出比重仍高达81.31%，其中吃、穿比重占67%，与1981年相比仅下降4个百分点，其中吃的比重下降3.81个百分点，穿的比重没有下降；劳务消费的比重上升缓慢，从1981年的10.48%上升到13.94%，仅上升3.46个百分点，其中文教娱乐消费比重从8.43%上升到8.82%，仅上升0.39%，精神消费比重几乎没有增长。很显然，在温饱阶段，消费结构最显著的特点是吃、穿比重仍占绝大部分。一般来说，随着生活水平的提高，人们用在吃、穿上的支出比重将有所下降，用在用品、住房和劳务消费上的支出比重将会上升，但这种下降和上升都不是急速的、直线的，而是缓慢的、曲折的。这是因为温饱阶段总的说来虽已到来，但仍有一小部分人的温饱问题尚待继续解决；而温饱问题已经解决的大多数人还有一个吃好、穿好的问题要继续解决。再加上食品、衣着价格上升的速度较快，食品加工深度的扩大等因素，就难于使吃、穿消费比重急速下降，有时还可能上升。正是吃、穿比重下降迂回曲折，导致整个物质消费的比重下降缓慢，加上中国在医疗卫生、文化教育上的改革进展缓慢，城市交通通信设施建设滞后，大多数城镇居民还在享受着国家福利政策带来的最后温存，一系列因素造成城镇居民在劳务消费上的支出比重上升缓慢。与同时期各国消费水平相比，在90年代初期，世界主要国家物质消费在整个消费结构中的比重占50%左右，而包括医疗保健、交通通信、教育休闲娱乐在内的劳务消费支出都在30%~40%，其中教育休闲娱乐支出都普遍在10%~15%。可见，中国城镇居民用在物质消费方面的支出比重大大超过同时期的世界主要国家，而用在劳务消费，特别是文化教育方面的消费支出比重又远远落后于这些国家。

二 消费结构相对稳定，消费格局长期不变

转轨时期，城镇居民以维持吃、穿、用为主的消费格局仍然没有改变。恩格尔系数由1981年的56.66%下降到1992年的52.85%，虽有下降，但降幅不大，新增的消费能力仍有一半以上集中投向饮食方面。衣着支出降幅更小，

1981年衣着支出占14.79%，到1992年仍占14.08%，只下降0.71%，吃、穿合计仍占消费支出的2/3。用品消费虽然在1985~1988年连续几年攀升，但对整个消费结构影响不大，而且在耐用品消费满足之后迅速下降，1992年与1981年相比，用品消费支出比重略有下降。这说明中国居民消费水平不高，绝大部分消费支出还是用于吃、穿、用等生活必需品的消费上。各项改革处在摸索、试验阶段，城镇居民在医疗、住房、交通、教育等方面依然享受着优厚的福利待遇，其消费支出变化不大，支出比例比较稳定。如果按支出比例大小进行排序，1981~1991年中国城镇居民消费顺序依次是食品、衣着、用品及服务、文化教育、居住、交通通信、医疗保健（除个别年份交通通信和医疗保健位次稍有变动），这一消费顺序到80年代末基本上维持不变。

这里，我们用结构变动度[①]来考察这一期间城镇居民消费结构的变动程度。我们选择1981年为基年，1991年为末年[②]，1981~1991年10年间食品、衣着、交通通信、杂项四项的变动值是负值，即这四项消费比重1991年比1981年有所下降，但下降幅度很小，食品下降2.83%，衣着下降1.06%，交通通信下降0.09%，杂项下降1.91%。其他四项的变动值则为正值，但上升幅度都很小，其中居住上升1.69%、医疗保健上升1.60%、文娱上升0.42%、用品上升0.06%。可以看出，各项消费支出比重无论上升还是下降，幅度都很小。这10年的结构变动值为9.66，年均结构变动强度为0.97，表明每年城镇居民消费结构发生不到1%的微小变化，几乎处于静止状态（表4-8）。正是因为各项支出比例基本保持不变，或变动幅度较小，使这一时期城镇居民消费结构呈固定化态势。

表4-8　1981~1991年中国城镇居民消费结构变动度　　（单位：%）

项目	变动度
食品	-2.83
衣着	-1.06
家庭用品及服务	0.06
居住	1.69
医疗保健	1.60
交通通信	-0.09
娱乐教育文化服务	0.42
杂项商品	-1.91
结构变动值	9.66
年均结构变动强度	0.97

资料来源：根据中华人民共和国国家统计局《中国统计年鉴1992》公布数据计算

---

① 结构变动度是用来考察平均每年消费结构变动程度，一般用期末各类消费占总消费额的百分比减去期初同类消费占总消费额的百分比，将相减之差的绝对值相加，即获得一定时期的结构变动值，将结构变动值除以考察期年数，即为平均每年结构变动度。计算公式为：结构变动度 $= \sum |X_{i1} - X_{i0}| /$ 年数。

② 为了进一步说明这一时期城镇居民消费结构的固定化、模式化，我们撇开消费结构稍有变动的1992年，选择1981~1991年。

第四节 城镇居民双重性质的消费行为特征分析

改革开放以来,我国国民经济实行计划经济与市场经济双向运行的经济体制,这种双轨制运行方式不可避免地对我国城乡居民日常生活产生影响。随着商品经济的发展和工农业产品供应的充足,人们消费选择的范围扩大,自主性增强,商品性消费程度提高,但传统的计划经济体制依然发挥作用,实物供给制消费、平均主义消费模式依然十分严重。

一 供给、半供给特征不减

在 20 世纪 80 年代我国城镇职工及其家属的生活费中,有多大部分是依靠国家和企业的补贴,有多大部分是依靠个人的工资、奖金等收入,由于计算口径不一,结果也不相同。这些补贴既有长期的也有临时的,既有公开的也有隐蔽的。据有关部门计算,1978 年每个职工除工资、奖金等收入外,从国家和企业得到的各种补贴大约是 562.7 元,相当于该年职工平均工资 644 元的 80% 以上。这就是说,我国城镇职工及其家属的消费大体上是一半自理,一半实行平均主义的供给制。自 1978 年以来的十几年间,职工平均工资又有显著提高,而国家和企业对职工的各种补贴也有很大增长,二者的对比关系基本上没有大的变化。国家和企业的各种补贴仍占职工及其家属生活费用的一半左右。因此,我国城镇职工及其家属生活消费结构是半供给型的。这种消费结构的一个显著特点是,有些项目国家和企业补贴很多,而自费部分很少。例如,1990 年城镇职工及其家属每人每月平均房租只有 0.78 元,仅占其生活费的 0.73%;每人每月的医疗费只有 1.62 元,仅占其生活费的 1.52%。如此偏低的比重,在发达国家没有,就是在第三世界国家也很少见。国家和企业给予职工生活的各种补贴掩盖了职工及其家属的生活消费支出结构的真相,使其成为一种"哈哈镜"式的消费结构。今后,随着经济体制的改革,尤其是住房制度和医疗制度的改革,各种补贴将逐渐减少,通过工资或其他形式转变为个人收入,职工及其家属的生活费用将要自理,人们用于住房、医疗等方面的支出比重将逐渐上升,城镇居民半供给制消费结构将向自理型消费结构转变。

二 盲目攀比消费盛行

20 世纪 80 年代以来,中国城镇居民继续在多种福利的社会保障制度下生活,住房、医疗、教育等方面广泛的福利制度的推行,直接限制了消费者的选择空间，造成居民购买能力不断积累。温饱问题解决后，居民开始寻求生活条件的改善，受国外消费观念的诱导，人们把消费的重心纷纷投向高档耐用消费品，造成攀比风、抢购风愈演愈烈。据报道，在嘉兴，冰箱厂厂长拿着一大沓求购益友冰箱的单子，双手一摊说："因压缩机紧张，我们厂从四月下旬起，就没有正常生产过，这两天机器刚刚开动，等着买冰箱的人就像等母鸡下蛋，拿去的冰箱还是热的呢。"宁波生产的凤凰牌冰箱也是一到商店就被抢购一空（吴绍中等，1990）。"冰箱！冰箱！有门道的在争，做生意的在倒，当顾客的在盼！虽然工厂里一年四季加班加点地干，产品成千上万地往外拉，市场价格一升再升，可人们旺盛的需求至今未见衰退，'冰箱热'并未随季节的变换而消退。"（王延川，1988）。甚至"电扇热"也不再受季节的影响，"外面刮着六级北风，店里却在抢购电扇"。消费者出于攀比、保值的心理，购物时不管品种、不管牌号、不问质量、不讲价格，很多商场积压多年的残次商品，也被一抢而空。当时为满足社会需求，除迅速扩大生产外，还大量从国外进口。盲目攀比、抢购的结果，使耐用品消费已经脱离了它本身的使用功能，成为荣誉、能量和财富的象征，耐用品脱离了家庭的实际需要，对大多数家庭来说是一种摆设。

居民衣着消费也存在盲目追风现象。20 世纪 80 年代初，受港台电影的影响，喇叭裤在广大青年中风行一时。"一夜之间，仿佛有神力催动，满街盈巷，人山人海中无不喇叭矣。"常常出现某种款式衣服随着一部电影的热播而呈现排队待购的热闹局面。1984 年中国女排在奥运会上取得"三连冠"，各种形式的健身运动在城市居民中火了起来，质地和款式都还不讲究的运动装畅销起来。十三大之后，受改革开放形势的影响，党中央领导人率先穿起西装，西装热在中国迅速升温，一时间不论何种阶层、何种职业都以穿西装为时髦，连农民扛锄下地都穿着西服。一项调查反映，80 年代中期有 76.3% 的青年人将西装作为自己的首选服装（于馄奇和花菊香，1999）。

居民消费的盲目性、跟风性加重了市场物价的波动性，20 世纪 80 年代以来我国市场物价出现了三次大的增长，1980 年上涨 7.5%，1985 年再次上涨 9.3%，1988 年狂飙到 18.8%，加剧了人们的恐惧心理，推动了市场物价的进一步上涨。居民盲目消费、跟风消费，是多种因素促成的结果。除了跟上述我国社会保障体制改革缓慢，居民消费领域过于狭窄有关，还与下列因素分不开：一是居民不习惯于商品经济条件下由供求关系决定的价格变动，仍习惯于过去物价常年不动的心理预期，市场物价稍有风吹草动，就会对人们的消费心理造成不小的振动；二是平均主义的收入分配制度，使人们的收入保持在几乎相同的水平上，为人们盲目跟风消费提供了条件，容易形成一呼百应的效应；此外，还受改革开放带来的国外生活方式的影响和邻居、同事之间攀比风气的影响。

三 雷同消费现象严重

我国居民收入大体是平均的，除少数暴发户外，1990年城镇居民每人每月生活费为100元左右，农民为45元左右。按每人每月生活费收入分组来说，1990年城镇居民家庭在60～100元者占37.55%，在100～150元者占40.21%，在150元以上者占22.26%。1990年农民家庭年人均纯收入150元以下者仅占1.39%，而2000元以上者也不过1.76%（中华人民共和国国家统计局，1991）。这就是说，真正的高收入者和低收入者都是极少数。收入分配上的这种特点决定了我国居民消费结构的雷同性。这表现在两个方面。一是各阶层居民购买的消费品大体一样，你有什么我也有什么。新产品出现后，你若买不起，我也买不起，似乎没有市场；一旦你能买得起，我也能买得起，市场供应紧张，很快就普及。20世纪80年代我国居民耐用品消费排浪式升级的特点充分说明了这一点。二是各种消费品的高、中、低档之间差距不大。城市居民高收入阶层的新四大件拥有量与中等收入阶层的拥有量差别很小，与低收入阶层相差也不大。例如，1991年高、中、低收入户每百户家庭拥有彩电的数量分别为78.27台、70.09台、55.20台，拥有洗衣机的数量分别为84.99台、82.66台、74.32台。这种排浪式的消费升级造成居民消费结构雷同化现象严重。随着一部分人和一部分地区先富起来的政策进一步落实，居民收入差距将继续扩大，从而消费水平的差距将扩大。在这个基础上，居民消费结构将出现层次性、多样性的消费特征。

第五节 中外居民物质消费水平的国际比较

20世纪80年代是中国经济奋起直追、经济高速增长的时期。为了客观评价这一时期经济发展的历史，有必要把我国社会经济发展和人民生活所取得的成就放到国际范围内进行考察，以便总结经验，为第二步战略目标顺利实现创造条件。

一 我国经济发展水平的国际比较

1980～1989年，在世界银行《1991年世界发展报告》公布的124个国家和地区国内生产总值年平均增长率中，中国为9.7%，低于阿曼（12.8%）和博茨瓦纳（11.3%），与韩国同居第3位，不仅大大高于低收入国家（6.2%）、中等收入国家（2.9%）和高收入国家（3%），而且还高于经济最活跃的东亚国家（7.9%）。其中，农业年均增长率为6.3%，低于科威特（18.8%）、沙特阿拉伯（14.6%）、阿联酋（9.3%）和摩洛哥（6.7%），居第5位；工业年均增长率

12.6%，居不丹（15.4%）、阿曼（13.7%）、博茨瓦纳（13%）之后，名列第4位；服务业年均增长率9.3%，居于博茨瓦纳（11.9%）和阿曼（10.5%）之后，名列第三。中国的农业、工业、服务业的年均增长率分别高于世界平均水平的142.3%、425%、190.6%。在世界银行《1993年世界发展报告》列出的1980～1991年世界各国（地区）和各类型国家人均国民生产总值年平均增长率中，除罗马尼亚和马里因情况特殊未参与比较外，超过5%的国家和地区有：韩国（8.7%）、中国（7.8%）、毛里求斯（6.1%）、泰国（5.9%）、中国香港（5.6%）、新加坡和博茨瓦纳（5.3%），高收入国家平均为2.3%，中等收入国家平均为0.3%，低收入国家平均为3.9%。1980～1991年，中国人均国民生产总值的增长速度居于世界前列。

经济的快速增长使中国综合国力得到增强，国际经济地位得到提高。中国工农业主要产品产量居世界位次不断前移，占世界总产量中的比重不断提高。1980年，钢、煤、原油、发电量、水泥、化学纤维、棉布、电视机、糖的位次分别是第5位、第3位、第6位、第6位、第4位、第5位、第1位、第5位、第10位，到1991年位次分别变为第4位、第1位、第5位、第4位、第1位、第3位、第1位、第1位、第6位。1980年，谷物、猪牛羊肉、棉花、大豆、花生、油菜子、甘蔗、茶叶的世界位次分别为第1位、第3位、第1位、第3位、第2位、第2位、第9位、第2位。到1991年，除花生、茶叶处于第2位外，大豆、甘蔗处于第4位，其他如谷物、猪牛羊肉、棉花、油菜子都处于世界第1位（中华人民共和国国家统计局，1992）。中国原油、水泥、谷物、棉花、肉类等工农业产品产量都占世界总产量的20%以上（陈秀英，1993）。

二 物质消费水平的国际比较

20世纪80年代中国经济的快速发展和主要工农业产品产量的大幅度提高为中国城乡居民生活水平的改善奠定了雄厚的物质基础。以下从吃、用、住、消费阶段及消费结构等方面考察我国居民与一些国家消费水平的差距。

第一，食物消费方面。20世纪80年代，我国城乡居民恩格尔系数下降缓慢，为50%～60%，其中农村居民恩格尔系数在高位徘徊，城镇居民恩格尔系数在低位徘徊，城乡居民进入一个时间相对较长的温饱水平巩固阶段。1991年我国人均消费粮食234.5公斤，比1978年增长20%；人均食用植物油5.89公斤，增长2.7倍；猪肉17.44公斤，增长1.3倍；牛羊肉1.79公斤，增长1.4倍；家禽1.98公斤，增长3.5倍；鲜蛋7.10公斤，增长2.6倍；水产品6.79公斤，增长94%。另外，糖果、糕点、水果及各种营养补品的消费量也有较多增长。中国居民肉、蛋、油脂等的消费量正在逐步提高，1991年的消费量已经超过部分中下收入国家水平,正在接近中上收入国家水平。但也应该看到,我国居民对奶类、鱼类消费量较低。水产品是东亚地区居民的主要食品之一,但我国居民水产品消费量普遍低于同属于东南亚国家的菲律宾、泰国及东亚的韩国等国(表4-9)。根据联合国粮农组织计算,1988~1990年,我国人均每天食物热值和蛋白质含量分别为2641千卡[①]和64.2克,高于发展中国家的2473大卡和60.6克,接近2 697大卡和70.9克的世界平均水平;脂肪含量46.4克,接近48.5克的发展中国家平均水平(中华人民共和国国家统计局,1994)。

表4-9　1986~1988年部分国家人均主要食品消费量比较(单位:公斤)

国家	粮食	植物油	肉类	蛋	水产品	糖	奶
(一)中国(1991年)	234.5	5.9	21.2	7.1	6.8	5.0	4.6[①]
(二)中下收入国家							
菲律宾	205.1	4.1	16.1	4.3	32.5	22.5	16.5
泰国	210.3	2.3	19.3	3.5	22.0	22.4	11.9
马来西亚	182.8	14.2	30.9	8.9	33.3	39.2	21.1
土耳其	203.6	15.6	19.6	4.8	6.1	30.3	64.0
巴西	143.7	9.8	35.6	7.5	6.2	48.4	90.0
墨西哥	180.4	11.8	42.2	9.6	9.7	45.9	109.3
(三)中上收入国家							
匈牙利	150.9	8.8	109.6	19.6	4.3	43.1	161.1
南斯拉夫	210.0	13.4	69.8	9.1	4.8	39.5	159.4
韩国	232.7	7.3	17.9	7.9	70.3	18.5	18.0
阿根廷	138.7	11.9	108.5	8.2	7.2	39.2	180.9
希腊	142.2	24.6	78.4	10.9	18.0	35.5	224.1
委内瑞拉	127.1	13.3	45.8	6.3	11.0	41.1	127.2

资料来源:中国数据来自:国家统计局.1992.中国统计年鉴1992,北京:中国统计出版社:278;其他数据来自:福建省农业委员会和福建省农村社会经济调查队.1992.论小康,北京:中国统计出版社:314.

第二,耐用品消费方面。这一时期中国居民耐用消费品发展速度之快,在世界上是很少见的,明显具有跨越式特征。1981年中国城镇居民家庭彩电普及率为0.50%、电冰箱为0.22%、洗衣机为6.31%、录音机为12.97%,到1992年普及率分别达到74.87%、52.60%、83.41%、73.59%,四大件从刚刚进入居民家庭到基本普及,仅用了10年多一点的时间,普及的起点之低,普及的速度之快在国际上实属罕见。苏联从20世纪60年代开始,洗衣机、电视机、电冰箱方进入居民家庭消费领域,到80年代才达到普及阶段,期间用了20年时间。其他东欧国家大致从50年代开始到80年代初基本普及,历时30多年(尹忠立,

---

[①] 1千卡=4185.85焦耳。

1991)。据世界银行统计，80年代末，中国主要耐用消费品的普及率已达到人均国民生产总值1000美元国家的水平，而其中彩电普及率则接近人均国民生产总值3000美元国家的水平（郑必清和王启云，1996）。以收音机、电视机为例（表4-10），1990年中国人均国民生产总值350美元，属于低收入国家水平，但是收音机、电视机普及率分别达到每千人220台、162台，已经超过部分中等收入国家的普及水平，中国城镇居民电视普及率要远远高于这个水平。

表4-10 1990年世界中、低收入国家每千人收音机、电视机拥有量

国家	收音机/台	电视机/台	人均国民生产总值/美元
（一）低收入国家			
孟加拉国	45	5	210
巴基斯坦	87	16	380
印度	79	32	350
中国	220	162	350
印度尼西亚	145	57	570
埃及	302	101	600
（二）中等收入国家			
泰国	185	106	1420
墨西哥	254	146	2490
马来西亚	429	148	2320
委内瑞拉	441	159	2650
土耳其	160	174	1630
南斯拉夫	246	198	3060
巴西	384	207	2680

资料来源：每千人电视机数据来自：中华人民共和国国家统计局. 国际统计年鉴1996；人均国民生产总值数据来自：中华人民共和国国家统计局. 1992. 国际经济和社会统计提要1992. 北京：中国统计出版社；中国数据是由国家统计局国际统计信息中心编写的《国际经济和社会统计提要1992》第425页公布的中国主要耐用消费品每百人拥有量推算得出，即千人拥有量＝百人拥有量×10

第三，居住方面。住房情况是影响居民生活质量的一个很重要的因素，人均住房面积的多少是反映居民生活水平高低的一项重要指标。20世纪80年代末，住的问题仍是世界各国最难妥善解决的问题，即使在西方发达国家，贫民窟仍未消除，无家可归者仍不在少数。从表4-11可以看出，人均居住面积和每间房居住人数的紧张程度与一国经济发展水平的高低有着直接关系，经济发展水平越高，人均使用面积越大，每间房居住人数越少。低收入国家一般2.47人一间房，中低收入国家一般2.24人一间房，中等收入国家一般1.69人住一间房，中高收入国家平均1人一间房，高收入国家将近1个人两间房。我国农村居民1990年平均每户年末使用房屋间数为5.61间，按当年平均每户常住人口4.80人计算，已经达到1人一间房的目标，相当于中高收入国家居住水平。我国城镇居民住房条件比农村要拥挤些，按1988年户均居住间数2.37间，当年每户人口3.63人计算，则达到1.53人一间房，比中等收入国家略好些。经过十几

年的努力，我国居民终于实现了"住得下"的目标。从世界50个国家过去20年间住房投资占其国内生产总值和固定资产投资总额的比例来看，中国80年代的成就超过一般发展中国家所能达到的水平，而接近人均国内生产总值7500美元国家的水平。另据联合国统计资料表明，1979~1992年，无论是住房建成量还是人均居住面积增长量，中国均居世界前列（张跃庆，1995）。世界银行对此给予高度评价："中国住房建设的成就以国际标准而论也是创纪录的。"

表4-11 1990年不同收入国家的居住水平

分类	国家个数	国民生产总值/美元	人均使用面积/m²	每间房人数
低收入国家	10	≤500	6.1	2.47
中低收入国家	10	570~1 260	8.8	2.24
中等收入国家	11	1 420~2 560	15.1	1.69
中高收入国家	9	2 680~11 490	22	1.03
高收入国家	12	16 100~26 040	35	0.66
中国城镇		350	11.99	2
中国农村		350	17.83	1

注：1. 这是联合国1990年对世界52个国家的城市进行的一项住房调查的部分结果。资料来源：参见 An Urbanizing World—Global Report on Human Settlements 1996

2. 中国城镇数据是笔者所加，城镇居民人均使用面积按使用面积＝1.5×居住面积计算得来。资料来源：杨守成．1992. 居民房改必读．北京：中国金融出版社

第四，消费阶段与消费结构方面。一是与同时期的发达国家相比，中国城镇居民消费水平与之相差三个阶段。中国城镇居民恩格尔系数下降缓慢，明显低于西方发达国家的下降速度，整个80年代恩格尔系数都为50%~60%，到1992年中国城镇居民恩格尔系数仍为52.8%，居民生活水平在绝对贫困阶段结束后，进入了一个时间相对较长的温饱阶段。而同时期绝大多数西方发达国家恩格尔系数到1992年已经降到20%以下，进入最富裕阶段，中国城镇居民消费水平与之相差三个阶段（小康阶段、富裕阶段、最富裕阶段）。中国城镇居民吃、穿两项消费支出比重占67%，而发达国家两项支出仅占25%左右，低于中国城镇居民40%左右，说明中国城镇居民仍没有摆脱以吃、穿为主的消费结构，其消费的重点仍在以满足基本需要为目的的消费上。中国城镇居民实物消费支出占据整个消费支出的81.3%，而西方发达国家仅占50%左右，其消费重点正在从实物消费转向劳务消费，其中有将近30%~40%的支出花费在医疗保健、交通通信、教育休闲方面，有将近10%的支出花费在文化娱乐消费上，而同时期中国城镇居民花费在医疗保健、交通通信、教育休闲上的支出仅占14%，其中花费在文化娱乐上的比重为8.8%。二是与同时期的中等收入国家相比，中国城镇居民消费水平与之相差两个阶段。到1992年泰国、墨西哥、韩国等中等收入国家恩格尔系数都在30%左右，其居民生活水平正处在富裕阶段。中国城镇居民恩格尔系数要高出这些国家20个百分点，正处在温饱阶段，与之相差小康、富裕两个阶段。这些国家吃、穿两项消费支出占40%左右，远远低于中国

城镇居民67%的水平，其服务消费支出比例占20%～30%，其中交通通信成为仅次于食品的第二大支出项目，说明这些国家居民的消费需求不再满足于基本生活用品，正在向服务性消费转移。这些国家消费水平虽然从消费结构上看高于中国城镇居民，但其消费水平明显还处在以物质消费为主的阶段，其物质消费的比重都在60%左右，服务性支出比重大大落后于高收入国家。三是与同时期的低收入国家相比，虽然同处在温饱阶段，但中国城镇居民消费水平明显优于这些国家。1992年中国城镇居民恩格尔系数明显低于印度、菲律宾两国居民，说明中国城镇居民的生活水平要高于两国。生活水平的提高使中国城镇居民在衣着、用品和教育休闲娱乐上的支出比例与印度、菲律宾相比也具有明显优势。但是中国在住房、医疗和交通通信上的改革和建设力度滞后，造成中国城镇居民在三者上的消费支出比例不具有优势。由于同处于温饱阶段，三个国家居民在吃、穿上的消费支出比重基本相同，实物消费比重都占据整个消费支出的80%左右（表4-12）。

表4-12 各国居民消费支出结构 （单位：%）

国家和地区	年份	食品饮料	服装鞋类	住房燃料	家用设备及能源	医疗保健	交通通信	教育休闲与娱乐	其他
美　　国	1992	12.0	6.1	18.3	5.9	17.5	13.6	10.2	16.5
日　　本	1992	20.1	6.2	20.2	6.1	11.0	9.8	10.3	16.3
法　　国	1992	18.6	6.1	20.0	7.7	9.8	16.1	7.6	14.1
英　　国	1992	21.6	5.7	19.4	6.5	1.6	16.8	10.2	18.2
瑞　　典	1992	19.8	6.5	31.4	5.8	3.1	16.1	9.8	7.6
加 拿 大	1992	15.8	5.3	24.5	8.8	4.7	14.4	11.1	15.5
意大利	1992	19.9	9.8	15.9	9.3	6.8	12.1	8.9	17.2
泰　　国	1991	31.0	11.6	8.1	10.9	8.0	12.9	4.7	12.9
墨 西 哥	1992	33.6	7.1	12.8	10.4	4.2	12.2	5.2	14.6
韩　　国	1994	29.7	4.0	12.3	6.9	6.3	13.2	12.5	15.1
印　　度	1991	54.1	10.0	9.8	4.3	2.3	11.5	3.8	4.2
菲 律 宾	1992	57.7	3.7	4.1	13.5	5.0	16.0		
中国城镇	1992	52.8	14.1	6.0	8.4	2.5	2.6	8.8	4.7

资料来源：中华人民共和国国家统计局. 1995. 国际统计年鉴1995. 北京：中国统计出版社

本 章 小 结

1979～1992年，我国经济社会发生了根本性转折，确立了以经济建设为中心的思想路线，掀起了从农村到城市的改革浪潮，形成了以公有制为主体，其他所有制形式为补充的多种经济成分竞相发展的新格局。中国经济呈现蓬勃发展的良好态势，经济实力明显增强，居民生活水平稳步提高，温饱问题从根本上得以解决，吃、穿、用等项目进入一个以量的扩张为主要特征的消费阶段。

第四章 双轨制时期城镇居民物质消费水平的变化趋势（1979～1992年）

与国外居民相比，中国居民物质消费迈上了一个大的台阶，但在医疗、教育方面的精神消费明显不足，人们花在吃、穿、住、用上的消费支出占据整个消费支出的大头，精神消费微乎其微。这既是我国体制转轨过程中社会保障体制改革滞后的反映，又是我国居民消费水平还处在一个较低阶段的表现。居民消费水平的差距实质上是经济发展水平差距的反映。我国与国际间的发展差距，特别是与发达国家的发展差距是由一两百年的历史造成的。缩短这种差距需要一个历史过程，企图通过十年八年的改革开放就想全面赶上发达国家是不可能的。我们决不能只强调追赶的速度和发展成就而否认发展差距的存在。只有经济长期稳定发展，我国居民的消费水平才能稳步地向发达国家靠近。

第五章 市场经济时期城镇居民物质消费水平的变化趋势（1993～2011年）

1992年是中国经济发展过程中重要的一年。十四大的召开标志着"双轨制"的基本结束和建立社会主义市场经济体制目标的正式确立。中国经济体制改革进入了实质性的阶段，就业、住房、医疗、教育等各项制度改革取得突破性进展，各种非商品性福利性消费从城镇居民的日常生活中逐步消失，居民消费的市场化程度大幅度提高。与此同时，中国已经摆脱了短缺经济困扰，物质产品极大丰富，商品市场由卖方市场阶段进入买方市场阶段，居民消费完全按照自己的意愿进行自由消费，城镇居民消费体制完成了从限制型消费向自主型消费转变，从供给、半供给型消费向市场型消费的历史性转变。

第一节 城镇居民消费水平的影响因素分析

一 城镇居民消费水平的简单概括

十四届三中全会后，遵照邓小平同志"胆子更大一点，步子更快一点"的精神，中国加快了建立社会主义市场经济的步伐，掀起了更大一轮的改革开放浪潮，产业结构不断升级，国有企业改革日益深化，个体经济、私营经济、三资企业等非公有制经济蓬勃发展。城镇居民开始转变就业观念，多种形式就业和自谋职业已被越来越多的城镇居民所接受。收入来源多元化，促进了城镇居民收入水平和消费水平大幅度提高。1992年以来我国居民收入水平继续保持较高的增长幅度，城镇居民人均可支配收入从1992年的2026.6元增长到2011年的21 809.8元，增长9.8倍，扣除价格因素，增长3.5倍，年均增长率达到8.2%。消费是收入的函数，收入水平的提高促进了城镇居民消费水平的大幅度提高，人均消费水平从1992年的2262元增长到2011年的18 750元，增长7.3倍，扣除物价因素增长2.3倍，年均增长率为6.4%。城镇居民消费由前一时期的量的扩张向质的提高转变，由生存型消费向享受型、发展型消费转变，健康意识、环保意识、个性意识增强。具体来说，在食品消费上，粮食、食用油、肉类、白酒等低层次食品的消费量大幅度减少，鲜奶、水产品、果酒等营养丰富的高层次食品的消费量大幅度上升；衣着消费的档次和质量大大提高，个性化、休闲化、场合化趋势明显；住房成为消费热点，城镇居民住宅私有率大幅度提高,居住面积得到扩大,居住水平大大改善;用品消费向发展型方向发展,各种文化娱乐类耐用品受到青睐,移动电话、家用电脑等电子信息类耐用品拥有量上升迅速,家庭轿车走进了百姓生活。城镇居民恩格尔系数从1993年之后开始低于50%,并从2000年之后开始低于40%,城镇居民生活由小康阶段稳步进入富裕阶段。

二 影响城镇居民消费水平的主要因素

(一)消费者选择充分自由

商品市场从卖方市场向买方市场转变,商品短缺问题基本消除。虽然自改革开放以来,随着经济的快速增长,商品短缺问题得到了缓解,但商品供给的紧缺现象直到20世纪80年代末仍未得到根本扭转,市场形势依然十分严峻。从表5-1可以看出,到1988年与人民群众生活息息相关的吃、穿、用生活用品仍然普遍紧缺,其中肉、禽、蛋紧缺面为100%,纺织品紧缺面为77%,化工用品紧缺面为70%,农资物资紧缺面为70%。直到进入90年代,市场供求形势才发生根本性变化,对消费者选择自由构成最大限制的供给约束才真正消除。在表5-1所列商品中,针(纺)织品、交电类商品、家电类商品分别于1991年、1992年和1994年转为供求平衡或供过于求;粮食和农业生产资料于1997年转为供求平衡或供过于求;其余消费商品都于1996年转为供求平衡或供过于求。

表5-1 1988年各类消费品供不应求的品种和紧缺面

项目	食品类					穿着类				用品类					农资
	粮食	食油	肉、禽、蛋		烟糖	纺织品	针织品	百货	文化用品	日杂品	家电	交电		化工
品种/类	5	5	5		5	77	10	33	26	23	3	2	7	7
紧缺面/%	50	28	100		50	77	37	28	23	44	30	15	70	70

资料来源:陈准.1999.过剩经济!过剩经济?——形势与对策.北京:经济科学出版社

从20世纪90年代中期以来,尽管消费品零售总额一直保持了较高的增长势头,但主要商品已经连续5年供大于求。原国家贸易部1997年对我国617种主要商品调查显示,供求平衡和供过于求的商品为607种,占总数的98.4%,真正供不应求的商品仅有10种,占总数的1.6%(王云川,2003)。2005年12月底,商务部组织各地商务主管部门、大型流通企业、有关行业协会及专家对600种主要消费品2006年上半年市场供求趋势进行了调查和分析。结果显示:在600种主要消费品中,供求基本平衡的商品有170种,占28.3%;供过于求的商品有430种,占71.7%,没有供不应求的商品(杨国民,2006)。1994年以来中国零售商品价格指数上涨势头开始减缓,1998~2003年零售商品价格指数连续

6年出现负增长（表5-2）。商品市场已从卖方市场转变为买方市场，经济运行处于一种"过剩经济"状态。买方市场的出现，说明中国过去长期存在的商品紧缺问题得到了根本解决，消费者从被动消费转为主动消费，消费者选择的余地增大，消费者开始享受到从未有过的上帝般的殊荣。

表5-2　1994年以来中国零售商品价格指数

年份	1994	1995	1996	1997	1998	1999	2000	2001	2002	2003	2004	2005
指数	121.7	114.8	106.1	100.8	97.4	97.0	98.5	99.2	98.7	99.9	102.8	100.8

资料来源：根据中华人民共和国国家统计局历年出版的《中国统计年鉴》的具体数据整理而成
注：上年＝100

消费品价格由国家定价向市场定价转变，价格约束问题基本消除。一方面，在商品性消费市场上，凭票供应制度废除，国家定价范围大大缩小。1992年粮票正式退出了商品流通领域，标志着在中国实行了长达40年的凭票供应制度彻底废除，定量分配制度戛然而止。国家逐步放宽了对商品价格的控制，商品价格向全面走向市场化迈进。在1992年的《国家计委和国务院有关部门定价目录》上，由中央政府定价的商品和服务还有141种，而在2001年7月11日公布的定价目录中，由中央政府定价的商品和服务仅剩下了12种（王云川，2003）。另一方面，在非商品性消费市场上，国家在医疗、教育、住房等方面改革力度加大，特别是标志着城镇居民最大福利象征的住房分配制度于1998年被宣布停止，住房分配由实物分配向货币分配转变。各种福利补贴的逐步取消，标志着城镇居民由半供给型消费向自理型消费转变。

消费品价格的市场化和消费品供给过剩局面的出现，使消费者在不同消费品和劳务之间的选择主要取决于自己的主观偏好和预算约束，不同的消费者根据自己的收入状况自由安排消费支出，消费者自由得到体现，消费者主体地位得到提高，从而使消费的均质性特征逐步弱化，异分性特征逐步强化，[①] 消费由单一化、雷同型向多样化、自主型方向转化，使得不同年龄、职业、民族、性别的人群可以按照自己的爱好和习惯自主地选择消费内容，逐步形成多种消费层次和消费兴趣的新局面。

（二）收支预期不稳

十四大之后，中国在就业、住房、医疗、教育、退休养老等方面的制度改革

---

① 产品的均质性和异分性问题首先是由美国经济学家张伯伦提出的。他认为，在市场商品的庞大堆积中，全部产品可分为两类，即均质性产品和异分性产品。消费者对均质性产品的选择偏好集中在数量方面，注重量的比较；对异分性产品，选择偏好集中在质量方面，注重质量差异、形式差异和服务条件差异。随着社会生产力的发展，均质性产品所占比例下降，异分性产品所占比例大幅度上升。在此基础上，消费者对"价廉"的选择强度弱化，对"物美"的选择强度则大大地强化。袁培树，陈昕. 1988. 消费经济学批判. 上海：学林出版社.

第五章　市场经济时期城镇居民物质消费水平的变化趋势（1993~2011年）

全面铺开，居民收支预期不确定因素随之增大。从收入预期看，未来收入不稳。在传统体制下，尽管城镇居民的收入水平较低，但几乎所有有工作能力和意愿的城镇居民都能得到一份稳定、连续、递增的持久收入。然而就业制度的变革，使几乎所有的人都不能排除下岗失业的可能，因而难以保证收入的连续性。90年代以来，随着经济体制改革特别是国有企业改革的深化，原来积淀在企业中的大量"冗员"和"隐形失业"开始显现出来，城镇下岗工人开始大量涌现。据统计，自1993年以来，中国城镇下岗职工人数增长很快。1993年为300万人，1995年为564万人，1997年为1151万人，1999年为1174万人，2000年为911万人，2001年为742万人，2002年为618万人。城镇职工下岗必然导致其收入水平的下降。1996年，下岗职工每月人均领取的生活费为77.1元，相当于全国企业职工平均工资的14.9%；1997年，下岗职工每月人均领取的生活费为82.7元，相当于全国企业职工平均工资的15.3%（闻潜，2005）。除了数量庞大的下岗职工外，同期中国城镇登记失业人员和城镇登记失业率也在逐年攀升。城镇登记失业人数由1993年的420.1万人上升到2011年的922万人，增加了1.2倍；城镇登记失业率也由1993年的2.6%上升到2011年的4.1%，上升了1.5个百分点。大量下岗和失业人员的存在导致城镇居民家庭收入下降，进而导致其消费水平下降。

从支出预期看，很多支出不仅庞大，而且富有刚性。随着市场经济体制的逐步确立，居民在医疗、住房和教育等方面的传统福利制度被打破。在医疗体制方面，1993年党的十四届三中全会明确提出了"城镇职工养老和医疗保险金由单位和个人共同负担，实行社会统筹和个人账户相结合"的政策，城镇企事业单位职工的医疗费用由"公费医疗"改为"单位和个人共同负担"，到1996年试点城市达到40个。1998年国务院下达了《关于建立城镇职工基本医疗保险制度的决定》，指出：加快医疗保险制度改革，保障职工基本医疗，是社会主义市场经济体制的客观要求和重要保障，并要求在试点工作的基础上，在全国范围内进行城镇职工医疗保障制度改革。在城镇住房体制方面，国家不断提高公有住房的租金价格，并采取国家、集体和个人三结合的方式鼓励职工购买公有住房。1998年7月3日国务院颁布了《关于进一步深化城镇住房制度改革、加快住房建设的通知》，提出从1998年下半年开始停止住房实物分配，逐步实行住房分配货币化，城镇住房实物分配制度至此终结。在教育体制方面，1994年全国37所重点院校进行招生收费并轨制试点工作，逐步建立起"学生上学自己缴纳部分培养费用，毕业生多数人自主择业"的机制。1997年高校招生实现全面并轨。招生并轨的实施使原来由国家包费上学变成自费上学，高等教育由义务教育变成非义务教育。国家在医疗、住房、教育等方面的每一项改革，都无一例外地强调个人在社会保障方面的义务，增加了人们在医疗、住房和教育等方面的支出预期，这些支出不仅数额巨大，而且缺乏选择性。一方面，收入预期不稳；另一方面，支出预期呈刚性支出。人们只好拼命压缩即期消费，消费倾向随之降低，储蓄倾向越来越高。90年代以来居民平均消费倾向和边际消费倾向一直呈下降趋势，边际储蓄倾向却在不断上升，从1992年的30%上升到2004年的38%。为刺激消费需求，中央政府一改80年代以来为防止通货膨胀而一直实行的高利率政策，1996~2002年，连续7次降低银行利率（表5-3），其中个人一年期银行存款利率从1996年5月以前的10.98%下降到2002年的1.98%。降幅之大，前所未有，但个人银行存款数额仍呈增长态势。

表5-3　中国整存整取一年期存款利率变化　　　（单位：%）

时间	1993年7月11日	1996年5月1日	1996年8月23日	1997年10月23日	1998年3月25日	1998年7月1日	1998年12月7日	1999年6月10日	2002年2月21日
利率	10.98	9.18	7.47	5.67	5.22	4.77	3.78	2.25	1.98

资料来源：由中华人民共和国国家统计局历年出版的中国统计年鉴中的数据整理而成

（三）收入差距迅速扩大

十四大以来，国家继续执行允许和支持一部分人、一部分地区先富起来的政策，加上企业劳动工资制度改革的深入进行，政府机关及事业单位逐步建立符合各自特点的工资制度，平均主义的分配格局被打破，居民收入差距逐步拉开，反映居民收入差距的基尼系数快速攀升。1992年城镇居民基尼系数为0.25，以后逐渐上升，到2002年达到0.32，2005年已经达到0.34，而且这种势头未见有缓和的迹象。基尼系数在短期内出现如此大的上升幅度，在世界上也是罕见的。反映收入差距的另一项指标——高、低收入户收入之比也在扩大。2011年城镇居民人均可支配收入为21 809.78元，其中最低收入户人均可支配收入为6876.09元，最高收入户人均可支配收入为58 841.87元，最高、最低收入户收入之比达到8.6∶1，而在1992年最低收入户人均可支配收入为1127元，最高收入户人均可支配收入为3663元，最高、最低收入户收入之比为3.3∶1，差距迅速由3.3∶1扩大到8.6∶1，速度之快，差距之大，令人咋舌。造成收入差距扩大的原因有以下几个。一是经济体制改革和分配制度改革的影响。随着改革进程的日益深入，收入分配体制改革不断取得突破，企业职工工资水平同企业经济效益挂钩，企业之间效益不同，工资水平差别很大。同一企业内部也因奖金制度、岗位津贴制度、企业年薪制度、分红制度等多样化分配制度的推出，职工收入差距很大。国有企业改革带来的大量下岗失业人员，在一定程度上扩大了城镇居民之间的收入差距。二是多种经济成分造成的收入分配体制的影响。过去我国经济所有制形式基本上是公有制，相应的分配体制也是一样的。改革开放以来，特别是十四大之后，中国确立了私有经济的地位和性质，个体经济、私营经济、外资经济及混合经济迅速崛起。这些"非公经济"以市场化的分配体制为主导,分配形式复杂多样,其从业人员的收入差距很大。三是分配要素的变化。十四大之后,中国在分配体制上突破了过去按劳分配的单一体制,形成了按资产、智力等因素分配的多种体制。随着市场经济的发展,城镇居民积累的资金、财产等方面的差距逐步扩大,财产性收入的差距大大高于劳动收入的差距;除了劳动收入和财产收入外,要素收入中的知识技能和经营管理的地位明显上升,对收入差距的影响日渐增强。四是改革的不彻底造成垄断经营和大量非法收入的存在。改革尚未涉及诸如金融保险、水电燃气、航空铁路、传媒等具有垄断地位的行业,使这些行业的职工收入长期处于较高的水平。在大量公有制企业转制过程中,监督机制不健全,导致国有资产和集体资产的非法私有化,形成了众多的私有企业和私有企业主。现阶段市场经济的不完善和政治体制的不健全,导致不少政府官员进行诸如贪污受贿、权钱交易等疯狂的寻租活动。大量的非法占有手段造就了一大批一夜暴富者,加剧了收入不平等程度。收入差距的扩大使城镇居民消费水平拉开了档次,克服了过去消费结构雷同化、固定化的倾向,居民消费朝多样化、层次化方向发展。

第二节 城镇居民质的提高的物质消费分析

一 健康便捷的食品消费

十四大之后,随着各项改革的深入开展,中国经济获得了突飞猛进的发展,城镇居民收入水平和生活水平大幅度提高,恩格尔系数结束了前一时期缓慢下降的局面,出现迅速下降的趋势,从2000年之后开始低于40%,城镇居民生活水平由小康阶段转入富裕阶段,城镇居民食品消费进入一个新的阶段,消费格局、消费内容、饮食方式和营养状况发生了根本性变化。

(一)逐步形成"鲜菜+动物性食品+粮食"的消费格局

从消费绝对量来看,虽然大部分年份仍然保持着前一时期"鲜菜+粮食+动物性食品"的消费格局,但三大食品之间的相对量正在发生激烈的变动,预示着新的消费格局即将形成。这一时期,粮食的下降速度减缓,其中细粮继续下降,受消费偏好的影响,粗粮消费开始微弱回升;鲜菜下降趋于稳定,并有所回升;受鲜奶、水产品、家禽等高层次动物性食品迅速上升的影响,整个动物性食品消费量增长较快,到2002年、2003年、2004年、2005年、2006年、2007年鲜菜、粮食、动物性食品之间的比例分别达到1.57∶1.06∶1、1.49∶1.00∶1、1.65∶1.05∶1、1.53∶0.99∶1、1.51∶0.97∶1、1.50∶0.99∶1、动物性食品消费量于 2005 年开始超过粮食消费量，城镇居民食品消费结束了"鲜菜＋粮食＋动物性食品"的消费格局，开始步入"鲜菜＋动物性食品＋粮食"的消费阶段（图5-1）。动物性食品取代粮食的消费地位，这是继70年代末鲜菜取代粮食的主体地位后食品消费格局的又一次实质性变革。

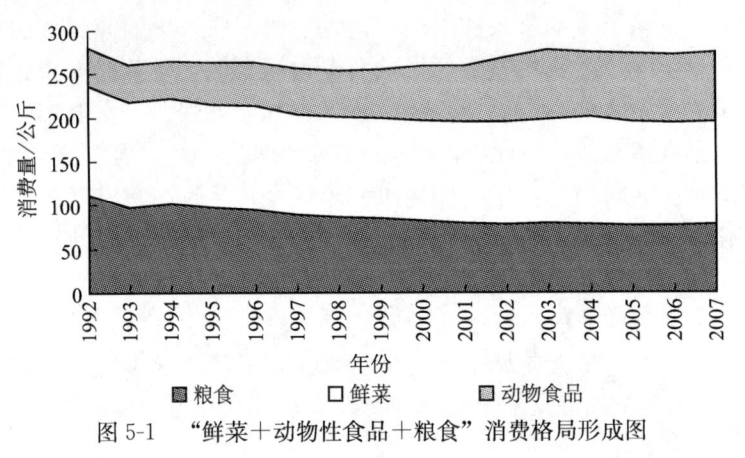

图 5-1 "鲜菜＋动物性食品＋粮食"消费格局形成图

（二）由前一时期量的扩张向质的提高转变

虽然城镇居民对粮食的消费量在不断减少，但受消费偏好的影响，对粗粮消费开始微弱回升；城镇居民对大路菜的需求减少，对反季节蔬菜、异地蔬菜、无公害蔬菜青睐有加；动物性食品消费向一多（多维生素）、二高（高蛋白、高热量）、三低（低脂肪、低胆固醇、低糖盐）方向发展，高脂肪、高胆固醇的猪牛羊肉、鲜蛋等低层次动物性食品上升缓慢，甚至下降。2011年与1993年相比，城镇居民猪肉的消费量仅上升3.3公斤，鲜蛋上升1.2公斤，而高营养、高蛋白的高层次动物性食品上升迅速，家禽、鲜奶的消费量分别上升6.9公斤、8.3公斤。出于身体健康的考虑，卷烟消费量迅速下降，酒类消费量稳步下降。在酒类消费结构中，白酒比重稳定，啤酒比重上升较快，果酒比重稳步增长，酒类消费出现由白酒消费向啤酒、果酒消费转移，形成以啤酒为主的消费格局（表5-4）。城镇居民食品消费不再满足于吃饱，而向吃精吃好、吃出健康转变，从过去追求数量向追求质量转变。

表 5-4 1993 年、2011 年我国城镇居民酒类消费量比较

品名	消费量/公斤 1993年	消费量/公斤 2011年	构成比例/% 1993年	构成比例/% 2011年
酒	9.71	6.74	100	100
白酒	2.93	2.04	30.18	30.3
啤酒	5.73	4.48	59.01	66.5
果酒	0.16	0.22	1.65	3.2

资料来源：根据中华人民共和国国家统计局1994年和2012年出版的《中国统计年鉴》中的数据得出

第五章　市场经济时期城镇居民物质消费水平的变化趋势（1993～2011年）

（三）居民饮食正在从家庭走向社会

随着消费水平的不断提高，人们的生活方式和饮食习惯正在潜移默化地发生着改变。传统的以家庭自我料理为主的餐饮消费逐步向省时、省力的社会化服务发展。馒头、蛋糕、包子、油炸丸子、葱花大饼、速冻水饺、手工面条、凉拌凉菜、各种配菜、熏肉、熏鱼、火腿肠、方便面等，从半成品到成品、从生食到熟食、从简单手工加工品到食品工业制成品，应有尽有。各种成品即开即食，各种半成品只要稍作加工即可食用，省去了淘米洗菜、生火做饭的诸多烦恼，大大减轻了居民的家务劳动负担。可是许多城镇居民连这还嫌麻烦，外出就餐就成为他们的必然选择。适应不同收入水平的需要，饮食设施从高档的酒楼到大街小巷的大排档、小吃摊应有尽有，膳食品种繁多，早、中、晚餐齐全，有效地促进了居民外出饮食消费。外出饮食从过去只有与亲戚朋友聚会时才肯外出饱餐一顿的"奢侈行为"，逐渐变成了城镇居民的日常行为。越来越多的城镇居民的一日三餐不再拘泥于自家厨房，多选择在学校、单位食堂或饭店就餐。在居民食品消费的各项支出中，外出饮食支出是增长最快的项目。1993～2011年，我国城镇居民人均外出就餐由160.66元上升到1183.20元，所占食品支出比重从8.7%上升到21.5%。北京、上海、深圳等经济发达城市居民外出饮食支出约占食品支出的1/3。居民外出饮食支出的增加，使餐饮业在社会商品零售总额中的比重呈直线上升趋势，从1993年的5.7%上升到2009年的14.4%，上升8.7个百分点，零售额从817.8亿元上升到17997.5亿元，增长22倍。

（四）居民营养出现过剩现象

中国居民膳食质量明显提高，热量、蛋白质和脂肪摄入量都已得到满足。据联合国粮农组织统计，2002年中国居民人均每天所摄入的热量为2951千卡、蛋白质为81.5克、脂肪为90.3克，超过发展中国家水平，进入中等发达国家水平行列（中华人民共和国国家统计局，2005）。中国城镇居民营养水平应大大高于这一数据，不少地方城镇居民出现营养过剩现象。据北京市统计局一项调查表明，早在2001年北京城镇居民人均每天摄入蛋白质96.8克，脂肪125.4克，远远超过国家标准。在摄入的热量中，来自动物性食品占45%，超标20个百分点；摄入的蛋白质中动物蛋白达到57.5%，超标22.5个百分点。严重的营养过剩造成城镇居民心血管疾病、高血压、糖尿病、肥胖症等"富贵病"的发病率大幅攀升。另据国家卫生部、科技部、国家统计局调查显示：城镇居民糖尿病、血脂异常、肥胖症发病率都明显高于农村居民。2002年中国18岁以上居民糖尿病患病率为2.6%，其中大城市20岁以上糖尿病患病率为6.4%，中小城市为3.9%；中国成人超重率为22.8%，肥胖率为7.1%，其中大城市成人超重率为

30%，肥胖率为12.3%，儿童肥胖率为8.1%（中国居民营养与健康状况调查技术执行组，2005）。"富贵病"的出现显然与近年来居民粮食消费量的急剧减少，肉类食品大量增加有着密切的关系。美国学者鲍普肯把居民膳食和营养状况变迁分为"饥饿减少"、"慢性疾病"、"行为改变"三个阶段。目前许多发达国家已处于第三个阶段，而中国像许多发展中国家一样正在从第一阶段向第二阶段过渡，进入慢性疾病多发时期。其特点是脂肪、能量摄入增多，体力活动减少，其结果会增加膳食相关慢性病的发生。因此，引导居民改变不科学的饮食习惯已刻不容缓。

二 彰显个性的衣着消费

随着中国经济的蓬勃发展和生活水平的日益提高，城镇居民的衣着消费进入一个新的阶段。人们不再满足于穿暖穿好的数量型消费，开始追求衣着的档次和款式，并发展到追求个性和品位。衣着消费逐步朝成衣化、个性化、品牌化、休闲化方向发展。城镇居民人均衣着支出从1993年的300.61元上升到2011年的1674.70元，人均衣着支出比例改变了20世纪80年代时升时降的局面，呈稳定下降趋势，从1993年的14.24%下降到2011年的11.04%，下降了3.2个百分点。

（一）化学纤维受冷落，纯棉制品成新宠

随着人们生活水平的进一步提高，人们的消费观念开始转变，"健康着装"成为城镇居民衣着消费的重要概念。纯棉制品在20世纪80年代被冷落之后，逐渐受到了人们的推崇，化纤服装失去了往昔的娇宠。化学纤维不透气、起静电和容易产生皮肤敏感的缺陷，让人穿起来既不舒适又不自在；而纯棉服装坚韧柔软、高透气性的特点，给人带来舒适自然的美妙感受。进入90年代，纯棉布料取代了化学纤维，逐渐成为服装市场的主流。据2005年1月美国国际棉花协会对中国内地消费者服装消费的调查报告显示，有64.9%的中国内地消费者认为其所购买的衣服是否由天然材质，如棉花、羊毛制成非常重要，有82%的人愿意多花钱购买天然纯棉制品及天然纯毛制品，各项相关指标均居受调查国家和地区之首。与此相对应的是，中国内地消费者对于人造丝、弹性纤维、人造纤维等非自然材质则强烈抵触。例如，对于弹性纤维，香港、日本消费者不接受比例仅为1%，而中国内地消费者则高达19%。

在对纯棉服装的消费上，呈现出从小到大（孩子高于成人），从内到外（内衣高于外衣）的特点。纯棉服装有利于保护儿童幼嫩的肌肤，在消费者中已形成共识。在被称为"人体第二肌肤"的内衣消费调查中，有90%的被访者认为

内衣裤应由纯棉制造，71%的人认为购买内衣裤最为重要的标准是质地（欧海光，2005）。不过，这次纯棉服装的盛行不是对六七十年代棉布（制品）的简单重复，而是在面料中加入棉的成分，其工艺、质地、款式都远远超过当年的棉布（制品），既适应了人们追求自然舒适的需要，又满足了人们张扬个性、提升品位的需要。

（二）裁缝业日渐衰落，成衣消费盛行

随着现代家庭生活节奏的加快和审美意识的提高，城镇居民的衣着消费观念发生转变，衣着消费以购买成衣为主。成衣以其款式新颖、质地良好、做工细致、节省时间等优势，在城镇居民生活中的地位越来越高。在城镇居民衣着消费中，服装支出从1992年的132.55元上升到2011年的1237.03元，衣着材料支出从40元下降到11.1元，衣着材料支出占衣着消费支出的比例不足1%，我国居民布料消费进入衰退阶段。一升一降的巨大反差标志着成衣消费成为时代潮流，过去曾经成为城镇居民梦想的家用品——缝纫机购买量迅速下降。缝纫机由大庭广众的客厅里被摆放到角落里，逐渐淡出人们的生活。"南宁市民郭女士则感慨：'以前买衣车是为了做衣服和补衣服，现在到处都是服装店，什么式样的衣服都能买到，而且旧的还没去，新的就来了，哪用得上衣车啊？'"成衣市场的繁荣也直接导致了裁缝市场的衰落。裁缝店终究抢不过时装店，无论裁缝店怎样提高质量，改进服务，其生意还是一年不如一年。裁缝店再也没有了20世纪80年代中期布匹市场放开时生意火爆的场面，纷纷关门歇业或转向经营，依附于服装商场或专卖店，从事修剪裤边、织补衣服的工作。裁缝市场的黯淡使裁缝业后继乏人，在郑州市郊区开裁缝店的季师傅"因为生意实在不景气，前不久，3个徒弟也都陆续改行干别的了"（李钧德，2002）。不少裁缝师傅抱怨，"现在的年轻人都不愿意做裁缝，而很多会缝纫手艺的女工直接到服装厂干活了"。

（三）追求个性，衣着消费多样化

城镇居民衣着消费趋于理性化，不再像20世纪80年代盲目追求潮流，造成衣着消费雷同现象严重，而是更加注重展现个人审美修养、生活品位及精神追求，在衣着消费上注重挑选符合自己气质、个性、身材、身份的服装。一项关于服装消费观念的调查显示，除少数人仍具有从众和追求流行趋势心态外，占64.8%和55.7%的消费者把追求个性的、合适的服装作为选择服装的主要因素（上海明略市场策划咨询有限公司，2006）。衣着消费的个性化主要表现在以下两个方面。

从宏观上，把个人放到社会整体中来看，每个社会成员总是追求个人风格的与众不同，在服装面料、色彩图案、款式上做到特色独具。走上街头，表现不同个性、不同气质的服装争奇斗艳，让人感到宛如走进了百花园。牛仔裤、直筒裤、夹克衫、西装、休闲服、唐装、连衣裙、一步裙等铺天盖地地卷入到你的视线。尤其是年轻人更善于追求新潮，张扬个性，衣着更加前卫，超短裙、吊带衫、露背装、露脐裤、古仔服、邋遢服纷纷上阵。清纯俏丽、风情浪漫、成熟练达、雍容华贵、不拘传统的性情在不同的装束中尽情显露出来。

从微观上，把个人作为一个独立的个体来看，同一个人在不同的时间、环境下，穿衣打扮随着时空的改变而改变。"新三年、旧三年，缝缝补补又三年"的老习惯早已远离城镇居民，上班一身、下班一身、开会一身、做饭一身、散步一身、睡觉一身的"一日多衣"的着装概念不知不觉中走进人们的生活。富裕起来的城镇居民每天根据不同的角色在不停地变换着自己的服装，人们的衣着消费从80年代的"一季多衣"向"一日多衣"转变。

(四) 衣着档次大幅度提升，品牌化趋势十分明显

按照经济学家凡勃伦的消费理论，服装档次的高低是一个人修养、气质、风度的重要体现，关系到社会和周围的人对自己的评价（凡勃伦，1964）。在生活水平达到一定程度后，崇尚品牌、追求时尚、注重品位就成为人们的内心需要。从2005～2006年全国大型商场部分月份服装销售数据来看（表5-5），城镇居民品牌意识较强，服装消费档次大大提高。在各类服装中，前10位服装品牌综合占有率都比较高，防寒服、羊绒衫、保暖内衣的市场占有率分别达到74.67%、78.07%、66.86%。在前10名服装品牌中，市场占有率各不相同，出现向少数品牌集中的趋势。在防寒服中，波司登和其系列品牌雪中飞牢牢控制了市场，其销售量占整个市场销售量的40%左右；在羊绒衫中，鄂尔多斯独占鳌头，占市场销售量的25%左右；在鞋类销售中，百丽遥遥领先，占市场销售量的12.8%。

表5-5　2005～2006年部分月份全国大型商场前10位品牌服装市场综合占有率　（单位:%）

品名	华北	东北	华东	中南	西北	全国
童装	48.66	45.43	33.16	42.59	47.06	43.38
防寒服	66.98	70.59	74.89	83.62	77.28	74.67
①波司登	26.78	19.95	24.26	27.79	28.93	25.54
②雪中飞	11.44	12.32	16.28	19.09	7.50	13.33
羊绒衫	77.09	85.63	69.82	74.14	83.66	78.07
①鄂尔多斯	21.06	25.58	24.70	24.12	26.32	24.36
保暖内衣	66.61	68.40	54.05	70.23	74.99	66.86
夹克衫	27.72	40.34	29.83	43.95	46.92	37.75
T恤衫	32.30	38.89	38.15	42.51	45.45	39.46
鞋类	53.32	43.91	47.40	46.27	57.38	49.66
①百丽	16.66	7.65	13.65	12.60	13.44	12.80

数据来源：根据服装网 http://www.ccaf.com.cn/market/index.asp 公布数字计算

随着消费者消费档次的提升，以经营低档服装为主的服装店生意走向冷清。"早些年，那些进价五六十元的男装能卖到七八十元，算得上中档服饰，在市场上很畅销，一天最多能卖六七十件，一个月下来，挣1万元不是问题。不过这几年，随着服装市场、品牌店的增多，以及服饰量贩、超市的出现，吕玉五发现，他经营的中低档服装不再那么好卖了……过去一天卖几十件衣服的日子再也回不来了。""这时候，他的不少同行也开始了'变身'。有本钱的人提升了所卖衣服的档次，开了品牌店；有的把这些中低档服装店开到了周边县市继续经营。"

总体来说，城镇居民衣着消费品牌化趋势日益显著，男士服装、儿童服装品牌集中度普遍较高，都在40%左右，男装中的依文、五木、法国胜龙、恺王、皮尔卡丹、雅戈尔稳居销售量前列。儿童服装品牌集中度较高的原因与儿童在服装消费上选择的自由度较小，与受家长支配有关。儿童着装的档次直接关系到他人对家长能力和价值的衡量和评判，因此家长在儿童服装的选择上也比较注重品牌，这在消费经济学上称之为"代理消费"，类似西方贵族家庭仆人的消费，其目的是替主人显示地位和博取声誉。据调查，2003年高档童装消费额占全部童装消费额的25%，中档童装消费额占全部消费额的37%，低档童装占全部消费额的38%，中高档童装占整个消费额的60%以上（梁志欣，2004）。女装品牌消费集中度相对较低，且比较分散，从2006年4月份北京亿元商场服装销售来看，15种女装品牌市场综合占有率仅为18%左右，每种品牌所占比例都在1%左右（佚名，2007）。女装品牌集中度较低，并不代表其消费档次低，这主要与女士在穿着上追求个性化有关，在服装品牌的选择上比较分散。

（五）传统正装需求下降，休闲装成为主流

近年来，曾经代表经典、非凡、高尚的传统正装成为厚重、呆板的代名词，正在从人们的视野中淡去。从1997年开始，城镇居民人均西服购买量呈下降趋势，1998年、2000年出现负增长，2001年增长率为0（表5-6）。昔日上至领导人，下至打工仔都钟情的西服套装已被视为落伍的象征。

表5-6 1995~2001年城镇居民人均西服购买量及增长率

	1995年	1996年	1997年	1998年	1999年	2000年	2001年
购买量/件	0.11	0.12	0.16	0.14	0.15	0.12	0.12
增长率/%		9	33	−13	7	−20	0

数据来源：根据中华人民共和国国家统计局1996~2002年出版的中国物价及城镇居民家庭收支调查统计年鉴得出相关结论

休闲装以其注重宽松、彰显活力的特点，加上具有舒适耐用、免熨、弹性好、无静电等功能，日益受到人们的欢迎，逐渐成为衣着消费的主流。2002年全国重点大型零售企业服装类销售总额为334.6亿元，其中休闲服装销售额占

20%左右。2005年南京中央商场等大型零售企业服装销售情况显示，高价位的休闲服装在中青年和收入较高的消费者中大行其道，中档价位的休闲服装则受到工薪阶层的喜爱，而传统正装尤其是毛料西服需求趋缓。随着休闲服装的迅速升温，各地经销商纷纷看好休闲服饰的市场潜力，各大商场在服装经营上向休闲装倾斜，开辟专柜，甚至整层商场销售休闲装，各种类型的休闲装专卖店更是鳞次栉比，数不胜数。

受衣着消费休闲化潮流的影响，国内原来很多生产传统正装的企业，如杉杉、罗蒙、七匹狼等开始转向生产休闲服装。以生产防寒服著称的波司登厂家也紧紧抓住2008年北京奥运会来临之际，全民健身运动的热潮悄然而至的机会，向运动休闲装进军，推出了以户外运动、休闲、时尚为主题的外套、短裤、T恤、休闲鞋等10多个系列100多个品种的男女运动休闲系列服装。据不完全统计，目前国内休闲装品牌多达2000多个，专业的休闲装生产厂家已达万余家，休闲装已在中国服装产业中渐居主导地位（叶灵燕，2006）。

三 迅速升级分化的用品消费

进入20世纪90年代，城镇居民耐用品消费需求开始从传统耐用消费品向现代新型耐用消费品转移，从生存型向享受型、发展型耐用消费品转移。城镇居民对大多数耐用消费品的需求出现饱和，用品消费在居民消费支出中的比重开始下降。新型家电的出现，给一片沉寂的耐用品消费市场带来一线生机，城镇居民耐用品消费支出数额继续呈增长态势。城镇居民用品消费进一步融入世界潮流，与世界各国用品消费差距呈缩小态势。

（一）用品消费支出减缓，但支出总额不断上升

经过前一时期用品消费的高速增长，城镇居民家庭主要耐用品拥有量已达到了较高水平，增长速度自然放缓。同时，居民的消费心理逐步走向成熟，消费行为更加理智，从追求时髦、互相攀比转向讲究实用、注重服务。加上城镇医疗、教育、住房等各项改革相继取得突破，城镇居民在医疗、教育和住房上的消费开支大大增加，用品支出受到压缩。由前一阶段耐用品消费高涨带动的生产投资效应开始释放出来，家电产品被源源不断的生产出来。需求的减少和供给的增加使耐用消费品市场迅速从卖方市场变为买方市场，短短的十几年中耐用消费品市场从萌芽期到发展期，很快又进入饱和期，耐用消费品增长势头与80年代相比大大减缓。与上年相比，2011年每百户城镇居民家庭彩色电视机拥有量减少1.66%，电冰箱增长0.64%，洗衣机增长0.13%，照相机增长1.78%，彩电、冰箱、洗衣机、照相机等传统耐用消费品消费已经饱和，甚至

呈负增长态势。由于主要耐用消费品需求饱和，城镇居民家庭中购买耐用消费品支出增长势头逐年减缓，人均家庭设备用品及服务支出比重从 1992 年的 8.42% 下降到 2011 年的 6.75%，用品消费已经不再是人们消费的重点（图 5-2）。

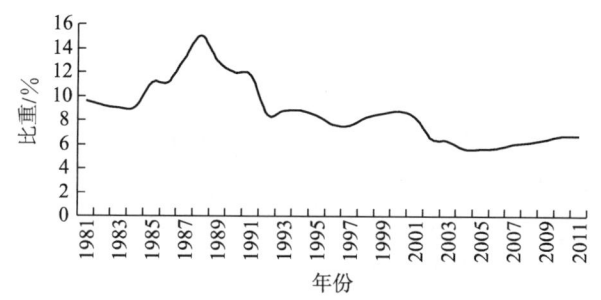

图 5-2 1981～2011 年城镇居民家庭设备用品及服务所占消费比重变化

在传统电器消费降温的同时，一些新兴的家用耐用品正在成为新的消费热点。每百户城镇居民移动电话拥有量从 1997 年的 1.7 部增长到 2011 年的 205.25 部，增长 119.74 倍；家用电脑从 2.60 台增长到 81.88 台，增长 30.49 倍；空调从 16.29 台增长到 122 台，增长 6.49 倍；微波炉从 5.40 台增长到 60.65 台，增长 10.23 倍。正是这些新兴耐用消费品的兴起，使家庭设备用品及服务支出比重在下降的同时，支出总额却在不断上升，从 1992 年的 140.68 元上升到 2011 年的 1023.17 元，增长 6.27 倍。

（二）传统耐用品需求饱和，用品消费向享受型、发展型转变

进入 20 世纪 90 年代，城镇居民耐用消费品消费进入升级换代阶段，以电视、冰箱、洗衣机、录音机为主的传统耐用消费品需求饱和，消费量大大减少，以电子化、信息化为特征的新型现代耐用消费品在城镇居民中广泛兴起，居民耐用品消费朝享受型、发展型方向转变。

一是以减轻人们的体力劳动和提高饮食卫生为主的新一代厨房用品走进日常生活。适应人们加快的生活节奏，一系列以减轻体力劳动和提高饮食卫生为主的电气化厨具融入了人们的现代生活。2011 年每百户城镇居民家庭拥有微波炉 60.65 台、消毒碗柜 19.19 台、洗碗机 0.88 台。大多数居民家庭基本完成了厨房用具的更新换代，一个个干净、快捷、省力的现代化厨房走进了千家万户。

二是以给人们带来主观美好感受的享受类耐用消费品受到人们青睐。紧张的生活节奏使人们日益盼望住房成为人们恢复精力、享受生活的空间。2011 年每百户城镇居民家庭中拥有淋浴热水器 89.14 台，拥有夏天用的太阳能热水器和冬天用的电热水器的家庭越来越多；面对炎热的天气，日益提高的空调普及

率使人们过个凉爽的夏季成为现实。2011年每百户城镇居民家庭空调拥有量达到122台，夏季天气比较热的地区空调拥有量相对较高，每百户拥有量超过这一平均数的地区有：北京（171.41台）、天津（143.32台）上海（206.35台）、浙江（200.55台）、江苏（195.96台）、安徽（127.94台）、广东（211.55台）、湖北（135.56台）、重庆（164.31台）、福建（193.31台）、河南（132.40台）、广西（133.60）、湖南（128.97台），降温用品的大量普及使居民夏季居住更加舒适。

三是以加强人们文化信息交流为主的发展型耐用消费品更是令人目不暇接。当今越来越多的城镇居民把消费兴趣转移到对家庭文化气氛的营造上，信息产品、文化娱乐产品受到人们的欢迎。液晶电视、平板电视、数字电视等新一代电视产品走进人们生活。2011年每百户城镇居民家庭拥有彩色电视机135.15台，拥有两台以上的家庭越来越多。家用电脑和网络进入居民家庭。2011年每百户城镇居民家庭拥有家用电脑81.88台，截至2012年12月底，我国网民规模达5.64亿，互联网普及率为42.1%，中国网民已经突破全国人口的40%。人们通过网络进行交流、学习、购物，甚至恋爱。移动电话成为人们形影不离的大众化生活必需品，2011年每百户城镇居民家庭拥有移动电话205.25部；拥有家庭汽车的家庭也在不断增多，其他如摄像机、影碟机、组合音响、钢琴、高中档乐器等文化类消费品拥有量也都有不同程度的增长。以上耐用品的普及，缩短了人与人之间的距离，加强人们之间信息的沟通与交流，提高了文化知识，扩大了人们的视野空间。

（三）用品消费差距扩大，中低收入居民消费升级困难

进入20世纪90年代后，随着收入差距的不断扩大，城镇居民的消费差距也在日益拉大，作为主要支出项目的用品消费支出差距也随之扩大。

一是从价值形态上看，高、低收入户用品消费支出差距呈扩大趋势。1992年最低收入户家庭用品及服务支出为60.26元，其中耐用消费品支出23.46元，最高收入户家庭设备用品及服务支出为318.90元，其中耐用消费品支出190.37元，最高与最低收入户在家庭设备用品及服务、耐用消费品上的消费支出差距分别为5.29倍、8.11倍。城镇居民用品消费差距自1992年之后持续扩大，到2011年最高与最低收入户在家庭设备用品及服务、耐用消费品上的消费支出差距分别扩大到6.83倍和10.69倍，其中2003年一度扩大到12.75倍和26.52倍。城镇居民高、低收入户用品消费差距扩大又分为两个阶段：第一阶段1992~2003年，高、低收入户用品消费差距经短暂徘徊之后迅速扩大；第二阶段2004~2011年，高、低收入户用品消费差距逐步缩小，但二者差距依然很大（图5-3）。

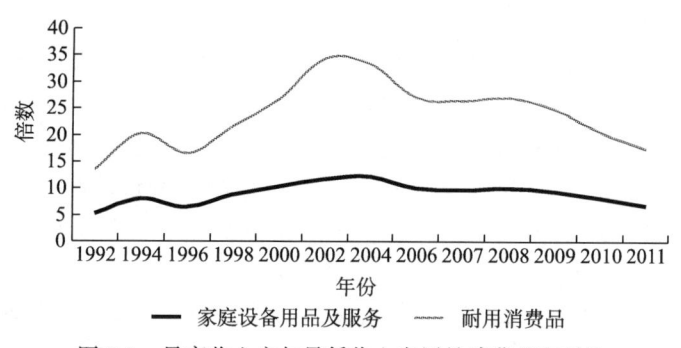

第五章　市场经济时期城镇居民物质消费水平的变化趋势（1993~2011年）

图 5-3　最高收入户与最低收入户用品消费差距对比

注：最低收入户＝1

二是从实物形态上看，最低收入户与最高收入户在传统耐用消费品上的差距在不断缩小，而在现代耐用消费品上的差距逐步扩大。具体来说，主要表现在以下四个方面。

（1）在交通方面，低收入家庭以公共交通为主，高收入家庭以私人交通为主。随着城市公共交通的不断完善和出租车队伍的日益壮大，人们出行越来越方便，自行车逐渐从人们生活中淘汰，私人摩托车拥有量近年来呈下降趋势，交通工具由原来的个人负担转向由社会负担，高、低收入之间在自行车、摩托车等交通工具上差距缩小；但私人交通工具的便捷性使收入水平较高的居民，转向更加先进的交通工具，家庭轿车走进高收入家庭，2011年最高收入户每百户家庭拥有私人汽车52.36辆，是最低收入户（2.96辆）的17.69倍。

（2）在降温方面，低收入家庭靠电风扇降温，高收入家庭靠空调降温。受收入水平的限制，最低收入户空调消费还没有普及，2011年每百户最低收入家庭空调拥有量为44.76台。电风扇虽然早已饱和，但由于大多数低收入居民支付不起高昂的电费和空调价格，电风扇具有超强的替代功能。在电风扇与空调之间，低收入家庭只能选择增加电风扇数量的办法来降温。与低收入家庭截然不同，高收入家庭电风扇已经淘汰，空调严重饱和，每百户空调拥有量达到220.06台，拥有量是最低收入家庭的4.9倍。

（3）在厨具、卫生方面，高、低收入家庭在厨具用品方面差距较大，在卫生用品方面差距不大。随着人们生活水平的提高，厨房做饭也逐渐现代化，但高、低收入居民家庭厨房设备档次有所区别。2011年每百户最低收入家庭拥有电冰箱80.43台、微波炉25.82台、消毒柜7.39台，生活必需类厨具比较普遍，而稍微高档、奢侈类的厨具，如微波炉、消毒柜缺乏，新老厨具参差不齐；高收入家庭厨房革命已经完成，各种现代化厨具一应俱全，部分厨具出现饱和。卫生用品方面，2011年最高收入家庭洗衣机、淋浴器拥有量分别是最低收入家庭的1.18倍和1.78倍，无论个人卫生，还是环境卫生，二者之间差别不大，最高收入家庭略高于最低收入家庭。

（4）在文化娱乐方面，高、低收入家庭在信息型耐用品方面差距缩小，在娱乐型耐用品方面差距依然较大。在信息型耐用消费品方面，高、低收入居民了解外界信息的主要途径除电视之外，还有电脑。通过互联网学习、交友、购物，已经变成人们日常生活的一部分。2011年每百户最低收入家庭电脑拥有量40.81台，最高收入家庭家庭电脑的普及率已达到126.24%。但高、低收入居民在娱乐类耐用消费品方面差距较大。低收入居民主要以影碟机、录音机等传统耐用品为主，其他娱乐类产品数量极少；而高收入居民娱乐类用品呈分散化、均衡化、高档化发展，在种类上、数量上、档次上都远远高于低收入居民。

可以看出，低收入居民耐用品消费以传统耐用品为主，具有现代生活气息的高档耐用消费品才刚刚起步，基本处于以满足基本生活需要为目的的低端消费阶段；而高收入居民已经完成了从传统耐用品向现代耐用品的转变，彩电、冰箱、洗衣机等传统耐用消费品的地位和作用日渐下降，微波炉、饮水机、空调、电脑、消毒柜、吸尘器、小汽车等新型耐用消费品在其生活中发挥着越来越重要的作用。在高、低收入居民之间形成明显的消费断层，广大中低收入居民无力实现从低中档用品向现代高档用品的过渡，消费升级产生困难，造成目前如住房、汽车等难以形成新的消费热点，导致整个社会消费需求不足。

四 居者优其屋的住房消费

十四大之后，中国明确了社会主义市场经济的基本框架，全面部署了建立社会主义市场经济体制的改革进程，使改革的方向、目标和步骤更加明确，各项改革的步伐明显加快，城镇住房制度改革也随之进入深化阶段。1994年7月国务院颁布了《关于深化城镇住房制度改革的决定》，提出建立与社会主义市场经济体制相适应的新的城镇住房制度，实现住房商品化、社会化的改革目标。各地围绕住房公积金制度、租金改革、出售公有住房等方面加大改革力度。1998年7月国务院颁布了《关于进一步深化城镇住房制度改革、加快住房建设的通知》，要求从1998年下半年开始停止住房实物分配，实行住房分配货币化制度，新建住房"只售不租"，不再进行无偿分配。至此，中国实行了近40年的住房实物分配制度退出历史舞台。实物分房制度的停止，转变了职工"等、靠、要"的观念，调动了职工购买商品房的积极性，同时购房补贴和个人购房抵押贷款政策的实施，增强了居民买房的能力。住房问题的解决逐渐由国家转向个人，城镇居民开始在国家的帮助下来解决自己的住房问题，居民住房消费支出迅速增加，居民住房私有率大量上升，居民住宅使用面积大幅度攀升，城镇居民的居住水平得到了前所未有的提高。

(一) 以私有住房为主的多种产权格局形成

十一届三中全会以后,随着人们对社会主义条件下住宅经济属性的深入认识,我国围绕住宅投资体制、住宅所有权关系等方面,开始试行城镇住宅商品化改革,先后进行了增量住宅出售、住宅补贴出售和以提(租)促(销)售等住房改革试点,但始终未能很好地解决低租金问题,导致居民缺乏购房动力。在住房所有制结构中,私有住房的比重上升缓慢,从1983年的9.36%上升到1991年的16.52%,公有住房的比重下降缓慢,从88.44%下降到81.63%,仅下降6.81个百分点,公有住房独霸天下的所有制格局尚未打破。十四大之后,城镇住房制度改革进入实质性阶段,开始大幅度提高住房租金,提高水电价格,实行居民住房商品化。在各种房改措施的推动下,城镇居民依赖国家实物分房、低租租房的观念得到转变,购房意识逐渐增强,特别是停止实物分房后,居民购买商品房由被动转向主动,购买住房的居民家庭迅速增加,尤其是1997~1999年更是城镇居民购买住房的集中期。以湖北省为例,三年内,城镇居民拥有住房(包括部分产权)的家庭比例已超过6成以上,到2008年达到87.07%,高出1992年76.4个百分点,其中租赁公房的家庭比例从1992年的88.81%迅速下降到7.76%(湖北省统计局,1993、2009)。近年来,随着国家住房公积金贷款措施的完善和住房二级市场的开放,许多居民家庭通过购买住房或房屋置换等方式,拥有了属于自己的房屋。就全国而言,到2008年有87.8%的城镇家庭实现了拥有住房的梦想(中华人民共和国国家统计局,2009)。而且随着人们理财观念的逐步树立,在城镇居民中拥有两套以上住房的家庭越来越多,人们购买房产的目的不再是为了居住,而是为了保值、增值。据统计,2005年广东省有超过18%、2006年长沙市有超过17%(长沙市统计局,2007)的城镇居民家庭拥有两套以上住房(含两套),到2006年9月北京平均每10户居民就有1户至少拥有两套住房(殷丽娟,2006),2007年2月杭州市统计局对本市600户居民家庭调查发现,20%的家庭拥有两套以上住房。2008年1月国家统计局安徽调查总队对安徽全省25 676户居民调查表明,有11%的家庭拥有两套及以上住房。过去公有住房独霸天下的所有制格局被打破,取而代之的以私有产权为主的所有制格局已经形成。

(二) 市场购房成为居民获取住房的途径

改革开放前,城镇住房分配是以单位为基础,按职位、职称高低进行行政化分配的。居住水平的好坏,既与所在单位的性质有关,又与个人职位或职称的高低有关。由于国家用于住宅建设方面的资金投入较少,在僧多粥少的情况下,一些掌握权力的中央、省属企事业单位的投资要多一些,人均住房面积相应大一些，市、区、街道及企事业单位因住房投资少，人均居住面积也较小。据一项20世纪80年代初武汉市的调查表明，中央在武汉的单位，人均居住面积为5.59平方米，省属单位人均面积为5.68平方米，市属单位人均为5平方米，集体和街道、企事业单位人均居住面积仅有3.84平方米（丛树海和张桁，1999）。居民享受住房福利的多少，在很大程度上取决于其受雇于不同国有企事业单位争取住房投资和建设住房的能力。另外，个人职位或职称的高低也直接影响着居住水平的好坏。在过去，凡国家企事业单位的雇员，甚至非国有企业的雇员，均被赋予一个与国家机关工作人员相同或相近的级别。级别越高，可分配到的住房面积越大，质量越高。政府把城镇住房分为四个等级，并分别对应于级别不同的居民。国有企事业单位的一般职工为Ⅰ级，可分住房面积每套42～45平方米；国家机关和企事业单位的一般干部为Ⅱ级，可分住房面积每套45～50平方米；工程师（或相应职称）和县、处级干部为Ⅲ级，每套住房面积可达60～70平方米；副教授、高级工程师、教授（或相应职称）和厅局级干部为Ⅳ级，可分住房面积在70平方米以上。事实上，在这四个等级以上，还有适应更高级别干部的住房标准（丛树海和张桁，1999）。然而，规定了详细标准以后，并不意味着符合标准的居民就能分到相应的住房。其中的根本问题就是住房的需求大大高于供给。掌握住房分配生杀大权的企事业单位的头头脑脑们常常利用手中的权力，在分房过程中为亲属子女、关系户谋取好处。住房分配在看似公平的背后暗藏着关系、门子、条子的较量，有权力、有门路的人多分房、分好房，没有权力、没有门路的人只能少分房、分次房，甚至分不到房，住房分配不公成为严重的政治和社会问题。

实行住房分配货币化之后，城镇居民获得住房的途径不再通过单位，而是通过市场，一切围绕住房分配的腐败问题基本消除。居民拥有住房的能力主要与自己的受教育年限、工作能力等后天自致因素有关。据贵州省2005年1％人口抽样调查资料显示，人口居住水平与户主受教育程度呈正相关，主要表现在随着户主受教育程度的提升，其家庭人均住房建筑面积相应提高：户主未上过学的家庭人均住房建筑面积为23.16平方米、户主受教育程度为小学的家庭为22.89平方米、户主受教育程度为初中的家庭为23.73平方米、户主受教育程度为高中的家庭为26.63平方米、户主受教育程度为大专的家庭为31.08平方米、户主受教育程度为大学本科的家庭为31.23平方米、户主受教育程度为研究生的家庭为34.12平方米（贵州省统计局，2008）。

住房分配制度逐渐从原来的"福利制"、"配给制"转变成"商品制"，住房的供给主体逐步从国家转移到市场，国家不再通过住房的供给直接干预和控制居民的家居生活和空间。围绕住房所发生的关系也不再是过去那种居民与国家、单位的关系，而更多的是居民与市场的关系了。居民开始获得住房的产权，拥有了"恒产"。那些还未得到房子的居民，则有了从市场上自由选择住房的权利。尽管这种住房选择自由是建立在货币收入的基础上，但对比建立在资历、权力和"搞关系"基础上的住房配给，住房的货币化和市场化大大简化了人们之间的关系，提高了个人的自由度，极大促进了居民的积极性，使得居民通过市场拥有住房的能力得到提高。

（三）住房配套设施日趋完善

20世纪90年代以来，随着住宅建设步伐的日益加快和百姓收入水平的不断提高，城镇居民家庭居住条件有了明显改善，居住空间明显增大。2011年，全国城镇居民人均住房建筑面积为32.7平方米。中国终于告别了住房严重短缺时代，城镇居民住房长期紧张的状况得到缓解，过去那种住房拥挤不堪、几代同堂的现象基本消除，这是中国继吃饭问题解决后解决的又一个生存问题。

城镇居民居住空间不仅增大，而且室内生活设施比较配套，日常生活更为方便。90年代后期以来我国城镇居民住房成套率大幅度提高。截至2008年年末，有4.5%的城镇居民家庭住上了单栋住宅；83.0%的城镇居民家庭住在单元房中；仅有12.5%的家庭还住在筒子楼及平房中，城镇居民居住以功能比较齐全的成套住宅为主。

卫生设施更加完备。2008年，住房内有独用自来水的家庭达98.4%，有厕所、浴室的家庭为79.1%。每百户城镇居民家庭有淋浴热水器69台、吸尘器13台。厕所、浴室的不断完备及卫生设备的增加，反映出居民家庭生活的卫生状况，也反映出一个民族的文明与进步。

厨房设施不断齐全。大部分居民家庭的厨房摆脱了烟熏火燎，用上了快捷清洁的炊用燃料。到2008年，87.3%的家庭使用管道煤气和液化石油气，以煤为主要燃料的家庭比重降到8.3%，使用柴草做燃料的家庭基本消失。大多数家庭相继发生了一次厨房革命，干净、快捷的电炊具颇受欢迎，从电饭锅、电火锅到电磁灶、微波炉，电气化融入了人们的现代生活。2008年平均每百户城镇居民拥有电冰箱94台、微波炉55台、消毒碗柜18.01台、洗碗机0.77台。厨房设施的改善，既减轻了居民家务劳累，又保证了室内的清洁卫生。

居室温度四季如春。城镇居民家庭取暖设施有了很大的改善。到2008年有空调设备或暖气的家庭占62.9%，比1983年提高46.8个百分点。北方地区的大多数家庭冬季室内取暖告别了过去烟熏火燎的煤炉子，改用暖气、电热器，甚至空调来取暖。居民冬季不怕冷，夏季也不怕热，北京、天津、上海、浙江、江苏、广东、重庆、福建等夏季天气比较炎热的地区每百户城镇居民家庭空调拥有量都超过100台。可谓冬季暖风阵阵，夏季凉风习习。

居民家庭信息化程度不断提高。2011年我国广播节目综合人口覆盖率达到97.1%，电视节目综合人口覆盖率97.8%，电话普及率（包括移动电话）94.81部/百人，互联网普及率42.1%，城镇居民覆盖率、普及率要远远高于这些数据。广播、电视、电话、网络的普及，大大开阔了人们的视野，加快了各种信息的交流和传播，使人们更加贴近生活，贴近外界，融入到整个社会大潮流中去。

(四) 居住支出大幅度增长

进入20世纪90年代，不断深入的住房制度改革改变了过去城镇居民居住消费支出徘徊不前的局面，居住消费支出开始随人们收入水平的提高而提高，支出比例迅速上升到2011年的10%左右，超出医疗保健、用品及服务、杂项支出的比例，成为仅次于食品、交通通信、文教娱乐、衣着的第五大支出项目。

首先，房租支出经历了一个由快速增长，到趋于稳定甚至下降的过程。1992年之后全国大规模提高了住房租金，居民用在房租上的支出大幅度增加，但1998年之后随着我国取消福利分房措施的实施，城镇居民自有房数量的不断增多，租住住房的家庭越来越少，人均用于房租方面的支出增长趋于缓慢，甚至下降。

其次，水电燃料支出增长加快。居民居住空间的增大，家庭电器用品的增多，家庭逐渐成为人们放松神经、享受生活的主要场所。许多诸如网上冲浪、卡拉OK、家庭影院、洗浴等以前由社会提供服务的活动走进了居民家庭，很多繁琐的家务劳动开始被现代工具所代替，居民对水电燃料的支出直线增长。2011年城镇居民用于水电燃料方面的支出为841.70元，与1992年的64元相比增长12倍；水电燃料的消费量逐年上升，2011年城镇居民人均生活用水43吨、电691度、管道煤气10.89立方米，与1992年相比都有大幅度的增长（国家统计局城市社会经济调查总队，2009）。

最后，住房装修异常火爆。随着住房产权的变化，住房的装饰和装修颇为盛行，各种档次的装饰、装修在不同程度家庭中展现。早在2002年国家统计局的一项调查显示，在被访家庭中，户均装修支出达到1.29万元，与户均购房支出比为0.27:1，也就是说，除支付房款外，购房家庭还会花费相当于房款27%的资金用于住宅装修（国家统计局课题组，2003）。2006年北京市城市居民人均用在住房装修上的费用为411元，占整个居住支出的1/3，仅次于水电燃料的支出（北京市统计局，2008）。住房装饰、装修支出的增加，使城镇居民的住房更为美化，居住更感舒适。

各项居住支出的大幅度增长，使城镇居民的居住支出占整个消费支出的比重从1992年的6.0%增长到2011年的9.27%。为了便于与农村居民住房消费支

第五章 市场经济时期城镇居民物质消费水平的变化趋势（1993～2011年）

出进行比较，① 我们把城镇居民购建房支出和居住消费支出加在一起，发现这一阶段城镇居民的住房支出增长是惊人的。城镇居民包括购建房、房租、住房装潢、水电气燃料在内的人均住房消费总支出从1994年的459.82元增长到2009年的2735.57元，增长4.95倍，年均增长12.6%，超过生活消费支出的增长速度，居住支出比重（包括购建房支出）从1997年开始超过衣着消费支出，成为仅次于食品支出的第二类支出项目，其支出比重始终高出农村居民3～4个百分点（表5-7）。如果说80年代是农村居民依靠自己能力自主解决住房的年代，那么90年代中后期以后则是城镇居民自主解决住房的时代。

表 5-7　城镇居民居住消费支出情况

年份	购建房支出/元	居住消费支出/元	居住支出（包括购建房）/元	生活消费支出/元	生活消费支出（包括购建房）/元	居住支出比重/%
1994	266.66	193.16	459.82	2 851.34	3 118.00	14.75
1995	181.30	250.18	431.48	3 537.57	3 718.87	11.60
1996	191.52	300.85	492.37	3 919.47	4 110.99	11.98
1997	234.86	358.64	593.50	4 185.64	4 420.50	13.43
1998	411.49	408.39	819.88	4 331.61	4 743.10	17.29
1999	422.84	453.99	876.83	4 615.91	5 038.75	17.40
2000	454.79	500.49	955.28	4 998.00	5 452.79	17.52
2001	493.98	547.96	1 041.94	5 309.01	5 802.99	17.96
2002	535.80	624.36	1 160.16	6 029.88	6 565.68	17.67
2003	690.19	699.40	1 389.59	6 510.50	7 200.69	19.30
2004	801.40	733.53	1 534.93	7 182.10	7 983.50	19.23
2005	713.23	808.66	1 521.89	7 942.88	8 656.11	17.58
2006	972.13	904.19	1 876.32	8 696.55	9 668.68	19.41
2007	922.91	982.28	1 905.19	9 997.47	10 920.38	17.45
2008	602.33	1 145.41	1 747.74	11 242.85	11 845.18	14.75
2009	1 506.66	1 228.91	2 735.57	12 264.55	15 000.12	18.24
2010	913.95	1 332.14	2 246.09	13 471.47	14 385.42	15.61
2011	733.21	1 405.01	2 138.22	15 160.89	15 894.1	13.45

资料来源：根据国家统计局城市社会经济调查总队1996～2005年编写的中国价格及城镇居民家庭收支调查统计年鉴整理而成；根据国家统计局城市社会经济调查司2006～2012年编写的中国城市（镇）生活与价格年鉴整理而成。

---

① 我国农村居民的购房与建房支出是作为住房消费支出统计的，而城镇居民的购房与建房支出是作为固定资本形成来处理的。城镇居民居住消费支出，不包括居民的购房支出，只包括与居住相关的日常性支出，如房租、水电煤燃料等。农村居民住房消费支出，包括房租、电费、房屋维修费用、新建住房开支和当年为新建、维修住房而购买的建筑材料（如砖、瓦、木料、石灰、水泥等）的支出。但不包括上年购买建筑材料的支出，用自产的竹木为建筑材料，如果没有计算收入，这里也不计算住房支出。资料来源：国家统计局农村抽样调查总队. 1985. 农村住户调查通俗讲话. 北京：农村读物出版社.

(五) 居住环境不断优化

改革开放后，特别是20世纪90年代中后期以后，随着生活水平的提高，居民不断对居住质量提出更高的要求，不但强调房屋本身功能是否完善，而且更加关注周围的居住环境是否协调。城镇居民居住水平有了一次大的飞跃。主要表现在以下几个方面。

居民小区功能更加完备。80年代居民小区建设刚刚起步，各项服务功能比较欠缺，人们生活倍感不便。进入90年代，各项社区服务从无到有，到2010年城乡各类服务设施有15.3万个，其中社区服务中心有12.7万个，社区服务站有4.4万个；城镇便民利民服务网点有53.9万个，社区服务设施覆盖率为22.4%（中华人民共和国民政部，2011）。娱乐站、卫生防疫站、理发店、饭店、商店、幼儿园、维修站、绿化队等各项社会功能一应俱全。一个小区就是一个小型的社会，极大方便了居民的生活。

居民小区交通更加便捷。80年代初期我国城市公交线路仅限于主要交通干道，人们出行还不能实现出门乘车的要求。进入90年代后，城市道路的不断扩展和公交车辆、出租车辆的迅猛增长，给人们出行带来了极大方便。据统计，到2011年每万人拥有的道路长度为7.6千米，人均道路面积13.8平方米，与1990年相比分别增长了1.5倍和3.5倍；城市居民每万人拥有公交车辆也从1990年的2.2辆增长到2011年的11.8辆，增长了4.4倍；全国城市出租汽车数量从1990年的11.1万辆增长到2011年的100.23万辆，增长了8倍。

居民小区外部环境更加美化。高质量的居住水平离不开周围优美的环境，城市绿地面积的多少与居住环境的好坏息息相关。1980年城市绿地面积为8.6万公顷，每万人拥有绿地面积为9.6公顷，1990年城市绿地面积为47.5万公顷，每万人拥有绿地面积达到32.2公顷。虽然城市绿地面积总体发展很快，但人均绿地面积很少（1.8平方米），城市绿化还处在刚刚起步阶段。进入90年代后，人均绿地面积和公园数量不断增加。到2011年，城市园林绿地面积达到224万公顷，人均公园绿地面积达到11.8平方米，公园个数为10 780个，公园面积为28.6万公顷。

第三节 城镇居民剧烈变动的消费结构分析

按照居民消费的一般规律，人们在满足生存型消费之后，必然向享受型和发展型消费层次转移，从而导致消费结构中生存型消费所占比重下降，享受型和发展型消费所占比重不断上升，居民消费结构发生剧烈变动。20世纪90年代以来，我国城镇居民消费结构的变化呈现出这一特点。

一 消费重心由物质消费逐步向精神消费转变

根据消费结构的变动规律，当人们的生活由温饱型向小康型过渡时，其消费需求是以满足生存需要的物质必需品消费为主。随着小康生活的实现，特别是进入富裕型阶段以后，人们的消费需求重心逐步由物质消费向精神消费过渡。总的趋势是物质消费占消费支出的比重逐步下降，精神消费在消费结构中的地位迅速上升。从1992~2011年城镇居民消费结构变动情况看，食品消费支出占总消费支出的比重从52.85%迅速下降到36.32%，衣着类消费比重从14.1%下降到11.05%，家庭用品及服务的比重从8.41%下降到6.75%，吃、穿、用三项比重从1992年的75.34%下降到2011年的54.12%，其中吃、穿两项支出比重从67%下降到47%，下降20个百分点，物质消费的地位和作用开始下降。精神消费在消费结构中的地位迅速上升，医疗保健支出从1992年的2.48%上升到2011年的6.39%，娱乐教育文化支出从8.82%上升到12.21%，交通通信支出增长最快，从2.64%上升到14.18%，三项支出比重从13.94%上升到32.78%，上升近19个百分点，精神消费占据居民消费支出的1/3，城镇居民消费的重心正在从物质消费转向精神消费。过去人们围着吃、穿、用转的生活方式已经发生改变，呈现出生存资料比重减少、发展和享受资料比重有较大提高的新趋势。

二 家务劳动由自我服务向市场化、社会化服务转变

改革开放初期，由于收入水平较低，居民物质生活消费中很大一部分需要在家庭内部进行，并且通过一定的家务劳动才能最后进入消费领域，居民把大量的闲暇时间消耗在繁重的家务劳动中。随着社会经济的发展和收入水平的增加，人们的生活质量不断提高，消费观念发生着改变。快节奏的工作和生活使人们更加重视消费的时间成本和精力成本，消费者在关注消费的效用和质量的同时，更关注消费的便捷性和快速性，消费的效率性需求上升，导致城乡居民服务性消费快速增长，家务劳动社会化成为一种趋势。家庭清洁工、家庭保姆、家庭厨师、家庭医生等开始走进千家万户，导致居民家庭消费支出中服务性消费的比重持续上升。据统计，2006年我国城镇人均服务性消费支出2441元，比2002年增长了47.9%，占消费支出的比重由2002年的27.4%上升到2006年的28.1%。在农村居民生活消费支出中，服务性支出由2002年的人均528元提高到2006年的867元，占生活消费支出的比重由28.8%提高到30.6%，提高了1.8个百分点（中华人民共和国国家统计局，2007）。

三 消费档次由生存型向享受型和发展型转变

近几年来,随着国民经济的快速发展和收入水平的大幅提高,我国居民消费层次已过渡到享受型阶段,有些消费内容甚至已进入发展型阶段。具体表现在:食品消费由过去简单地吃饱、吃好,消费品种长期固定单调,不注重科学合理饮食消费,转变为消费品种丰富多样,营养搭配科学合理,健康消费,绿色消费,科学饮食已经逐步成为人们的饮食习惯。衣着消费由过去买布自己做、找人做,到后来直接买成衣,转变为现在的注重品牌化、时装化和个性化消费。在用的方面,传统的耐用消费品已经饱和,对城乡居民已经失去吸引力,随着科学技术的不断进步,新的家庭用品层出不穷,节能冰箱、高清晰度数字电视、多功能手机,以及环保节能型家用汽车已经逐步地成为普通居民家庭的生活消费品。所有这些转变都集中体现了居民消费结构层次的全面升级,生活质量的进一步提高。

四 消费结构由雷同型向多样型和梯度型转变

改革开放初期,居民的主要消费资料实行限制性的供给制,加之收入分配制度的平均主义,导致绝大部分居民家庭消费结构整齐划一、十分雷同。这种雷同型结构又极易出现同步性的跳跃性变化,形成排浪式消费。20 世纪 90 年代以来,我国实物配给制度逐步废除,居民收入差距、消费差距得以拉大。从人均收入看,2011 年,我国城镇居民人均可支配收入中,最高收入户为 58 841.87 元,中等收入户为 19 544.94 元,低收入户为 6876.09 元,三者之间的比例关系为 3.05∶2.84∶1;从人均消费支出看,最高收入户为 35 183.64 元,中等收入户为 14 028.17 元,最低收入户为 6431.85 元,三者之间的比例关系为 5.5∶2.2∶1;从恩格尔系数看,最高收入户为 28%,中等收入户为 39%,最低收入户为 46%,最高收入家庭接近最富有的消费层次,中等收入家庭刚刚进入富裕的消费层次,而低收入家庭还处在小康型消费层次。居民家庭消费结构的多样性和多层次性,有利于消费品市场的平稳发展,更有利于促进生产结构与消费结构的良性循环。

五 消费结构发生剧烈变动

进入 20 世纪 90 年代,城镇居民消费结构一改 80 年代消费结构相对稳定的特点,消费顺序连续发生 5 次变动:1992 年消费结构顺序是食品、衣着、文娱、用品、居住、交通、医疗，文娱支出上升到第三位，用品支出下降到第四位，其他各项顺序不变；1996年消费结构顺序为食品、衣着、文娱、居住、用品、交通、医疗，居住支出上升到第四位，用品支出位次进一步后移；2001年消费结构顺序转变为食品、文娱、居住、衣着、交通、用品、医疗，教育和住房体制的改革的突破，使文娱、居住支出位次进一步前移，衣着、用品支出位次继续下滑；2002年消费顺序被再次刷新，变为食品、文娱、交通、居住、衣着、医疗、用品，居民在交通通信上的支出大幅度上升，交通通信支出比例一下从第五位飙升到第三位；2007年消费顺序继续被刷新，变为食品、交通、文娱、衣着、居住、医疗、用品。从城镇居民消费结构顺序更迭的过程看，原来以吃、穿、用为主的消费顺序开始被打破，衣着、用品的位次在不断下滑，交通、文娱、医疗的位次在不断前移，食品消费虽然仍然保持着首要地位，但其比重在不断下降，地位在不断下滑。城镇居民交通、文娱成为仅次于食品的第二、第三大支出项目，这表明受信息化、知识经济的影响，精神文化消费受到城镇居民的重视。

我们继续用结构变动度来考察这一时期城镇居民消费结构的变动程度。我们选择1992年为基年，2011年为末年，1992～2011年20年间食品、衣着、用品的变动值是负值，且下降幅度都超过前一时期，其中食品消费下降幅度最大，下降16.53%，衣着消费下降也超过了结构变动度的平均值，三项消费比重总共下降了21.23%。在物质消费下降的同时，服务消费却在大幅度上升，医疗保健、交通通信、文化娱乐的变动值均为正值，其变动幅度也都超过了平均变动值，上升幅度最大的是交通通信，上升了11.54%，医疗保健、文化娱乐也分别上升了3.91%和3.41%，三项消费比重总共上升了18.84%，可以看出实物消费的下降主要转移到服务消费上来。实物消费的大幅度下降，服务消费的大幅度上升，表明人们的消费重心正在发生转移。可以看出，各项消费支出比重无论上升还是下降，都在发生着激烈的变动，其幅度之大都超过了前一时期。这一时期的结构变动值为44.29，年均结构变动强度为2.33，分别是前一时期的4.6倍和2.4倍（表5-8）。

表5-8　中国城镇居民消费结构变动度　　　　（单位：%）

消费项目	1981～1991年变动度	1992～2011年变动度
食品	-2.83	-16.53
衣着	-1.06	-3.03
家庭用品及服务	0.06	-1.67
居住	1.69	3.31
医疗保健	1.60	3.91
交通通信	-0.09	11.54
娱乐教育文化服务	0.42	3.40
杂项商品	-1.91	-0.90
结构变动值	9.66	44.29
年均结构变动强度	0.97	2.33

第四节　城镇居民成熟、理性的消费行为特征分析

20世纪90年代中期以来，中国经济体制改革进入实质性阶段。在深化改革的过程中，一方面，随着市场化进程的加快，市场逐渐成为配置社会资源的主要手段，居民日常消费受市场调节的程度越来越高；另一方面，就业、住房、医疗、教育等各项制度改革力度加大及新的社会保障制度建设滞后，导致居民日常生活中不确定性因素增强。90年代中期以来城乡居民消费行为的主要特征有以下几个方面。

一　消费行为趋于谨慎

20世纪90年代中后期以来，我国国有企业的破产、兼并、重组造成的职工下岗、失业现象的大量发生，以及社会上各个行业市场竞争的日益加剧，使广大居民对未来收入的稳定感下降。与此同时，随着改革进一步向纵深发展，居民在住房、医疗、教育、养老等方面享有的福利保障，由国家提供转由个人承担，支出预期骤然增强。正是收入预期的下降和支出预期的增加，使居民的风险意识提高了，自我保障压力增大了，导致居民在压缩消费、谨慎消费的同时，不断增加储蓄，以提高抵御风险的能力。因此，"供大于求、持币待购、储币远购"带来的市场尴尬和居民消费增长缓慢、储蓄持续上升成为城乡居民消费行为的真实写照。90年代以来，我国居民平均消费倾向除少数年份外基本上是逐年下降的，由1990年的0.85，下降至2007年的0.74，其中城镇居民平均消费倾向由1990年的0.847下降至2007年的0.725，表明城镇居民的收入用于即期消费部分逐步减少，用于储蓄的部分逐步增加。农村居民平均消费倾向变动分为两个阶段：第一阶段是1990～1999年，平均消费倾向逐年下降，由1990年的0.852降至1999年的0.714，第二阶段是2000年以后，平均消费倾向基本呈逐年上升的趋势，2007年升至0.779，提高了0.037，这主要是与这些年物价上涨过快，尤其是医疗和教育支出增加有关。居民消费倾向的下降使消费对经济的拉动作用日益下滑，国民经济的发展日益依靠投资和出口拉动。为扩大内需，1996年以来中国人民银行连续7次下调存贷款利率，但效果并不理想，城乡居民储蓄存款仍持续攀升，国内消费需求依然低迷不振。

二　消费心理趋于成熟

随着市场经济的发展，消费品日益丰富，消费环境不断改善，特别是国内外大型超市的介入和竞争，推动了商品市场的繁荣，拓宽了人们的选择视野和

选择空间，满足了不同收入阶层的消费需求，以消费者为中心的商品市场已经形成。同时，随着商品市场化程度的提高，居民对通过市场配置资源的机制已经普遍认同，逐渐习惯于市场价格的波动，自主决定自己的消费行为，消费心理日趋成熟和理性。具体表现在以下几个方面。一是攀比意识减弱。由于商品市场供大于求，我国居民消除了过去商品紧缺时代因担心物价上涨而引起的抢购心理，增强了按需购物、量入为出的有计划消费意识，理性消费特征明显，商品市场难以形成排浪式消费，居民消费多样化格局逐步形成。二是承受能力增强。20世纪90年代末期以来，居民消费心理稳定，对市场价格变动承受能力增强。2007年、2008年因食油和粮食价格上涨所引起的食品价格连锁上浮，虽然受到人们的关注，低收入家庭也感受到一定的生活压力，但没有引起市场的强烈振荡和冲击。多年来，再也没有发生类似80年代物价飞涨、居民抢购的现象。造成我国居民消费心理趋于成熟、理性的原因：一方面，我国商品市场货源充足，绝大多数商品供大于求，买方市场格局形成，造成市场物价趋于稳定，甚至下降；另一方面，90年代中后期国有企业改革造成职工下岗、失业现象普遍增多，广大居民未来收入预期下降，消费行为变得更加谨慎；另外，我国居民收入差距拉大，居民消费能力分散，消费档次拉开，很难形成平均主义分配体制下大规模、雪崩式的购物风潮。

三 消费目标趋于长期

在计划经济体制运行条件下，居民收入来源稳定，社会保障体制完善，风险预期弱化，居民收入主要用于现期消费，在短期内形成一个又一个的消费热点，造成结构性短缺和价格上涨。20世纪90年代中期以后，随着传统福利制度全面解体，消费者理性地计算变革所带来的风险，不断调整收支结构，有效配置收入在消费和储蓄之间的比例，居民消费行为趋于长期目标，不再是一个现期的、短视的消费者，而变成一个精明的、有远见的消费者。因此，自90年代中期以来，虽然城乡居民（尤其是城市居民）人均个人可支配收入增长较快，但消费倾向却持续下降，导致居民储蓄存款连年上升。1992~2011年，我国城乡居民人民币储蓄存款总额从1.2万亿元增长到34.4万亿元，增长了27.7倍，大大超过同期我国城乡居民人均可支配收入的增长速度，我国居民延期消费行为特征明显。中国社会科学院一份调查显示，我国居民储蓄的目的和用途中居前三位的分别是：子女教育费用、养老、购房（中国社会科学院，2005）。而在改革开放以前，人们储蓄的目的主要是为了孩子结婚、待购耐用消费品。这说明，我国城乡居民为了在现期和远期之间追求效用最大化，使未来的生活更有保障，只好压缩当前消费，增加储蓄，以满足未来生活的需要，从追求现期效用最大化向追求一生效用最大化转变。

第五节 中外居民物质消费水平的国际比较

20世纪90年代以来，我国国民经济继续保持快速增长的势头，经济总量在世界主要国家和地区中的位次大幅上升，人均国民收入从1000美元增加到4000美元，我国国际影响显著增强，城乡居民生活水平进一步提高，我国经济和社会发展进入一个新的阶段。

一 我国经济发展水平的国际比较

20世纪90年代以来，我国国民经济持续快速增长，国内生产总值年均增长率高达10%左右，高出世界平均水平高5~6个百分点，分别比发达国家和发展中国家年均增长速度高7~8个百分点和2~3个百分点（表5-9）。我国国内生产总值占世界的比重大幅上升，从1990年的1.6%上升到2000年的3.7%，到2010年提高到9.3%（中华人民共和国国家统计局，2012）。我国经济总量在世界排名也一路飙升。1990年我国国内生产总值总量居世界第11位，2000年超过意大利，居世界第6位；2005年超过英国和法国，居世界第4位；2008年超过德国，跃居世界第3位；2010年超过日本，仅次于美国，居世界第2位。90年代以来，我国经济总量与主要发达国家之间的差距不断缩小。

表5-9 不同国家和地区国内生产总值增长率　　（单位：%）

年份 国家和地区	1990	2000	2005	2008	2009	2010
世界①	3.22	4.81	4.57	2.79	-0.66	5.11
发达国家	3.14	4.16	2.66	0.09	-3.72	3.07
欧盟	2.48	3.96	2.16	0.67	-4.21	1.79
欧元区		3.78	1.65	0.41	-4.25	1.79
主要发达国家	2.88	3.84	2.36	-0.14	-3.52	2.51
亚洲新兴工业化国家	7.89	7.84	4.83	1.78	-0.74	8.43
其他发达国家②	4.61	5.88	4.14	1.68	-1.12	5.79
新兴和发展中国家	3.39	5.90	7.28	6.03	2.80	7.33
亚洲发展中国家	5.40	6.95	9.48	7.74	7.17	9.46
东盟5国③	7.67	5.74	5.51	4.81	1.71	6.92
非洲	2.69	3.42	5.74	5.18		
撒哈拉以南非洲	2.67	3.57	6.18	5.59	2.78	5.40
中东欧	-0.77	5.22	5.85	3.14	-3.64	4.50
中东和北非	7.96	5.43	5.50	5.38		
拉丁美洲和加勒比	0.63	4.15	4.74	4.17		
中国	3.80	8.40	11.30	9.60	9.22	10.33

资料来源：中华人民共和国国家统计局，2012

注：①指国际货币基金组织世界经济展望数据库的180个国家和地区；②不包括西方7国和欧元区；③印度尼西亚、马来西亚、菲律宾、泰国和越南

第五章　市场经济时期城镇居民物质消费水平的变化趋势（1993～2011年）

随着经济总量的大幅提高，我国人均国民收入水平也随之提高，2001年突破1000美元，2006年突破2000美元，2010年又迈上新的台阶，突破4000美元，达到4260美元，比1990年的330美元增长12倍。我国人均国民收入与世界平均水平的差距逐渐缩小，1990年我国人均国民收入相当于世界平均水平的8.1%，2000年相当于世界平均水平的17.6%，2010年相当于世界平均水平的46.7%，比1990年提高了38个百分点（中华人民共和国国家统计局，2012）。我国人均国民收入在200多个国家和地区的排序中，由1990年的178位（200个国家）提升到2010年的120位（215个国家）（中华人民共和国国家统计局，2012）。人均国民收入的增长极大促进了我国居民消费水平的提高。2000～2010年我国住户最终消费支出年均增长率为13.81%，高出世界平均水平（6.42%）、高收入国家增长水平（5.28%）和中等收入国家增长水平（11.58%），也高出低收入国家增长水平（9.78%）（表5-10）。这说明我国居民消费支出增长速度是十分惊人的。

表5-10　不同国家和地区居民消费支出水平比较

国家和地区	居民最终消费支出（现价）/亿美元及增长率/%				居民人均最终消费支出（2000年价格）/美元及增长率/%			
	2000年	2005年	2010年	2000～2010年	2000年	2005年	2010年	2000～2010年
世界	197411	274393	345448①	6.42②	3247	3514	3625①	1.23②
高收入国家	161834	219934	257079①	5.28②	15419	16785	16931①	1.05②
中等收入国家	34357	52779	102813	11.58	783	928	1169	4.09
低收入国家	1291	1874	3282	9.78	201	226	263①	3.03②
中国	5539	8866	20194	13.81	439	582	879	7.19

资料来源：中华人民共和国国家统计局，2012
注：①2009年数据；②2000～2009年增长率

还应该看到，我国居民消费支出增长速度却始终赶不上国民经济的增长速度，与世界经济发展一般趋势是相悖的。受经济全球化和市场化的影响，世界各国消费在总量上和结构上呈现出一些共同特点，即世界各国消费的增长与国内生产总值同步增长或略高于国内生产总值的增长。绝大多数国家在经济达到中等收入水平后居民消费结构升级加速，消费率通常会出现一定幅度的上升，然后稳定在一个比较高的水平上，成为支撑经济增长的主要动力。1986～1995年，发达经济体实际国内生产总值年均增长率为3%，私人消费年均增长率为3.1%；1996～2005年，发达经济体实际国内生产总值年均增长率为2.8%，私人消费增长率为2.9%，私人消费具有超过实际经济增长的长期趋势。发展中国家和地区总体上也呈现了类似的趋势。近年来，世界平均消费率总体趋于上升，2000年为77.2%、2001年为78.3%、2005年为78.8%。与世界消费率略高于国内生产总值增长率的基本趋势相悖的是，中国最终消费与居民消费年均增速都低于国内生产总值年均增长速度。1990～2011年，我国名义国内生产总值年均增长率为16.6%，而最终消费和居民消费年均名义增长率分别为15%和14.6%，最终消费和居民消费均低于国内生产总值的增长速度（中华人民共和国国家统计局，2012）。与国际相比较，我国消费率远低于世界平均水平，并长期呈下降趋势，明显偏离了世界经济发展的一般趋势。我国最终消费率仅在1978~1981年有短暂的上升，即从62.1%上升至67.5%，居民消费率从48.8%上升至53.1%；此后长期下降，2000年我国最终消费率和居民消费率分别为62.3%和46.4%，2010年急剧降至48.2%和34.9%，10年中分别下降了14.1个百分点和11.5个百分点，为改革开放以来的最低水平。我国消费率远低于世界平均水平，同时也低于主要发达国家水平；与典型发展中国家相比，我国消费率也偏低。2010年，我国居民消费率低于"金砖五国"中的巴西（64.2%）、印度（63.2%）、南非（56.9%）和俄罗斯（51.3%）。

二 物质消费水平的国际比较

（一）居民营养水平直逼世界发达国家，营养过剩问题开始显现

据联合国粮农组织统计，2004年我国居民每人每天食物热值为2935大卡，高于世界平均水平（2804大卡）和发展中国家的平均水平（2666大卡），但低于发达国家的平均水平（3314大卡）；每人每天蛋白质含量为109.4克，高于发展中国家（68.5克）和世界的平均水平（75.3克），亦高于发达国家的平均水平（100.4克）；每人每天脂肪含量为87.5克，高于发展中国家平均水平（65.2克）和世界平均水平（77.5克），低于发达国家平均水平（122.7克）（中华人民共和国国家统计局，2007）。我国居民在热量、蛋白质、脂肪三大营养指标上均达到世界平均水平，部分指标超过发达国家水平。这一方面说明我国居民营养水平在不断提高，人们的健康状况和身体素质有了根本好转；但是另一方面也说明我国居民正在日益偏离以谷物性食品为主的东方饮食模式，而向以动物性食品为主的西方饮食模式快速靠拢。与同属于东方饮食模式的东亚国家相比，中国居民营养水平已显过剩。2004年中国居民三大营养素普遍超过东南亚大多数国家，热量仅次于缅甸、韩国，蛋白质含量仅次于日本、韩国，脂肪含量居第一位。中国居民营养过剩的主要原因是谷物消费量急剧下降，动物性食品消费急剧上升，中国城镇居民食品消费进入"鲜菜＋动物性食品＋粮食"的消费阶段，部分发达城市居民进入"动物性食品＋鲜菜＋粮食"的消费阶段，中国城镇居民食品消费向西方饮食模式靠拢。90年代以来，中国城镇居民谷物消费量一直呈下降趋势，从1990年的人均130.7公斤下降到2007年的77.6公斤，与处于从小康阶段向富裕阶段过渡的西方国家极其相似，法国从1950年的121.5公斤下降到1982年的72.9公斤，美国从1940年的95公斤下降到1960年的73公斤，英国从1948~1950年的121.5公斤下降到1971~1973年的71.7公斤，而同属于东方饮食模式的日本从1960年的165.2公斤下降到124.1公斤，

第五章 市场经济时期城镇居民物质消费水平的变化趋势（1993~2011年）

谷物消费量下降十分缓慢，并不像中国下降那么快（黎东升，2005）。谷物消费量下降过快，加之动物性食品消费无节制的增长，导致中国城镇居民近年来心血管疾病、高血压、糖尿病、肥胖症等"富贵病"的发病率大幅攀升。

（二）用品消费与世界融为一体，差距在不断缩小

进入20世纪90年代，中国居民耐用消费品消费与世界融为一体，国外一款新型耐用消费品的出现马上就会传入中国，中国居民在用品消费上逐渐与世界潮流踏在同一个节拍上。与西方国家比较起来，中国居民在冰箱、彩电、洗衣机、摩托车、自行车等传统耐用消费品上的消费差距不大，有些耐用品甚至超过西方国家。受世界潮流的影响，中国居民在微波炉、空调器等享受类耐用消费品和电子信息类耐用消费品上的消费也并不比西方国家落后，家用电脑的拥有量超过西方国家消费水平。但是受经济发展水平的限制，中国居民在发展类耐用品的消费明显不足，2011年每百户中国城镇居民家庭拥有钢琴2.65架、摄像机9.42架，2009年每百人宽带用户7.8个，与西方国家差距很大，更别提中国农村居民。在整个耐用消费品消费上，与西方国家差距最大的是家庭汽车的拥有量，2011年中国城镇居民家庭汽车的拥有量仅18.58辆，农村居民更是凤毛麟角，少而又少，而日本、英国等国家庭汽车普及率都在70%以上，随着今后中国经济的不断发展，这个差距会迅速缩小（表5-11）。

表5-11 中、日、英三国居民耐用消费品拥有量比较

品名	中国城镇（2011年）	日本（2008年）	英国（2008年）
洗碗机/台	0.68	28.8	38
家用汽车/辆	18.58	83.2	74①
钢琴/架	2.65		
吸尘器/台			
摄像机/台	9.42	41	86
数码相机/台		69.2	
摩托车/辆	20.13		
家用电脑/台	81.88	73.2	72
微波炉/台	60.65		92
照相机/架	47.99		
空调/台	122	87.9	
电冰箱/台	97.23		97
洗衣机/台	97.23		96
普通电话/部	69.58		90
移动电话/（个/百人）③	56	90	130
彩色电视机/台	135.15	99.4	82②
传真机/台		58	
影碟机/台		73	88
宽带用户/（个/百人）④	7.8	24.9	29.7

资料来源：中华人民共和国国家统计局，2011；2012

注：①包括小汽车和厢式货车；②数字电视；③2009年数据，中国为全国数据；④2009年数据，中国为全国数据

（三）居住水平大为提高，但居民购房压力过大

20世纪90年代以来，伴随着我国国民经济快速发展和住房制度改革取得突破性成果，城镇居民住房条件逐步改善。到2008年城镇居民人均住宅建筑面积为28平方米（城市规划通讯编辑部，2008），农村居民人均住房使用面积为32.4平方米。按照联合国统计数据，90年代初低收入国家人均住宅建筑面积为8平方米，中低收入国家为17.6平方米，中等收入国家为20.2平方米，中高收入国家为29.3平方米，高收入国家为46.6平方米，我国城乡居民已经超过中等收入国家住房水平，其中北京、上海、浙江等地已经超过中高收入国家住房水平。[①] 我国居民居住质量与过去相比大为进步，但与发达国家相比差距悬殊。2008年，我国城镇居民家庭住宅内有独用自来水的达98.4%，有厕所、浴室的为79.1%，有87.3%的家庭使用管道煤气和液化石油气；农村居民家庭饮用自来水的农户占43.2%，使用水冲式卫生厕所的占17.5%，使用清洁燃油、燃气、电和沼气等的农户占28.6%（中华人民共和国国家统计局，2009）。而早在20世纪初，英国、美国、瑞士等西方发达国家在自来水、浴盆和淋浴、抽水马桶等方面的住宅设备普及率几乎达到100%（中华人民共和国国家统计局，2011）。与国外居民相比，我国居民住房消费存在两大问题。一是住房自有率偏高。2008年我国城镇住宅自有率高达87.8%，大大高于西方发达国家。据统计，美国住宅私有率为68%、英国为67%、德国为42%，欧洲一些国家的住宅私有率长期维持在40%左右（费杨生，2006）。住房自有率是产权式住房消费的外在反映，它直接影响了租赁式住房消费的发展，导致了住房消费结构的失衡。以新建商品住房为主的一次性产权式住房消费，已经成为当前城市居民住房消费的主流方式，这种方式引发了许多现实与潜在的问题。二是房价居高不下。1998年以来全国普通商品住宅销售环比价格指数一直呈上涨之势，1999年为100.2，2000年101.5，2001年为102.0，2002年为104.3，2003年为106.2，2004年为109.8，2005年为108.2，2006年为105.9，2007年为108.6，2008年为107.4（中华人民共和国国家统计局，2009）。一路飙升的房价使普通居民的购房压力增大。以上海为例，一套80平方米的住房价格，是人均可支配收入的27.54倍，而国外一套住房与人均可支配收入的倍数分别为：德国11.41，英国10.3，意大利8.61，法国7.68，美国6.43，即使是土地资源极度匮乏的日本，这个比例也不过是11.07。中国是世界上人均收入靠后的国家，有如此高的房价，是不正常的。房价的上涨大大高于国内生产总值和城镇居民可支配收入的

[①] 根据建设部《2005年城镇房屋概况统计公报》公布数据，该年北京、上海、浙江等地的人均住宅建筑面积分别为33平方米、33平方米、34平方米。

增长,成为广大居民沉重的经济负担和心理负担。住房价格的上涨离不开旺盛的住房需求。城镇居民一步到位的消费观念和坐享其成的理财理念,导致住宅面积越来越大、住宅私有率越来越高、住宅购买越来越早、住宅投资越来越多,从而推动住房价格不断攀升。

(四)居民信息通信消费低于世界平均水平,但增幅惊人

进入2000年以来,中国加大了信息通信设施的投入和建设力度,每年用于该项目的支出数额占国内生产总值的比重都在7%以上,不但超出世界平均水平,也超出同期中等收入国家和高收入国家水平。信息和通信基础设施的改善和提高大大促进了中国居民信息通信消费支出的增长。

2009年中国每千人移动电话普及率达到561.1‰,虽然低于世界平均水平(691.6‰),但远远超出低收入国家水平(257‰),接近中等收入国家水平(666‰);每千人电话主线普及率达到235.6‰,超出世界平均水平(180.2‰),高出中等收入国家水平(145.4‰);每千人宽带用户达到77.84户,超出世界平均水平(78.47户),大大高出中等收入国家水平(40.34户)。中国在每千人移动电话普及率、每千人电话主线普及率、每千人宽带普及率等指标上都远远超出低收入国家平均水平,接近或超过中等国家平均水平。虽然某些指标仍低于世界平均水平,与世界高收入国家相比仍存在不小的差距,但中国居民在信息通信上增长幅度是十分惊人的。2000~2009年中国每千人移动电话普及率增长了7.3倍,超出世界平均增长水平(4.7倍)和高收入国家增长水平(1.2倍);每千人宽带用户普及率增长近38倍,超出世界平均增长水平(19.3倍)、高收入国家增长水平(15.1倍)和中等收入国家增长水平(7.1倍)。

(五)在消费阶段上,与世界各国相比差距不断缩小

一是与西方发达国家相比,中国城镇居民与之相差一个最富裕阶段。这一时期,中国城镇居民消费水平迅速提升,恩格尔系数下降较快,由1992年的52.8%下降到2011年的36.32%,居民生活水平由此向前跃进两个阶段,由前一时期的温饱阶段经过小康阶段,并迅速迈入富裕阶段,与英、法、日、美等国恩格尔系数差距在缩小,由1992年平均相差30个百分点,缩小为相差20个百分点,消费阶段由前一时期相差三个阶段(小康阶段、富裕阶段、最富裕阶段)缩短为相差一个阶段(最富裕阶段)。城镇居民彻底转变了以吃、穿为主的消费格局,吃、穿消费所占比重由1992年的67%下降到2011年的47%,由1992年平均高出英、法、日、美4国40个百分点,下降到2011年平均高出25个百分点,吃、穿比重的下降导致整个实物消费的比重也跟着下降,实物消费

比重也由 1992 年的 81.3% 下降到 2011 年的 63.39%，由 1992 年平均高出西方 4 国 30 个百分点，下降到 2011 年高出 15 个百分点。在实物消费比重下降的同时，劳务消费比重却在大幅度攀升，居民在医疗保健、交通通信、教育休闲娱乐的支出比重由 1992 年的 14% 上升到 2011 年的 33%，上升了 11 个百分点，与西方国家服务支出比重由 1992 年相差 20 个百分点，到 2011 年一举超过日本、英国、法国、加拿大、澳大利亚等西方发达国家（表 5-12）。这一方面反映出中国城镇居民生活水平大幅度提高，但另一方面也反映出中国社会保障制度落后，居民在医疗、教育方面的负担沉重，看病难、上学难问题严重。

表 5-12　世界主要国家居民消费支出结构　（单位:%）

国别	年份	食品饮料	服装鞋类	住房能源及燃料	用品及住房维护	医疗保健	交通通信	文化娱乐	其他
澳大利亚	2008	14.32	3.23	20.47	5.21	5.43	13.68	14.49	23.17
加拿大	2009	13.43	4.44	24.08	6.38	4.77	15.89	11.42	19.59
法国	2009	16.42	4.34	25.55	5.88	3.76	16.83	9.91	17.31
德国	2009	14.41	5.22	24.47	6.62	5.03	17.12	10.19	16.94
希腊	2007	20.41	6.6	16.4	6.15	5.12	12.06	11.07	22.19
匈牙利	2009	28.04	3.37	22.07	5.1	3.6	17.38	8.04	12.41
意大利	2008	17.27	7.61	21.15	7.47	3.08	15.44	7.77	20.23
日本	2008	17.58	3.51	24.83	3.61	4.32	14.67	12.59	18.89
韩国	2009	15.68	5.12	16.74	3.27	6.52	15.68	15.33	21.66
墨西哥	2008	26.07	2.47	22.89	4.53	4.39	19.14	7.74	12.77
荷兰	2009	14.96	5.49	23.93	6.33	2.72	15.84	10.86	19.89
波兰	2009	27.03	3.93	24.44	4.43	4.14	12.25	8.9	14.88
葡萄牙	2007	19.27	5.81	14.29	6.36	5.27	17.42	8.44	23.15
西班牙	2007	16.41	5.58	16.84	5.31	3.43	14.41	10.08	27.95
英国	2009	13.28	5.51	22.5	5.08	1.65	16.62	12.99	22.38
美国	2009	8.87	3.48	19.47	4.3	20.23	11.54	11.58	20.52
中国城镇	2011	36.32	11.05	9.27	6.75	6.39	14.18	12.21	3.83

资料来源：中华人民共和国国家统计局，2010

二是与同期中等收入国家相比较，中国城镇居民与之同处于富裕阶段。中国城镇居民与波兰、泰国、墨西哥等中等收入国家相比较，恩格尔系数略高 10 个百分点，中国城镇居民处于富裕阶段的初始阶段，而这些国家居民进入富裕阶段的最后阶段。与之相比，中国城镇居民衣着消费支出比例偏高，吃、穿两项支出比例高出这些国家 16 个百分点，而在住房燃料和家用设备及能源方面的支出比例又明显偏低；虽然物质消费的比重基本持平，但是这些国家在物质消费的档次和优越程度上要高于中国城镇居民。由于中国医疗、教育方面的社会保障制度不够完善，中国城镇居民在这两方面的支出比重偏高，特别是医疗保健支出方面比例高出许多，说明中国城镇居民医疗负担不但高于高收入国家，也高于中等收入国家。与这些国家相比，中国城镇居民在其他项目上的支出比例偏低，说明中国城镇居民消费领域过于狭窄，消费结构过于单调。

三是与同期低收入国家印度相比，中国城镇居民优于印度城市居民。从表5-13可以看出，中国城镇居民恩格尔系数要低出印度城市居民3.9个百分点，已经稳步进入富裕生活阶段，而印度城市居民还刚刚接近富裕生活的门槛；中国城镇居民在医疗保健、交通通信和文化娱乐等精神生活方面的消费支出比重要略高于印度城市居民。中国城镇居民整体生活水平明显优于印度城市居民。

表5-13 中印两国居民消费结构比较 （单位：%）

区域	年份	食品	衣着	居住	家庭设备及用品	医疗保健	交通通信	文化娱乐	其他
中国城镇	2011	36.32	11.05	9.27	6.75	6.39	14.18	12.21	3.83
印度城市	2009.7～2010.6	40.23	6.37			5.32	13.07	10.44	

注：中国为中国城镇居民数据，来自中华人民共和国统计局编的《中国统计年鉴2012》，中国统计出版社，2012年版；印度数据来自NSSO编写的 Key Indicators of Household Consumer Expenditure in India 2009—2010, 2011

本章小结

党的十四大之后，中国加快了社会主义市场经济的建设步伐，国民经济获得了突飞猛进的发展，城乡居民收入水平大幅度提高，收入差距进一步扩大；中国终于摆脱了短缺经济的困扰，商品市场由卖方市场转入买方市场，消费者选择充分自由；我国在教育、医疗、住房等方面制度改革取得突破性进展，城乡居民收入预期不稳定性增强。多种经济成分的发展和多种分配方式的推行使城乡居民的就业渠道和收入渠道拓宽，收入水平和生活水平持续提高，我国居民生活水平整体进入小康阶段。我国居民消费由前一时期的量的扩张向质的提高转变，消费重心由物质消费向精神消费转变，消费层次由生存型消费向享受型、发展型消费转变，消费结构由雷同型向多样型、梯度型转变，居民健康意识、环保意识、个性意识增强，消费行为更加谨慎，消费心理更加成熟。然而，长期以来我国依靠投资拉动的经济增长模式没有改变，重积累、轻消费的历史惯性依然发挥作用，我国居民收入增长速度长期滞后于国民经济的发展速度，居民消费率长期偏低，加之，宏观调控不到位和社会保障制度不健全，造成居民收入差距悬殊，以及居民医疗、教育、住房负担过于沉重。中国面临着一系列棘手的社会问题需要解决，中国与世界发达国家的经济差距仍然很大。中国步入世界经济强国之列还尚待时日。

第六章 城镇居民物质消费存在的问题及其对策

综观 1957 年以来中国城镇居民物质消费的变化过程，先后经历了计划经济时期、由计划经济向市场经济转轨时期、社会主义市场经济运行时期三个不同的历史阶段。伴随着中国经济建设的不断发展和人民收入水平的日益提高，城镇居民物质消费经历了从短缺到满足、从限制消费到放开消费、从重物质消费到重劳务消费的发展过程，消费观念不断更新，消费的档次和水平不断提高，居民消费朝着个性化、多样化、健康化轨道发展。城镇居民正在融入到世界消费潮流中，与世界发达国家消费水平差距不断缩短。回顾 1957 年以来中国城镇居民物质消费演变的历史过程，揭示其中的变化规律，对于今后把握城镇居民的消费趋势，制定科学合理的消费政策，推动国民经济的持续发展有着十分重要的现实意义。

第一节 城镇居民物质消费的一般趋势

一 城镇居民消费水平经历了一个由缓慢增长、迅速提高到增幅减缓的过程

消费水平是指人口平均消费的生活资料和劳务的数量与质量，它是反映人们消费状况和消费需要满足程度的指标。一般说来，在积累与消费的比例关系一定时，居民消费水平随着人均国民收入的增长而提高。中国城镇居民消费水平在总体上是随着国民经济的发展不断提高的，但是受积累与消费关系的影响，不同时期居民消费水平提高的速度并不一定与国民经济的发展速度相一致，中国城镇居民的消费水平经历了一个由缓慢增长、迅速提高到增幅减缓的过程，呈现出马鞍形的基本态势。

第一阶段，城镇居民消费水平的停滞和缓慢增长时期（1957～1978 年）。党的十一届三中全会以前，中国居民消费水平增长不快的一个重要原因，就是国家没能正确处理好积累与消费的比例关系，忽视在生产发展的同时相应地提高人民生活水平。"一五"时期积累率为 24.2%，消费率为 75.8%，较好地兼顾了两者关系，两者的增长速度也较相适应。从"二五"时期开始到 1978 年，受发展战略的影响，积累率过高，使人民消费水平的提高未能与生

产的增长、国民收入的增长相适应。"二五"时期积累率为30.8%,"三五"时期积累率为26.3%,"四五"时期积累率为33%,1976~1978年积累率为33.5%,有的年份甚至超过35%,如1959年积累率达43.8%,1978年积累率达36%。在国民收入中,积累率过高,必然挤压消费,侵蚀消费基金的正常增长,造成人民群众生活水平的提高速度长期落后于国民收入的增长速度。"二五"期间,由于受"大跃进"和"人民公社化"运动的影响,加上三年困难时期的影响,人民群众的消费水平降至谷底,甚至出现负增长,其中城镇居民生活水平下降更为明显;1963~1965年全国居民消费水平虽然上升很快,但很大程度上带有恢复的性质,即使这样居民消费水平提高的幅度仍然远远小于国民收入的增长幅度;"三五"期间居民消费水平的增长幅度又出现大的回落,国民收入的增长幅度是全国居民、城镇居民消费水平增长幅度的4倍;"四五"期间,国民收入的增长幅度高出全国居民消费水平3.3个百分点,高出农村居民4.2个百分点;"五五"期间,"文化大革命"接近尾声,国民经济恢复正常,人民群众的消费水平较前期提高较快,但仍低于国民收入的增长幅度。长期以来,发展战略的影响造成积累与消费比例关系严重失调,居民消费水平的增长速度长期落后于国民收入的增长速度,人民群众的生活水平并没有随生产的发展而得到应有的提高。虽然城镇居民的消费水平增长速度高于全国居民消费水平的平均增长速度,并不表明城镇居民生活水平有多大的提高,这只能说明在较低的发展水平上城镇居民在蛋糕的分配上分得了更大的一份。事实上,城镇居民生活水平提高的速度与农村居民一样落后于经济发展的进程,其生活水平也十分拮据。

第二阶段,城镇居民消费水平快速增长时期(1979~1992年)。改革开放后,中国调整了经济发展思路,把居民生活水平的提高作为经济发展的主要目标,在国民经济的重大比例关系上,适当压低或控制了积累率,提高了消费率。"六五"期间,投资率降至31.3%,虽然1985~1989年投资率有所上升,一度达到36%~37%,但1990年、1991年又迅速回降到34%,1978~1992年投资率平均为32.86%,消费率为67.14%。正是严格控制了投资率的上涨幅度,使这一阶段广大居民的消费水平上升很快。按可比价格计算,1978~1992年国内生产总值的增长率为7.86%,城镇居民人均可支配收入的增长率为6.22%,其消费水平的增长率为6.76%,城镇居民收入水平和消费水平的增长幅度与国民收入的增长幅度保持一致。而且城镇居民消费水平的增长幅度略高于收入水平的增长幅度,城镇居民消费水平的提高呈加速增长态势。生产与消费保持着这种良性互动的关系,推动了国民经济的飞速发展和居民生活水平极大提高。城镇居民恩格尔系数从1978年的57.56%降到1992年的52.85%,完成了由绝对贫困阶段向温饱阶段的过渡。

这一阶段城镇居民消费水平快速增长的主要原因，一是城镇居民收入大幅度增长。国家调整了工资政策，普遍调高了城镇职工的工资标准，改变了过去工资长期偏低的局面，下放了奖金、福利发放权限，在一定程度上打破了平均主义的工资制度；收入来源多元化，使居民工资以外的收入，如信息费、咨询费、返聘费、兼职费等大量增加。由于个人收入增长很快，个人收入在国内生产总值中的比重迅速上升。1978~1990年，在国内生产总值的分配中，国家收入的比重下降了17.1个百分点，相应的，集体收入的比重上升了3.6个百分点，个人收入的比重上升了13.5个百分点（中华人民共和国国家统计局，1998）。二是社会改革步伐缓慢。城镇居民在医疗、教育、住房等方面依然享受着很多的福利待遇，生活中大的消费开支几乎没有。不断增加的个人收入和依然牢不可破的社会保障制度，使居民对未来的预期非常乐观，城镇居民把增加的收入纷纷涌向消费市场。不论是高收入户，还是低收入户，购买电视、冰箱、洗衣机等高档耐用品成为这一时期城镇居民消费的一大亮点。受耐用品消费的拉动，城镇居民消费水平出现大幅度增长。

第三阶段，城镇居民消费水平增幅减缓时期（1993~2011年）。十四大之后，投资过热的现象进一步显现，投资率再度上升，1992年为36.2%，1993年为43.3%，1994年为41.2%，1995年为40.8%，1996~2002年在38%左右徘徊，2003年再度攀升到41%，2004年为43.2%，2011年为48.3%，达到改革开放以来最高值，投资率一直在高位运行，居高不下，1993~2011年投资率平均为43.2%，高出1978~1992年10个百分点。与此相反，消费率从1993年的59.3%下降到2011年的49.1%，下降10个百分点以上；1993~2011年平均消费率为58.72%，较1978~1992年下降8.42个百分点。这一时期，国民经济的发展速度与前期相比进一步加快，1993年人均国内生产总值为2998元，到2011年增长到35 181元，按不变价格计算，年均增长率为9.3%，而同期城镇居民消费水平年增长率仅为6.2%，城镇居民消费水平的增长速度远远落后于国民经济的发展速度，而且随着国民经济增长幅度的逐渐减弱，居民消费水平较前期相比增幅趋缓，出现减速之势。虽然这一时期城镇居民人均可支配收入年均增长率为8.2%，收入增长幅度与国民经济的发展速度基本一致，但居民消费水平的上升却明显低于居民可支配收入和国民收入的增长幅度，在居民可支配收入与消费水平之间出现了明显的消费能力剩余，说明城镇居民的消费倾向不断降低，储蓄倾向明显增强。出现这种情况的主要原因是改革政策使然。十四大之后，国家加大了对医疗、教育和住房方面的改革力度，城镇居民以前所享受的各种福利逐渐云消雾散，新的社会保障体系尚未健全，加之中国正处于产业结构调整时期，失业、下岗处于高峰期，居民的预期收入很不稳定，占绝大多数的普通居民在住房、医疗、教育、失业与养老方面负担过重，形成巨大的心理压力。面对风险和困难,居民的第一反应就是尽量降低消费,增加储蓄,导致居民即期消费受到抑制。长期过多地抑制消费,使城镇居民的消费水平出现增幅减缓的趋势,与前期消费水平加速上升的势头形成反差,出现由上升到下降的马鞍形发展态势。

二 城镇居民消费结构经历了由重物质消费向物质消费和劳务消费并重的变化过程

在日常生活中,人们每天除了消费大量有形的物质产品外,还要消费很多无形的劳务产品,劳务消费成为人们生活消费的重要组成部分。过去人们生活水平低,生活消费以物质消费为主,劳务消费偏低。物质消费档次低,处于追求量的满足阶段。食物以粮食和蔬菜为主,有时粮食需求也得不到满足;衣着追求蔽体取暖,用品限于日常生活用品。人们用于文化教育、医疗保健上的支出微乎其微,其他劳务消费几乎没有。在居民消费结构中,恩格尔系数很高,吃、穿两项开支占生活消费支出的70%~80%,人们生活处于绝对贫困状态。造成城乡居民劳务消费一直偏低的原因有三个。第一,生产力发展水平低。第三产业的出现和发展是物质生产发展的产物。在物质生产没有大发展之前,第三产业和劳务不可能有大的发展。我国居民千百年来过的是自给自足的自然经济的生活,对于第三产业和劳务消费需求不大。直到1978年商品性消费仅占农民生活消费支出的1/3左右,即占全国人口总数80%的几亿农民基本上还生活在自给自足的自然经济状态中。城镇居民在住房、医疗、教育等方面过着供给制、半供给制的大锅饭生活。这些都阻碍了第三产业和劳务的发展。第二,人民生活水平低。只有物质产品基本上满足了生活的需要后,人们才会逐渐增加对各种劳务的需求;只有居民的货币收入用于基本消费品的购买之后有了剩余,才可能再用于各项劳务的支付。这样的消费程序决定了第三产业和劳务只能随着人民生活水平的提高而发展。当肚子还没有吃饱,衣服还没有穿暖,基本生活用品还不齐全的时候,不可能对劳务提出什么需求。改革开放前,国家的主要力量首先用于解决人民的温饱问题,不是以更多的力量解决劳务问题,这符合人们的消费程序。居民劳务消费水平偏低,既是生产水平不高的表现,又是生产水平不高的结果。第三,轻视服务业发展。过去我们把劳务生产部门看成是非生产部门,不创造价值,认为劳务产品没有价值,不是商品,否认劳务和劳务消费的商品化、市场化。在社会主义改造过程中,不少私营的服务企业,不是被关闭了,就是被合并或转业。在"文化大革命"时期,甚至把服务行业视为"自发势力"和"修正主义的土壤",把享受服务说成是老爷作风,第三产业备受摧残(杨圣明,1986)。

改革开放后，中国掀起了改革开放的浪潮，国民经济迅速发展，人民收入水平普遍提高，温饱问题得到解决，我国居民生活水平整体步入小康阶段。人们在物质消费得到一定程度的满足之后，劳务消费不断增多，居民生活由生存型向享受型、发展型转变，由以物质消费为主转向物质消费和劳务消费并重的阶段。主要表现在以下几个方面。

一是物质消费比重趋于下降，但档次升级。一般说来，一国经济发展水平越低，居民对物质产品的需求量就越多，物质消费所占的比重就越大。由于受生理限制，人们对物质需求，特别是对吃、穿、用方面的需求总是有一定的限度。所以，随着人们生活水平的提高，在整个消费结构中，人们用于物质消费的比重总体上呈下降趋势。但在具体的物质消费结构中，城乡居民对低层次的物质消费不断下降，对高层次的物质消费继续上升或趋于稳定，物质消费从数量型向质量型转变。这是我国居民物质消费过程中所呈现出来的一条比较明显的规律。在食品消费方面，由低层次的食品向高层次食品转移。城乡居民食品消费摆脱了过去粗放型消费模式，向质量型方向发展。粗纤维、低营养的食品消费减少，高营养、高蛋白、健康型食品消费增多，食品消费的质量和档次大幅度提高。城乡居民对粮食、鲜菜、酒的消费量明显下降，对植物油、猪牛羊肉、鲜蛋等油脂类、高胆固醇类食品消费量增长有限，但是对奶类、家禽、水产品等营养丰富的食品消费量剧增。在耐用品消费方面，由传统日常使用类耐用消费品向享受类、发展类耐用消费品转移。20世纪五六十年代人们的收入水平偏低，用品消费仅限于必不可少的日用必需品，耐用品消费微乎其微；七八十年代城乡居民用品消费进入一个新的发展时期，日用品消费趋于饱和，以购买"老四件"（收音机、缝纫机、自行车、手表）和"新六件"（电视机、洗衣机、收录机、电冰箱、照相机、电风扇）为内容的耐用消费品支出激增；进入90年代，在城镇居民对电视、冰箱、彩电、洗衣机等传统耐用消费品消费出现饱和，以及农村居民对这些耐用品刚刚兴起之时，伴随着科学技术的发展，微波炉、空调、沐浴热水器、抽油烟机等新一代享受类耐用消费品在城乡居民中也得以兴起。进入21世纪以来，耐用消费品出现向发展类耐用消费品转移的趋势，以满足人们精神需要为目的的文化、娱乐、健身类耐用消费品的拥有量迅猛增长，家庭电脑、移动电话在城乡居民家庭中基本普及开来，家庭轿车走进人们的日常生活。人们在基本解决吃、穿问题之后，住的问题变得更为突出。随着城镇住房制度改革和城乡居民收入增加，人们购买、修建住房，改善居住条件方面的积极性大大增强。对于住房，人们已经不再满足于遮风避雨的生存需要，而是把它作为享受资料和发展资料。随着居住支出的增长，城乡居民居住面积不断扩大，居住设施日益完善，室内装饰进一步美化，居住环境不断优化，居住水平获得了前所未有的提高。

二是劳务消费大幅度增长。十一届三中全会后，随着社会经济的发展和人们生活水平的提高，广大群众在物质消费得到一定程度的满足之后，劳务消费开始从无到有、从少到多地发展起来；加之中国在医疗、教育方面改革措施的逐步深入和国家鼓励发展第三产业的经济政策的实施，为人们进行劳务消费提供了良好的外部条件。人民群众进行劳务消费的积极性、主动性增强，在城乡居民的消费结构中，物质消费所占比重迅速下降，劳务消费所占比重迅速上升。就城镇居民来说，医疗保健支出从1981年的2.76元上升到2011年的968.98元，交通通信支出从6.6元上升到2149.69元，文化教育娱乐支出从38.52元上升到1851.74元，三大支出项目比重从10.48%上升到32.78%，上升22个百分点，而物质消费比重从85.32%下降到67.22%，下降18个百分点。在三大劳务支出项目中，交通通信上升最快，成为仅次于食品消费的第二大支出项目；文化教育娱乐支出成为第三大支出项目；医疗保健上升速度仅次于交通通信，所占消费比重从0.60%上升到6.39%，上升5.8个百分点。就农村居民来说，医疗保健支出从1981年的4.2元上升到2011年的436.75元，交通通信支出从0.6元上升到547.03元，文化教育娱乐支出从10.1元上升到396.36元，三大支出项目比重从7.81%上升到26.5%，而物质消费比重从92.19%下降到73.5%。这说明在物质消费日益得到满足的今天，劳务消费越来越受到人们的重视，特别是文化教育娱乐方面的精神消费在人们的生活世界里发挥着越来越重要的作用。知识经济的到来，社会竞争的激烈，使人们对文化知识的渴望愈加强烈，更加注重自身文化修养、专业技能的提高。人们懂得拥有知识就等于拥有财富，只有拥有知识，才能拥有更高品质的生活。从重视对子女教育到自己不断接受继续教育，人们不断地把资金投入到文化教育上，导致城镇居民教育消费强劲增长。文化教育消费的大幅度提高，所带来的不仅是人们精神生活的丰富、自身素质的提高，而且成为一国经济发展、社会进步的强大精神动力。美国社会学家英格尔斯在对6个发展中国家进行了比较调查后得出结论："一个国家，只有当它的人民是现代人，它的国民从心理和行为上都转变为现代人，它的现代政治、经济和文化管理中的工作人员都获得了某种与现代化发展相适应的现代性，这样的国家才可真正称之为现代化的国家，否则，高速稳定的经济发展和有效的管理，都不会得以实现。即使经济已经开始起飞，也不会持续增长"。（英格尔斯，1988）正是不断提高的国民素质成为推动中国经济腾飞的助推器，保证了改革开放以来中国经济长达30多年的飞速发展。

但是应当看到，我国居民劳务消费的迅速上升，带有很大的强制性因素。原有的社会保障制度打破了，新的社会保障体系尚未完善起来，本来应由国家所承受的社会负担转移到普通居民的肩上，造成人们在医疗、教育支出负担过重，支出比例超过西方主要发达国家。中国还是一个发展中国家，受经济发展水平的影响，劳务消费水平的提高需要一个漫长的过程，劳务消费的过度增长必然导致物质消费水平的下降，影响人们生活水平的整体提高。今后随着中国社会保障体系的日益完善，城乡居民劳务消费将回归到一个正常的水平上。

三 城镇居民消费方式经历了由繁琐不便向简单快捷的变化过程

改革开放前，由于我国经济发展水平落后，人们收入水平普遍偏低，人们生活消费的重心放在物质消费的满足上，家务劳动多以自我服务为主；人们进行日常消费限于一手交钱一手交货的传统交易方式，交易成本较高，交易效率较低；人们生活在一个交通落后、信息不灵的社会里，在固定的区域内过着简单而重复的生活。改革开放后，第三产业的发展，生活节奏的加快，以金钱换服务，以金钱换时间的消费观念逐渐被人们接受，家务劳动社会化成为社会发展的必然趋势；电子信息技术的发展使市场交易的环节大大简化，极大促进了商品交换的规模和速度；公共交通设施和交通工具的改善和提高，以及大量私人交通工具的增长，使人们出行的效率大大提高，人们之间联系更加方便，人与人之间的距离缩短了；互联网通信技术的进步使人们获取信息的渠道发生根本改变，人们每天都能够随时随地接触到潮水般的信息，使人们沟通便捷了，心与心之间的距离贴近了。具体体现在以下几个方面。

（一）家务劳动社会化

改革开放以前，我国居民生活水平普遍较低，物质消费在整个消费结构中占很大比重，服务性消费需求很低。改革开放以后，随着生活水平的提高，人们已不仅仅满足于吃饱穿暖，而是要生活得舒适、方便、安全，逐渐对一些与日常生活密切相关的服务性工作有很大的需求。在市场经济的运行机制下，各种以提供服务为生的专业服务公司和服务人员应运产生，使原来只能靠家庭自给自足的家务劳动逐渐转向社会，家庭部分功能转化为社会功能。供求双方按照等价交换的原则，专业公司和人员提供服务，居民支付报酬，满足了居民对卫生、安全、修缮、绿化、家政等多方面的服务性需求，以金钱换服务，减轻了劳动负担，节省了劳动时间。家务劳动社会化主要包括以下几个方面。一是原来由家庭生产的物质消费品由社会生产提供，人们只需要购买成品或半成品即可用于家庭消费。比如，饮食方面，人们既可以购买各种成品、半成品，如面条、馒头、净菜、熟食等，回家稍作加工即可食用，或者干脆在外就餐。在人们看来，买好各种食品材料，自己加工，费时费力，也省不了多少，做出来的饭菜没有规模化、专业化的餐饮机构做出来的饭菜好吃、便宜，因此，越来越多的居民选择外出就餐。二是家电维修服务。随着电子信息技术广泛应用于人们的生活领域，一些现代化的家用电器，如电脑、数字电视、数码相机、热水器、微波炉等纷纷进入居民家庭。受专业知识的局限，只会用、不会修的居民占绝大多数，家用电器维修就需要专业的维修服务人员提供服务。如今一个电话，很快就会有隶属于不同专业服务机构的维修人员提供上门服务。三是家政服务。随着生活节奏的加快，社会流动性的增强，使传统祖孙三代居家过日子的生活方式一去不复返了。过去家庭成员之间形成合理的分工协作，老人照看孩子，操持家务，子女从事生产劳动，三代同堂，其乐融融。现在不同了，子女远离父母在外打拼，传统家庭分工协作关系被打破，造成孩子无人带、老人无人伺候、家务劳动无人做的状况，好在第三产业的发展填补了这个缺失，使原来家庭的部分功能转移给社会，使当前以提供专业服务的家庭保姆、家庭保洁员、家庭厨师、家庭教师等人员生意十分火爆。四是社区公共服务。现在居民小区的公共服务由居民委员会选聘的物业公司向小区居民提供诸如环卫、保安、修缮、绿化等服务，遵循谁受益谁付费的原则，由物业公司向小区居民收取物业费，用于与物业管理相关的各项开支。家务劳动社会化推动了居民家庭服务性支出显著增长。以上海城市居民为例，1992年上海城市居民人均年服务性消费支出为365元，以后逐年缓慢上升，至1996年突破千元，达到1205元，到2011年一跃升至7721元。2011年上海市城市居民人均服务性消费支出比1992年增长了20倍。上海市城市居民服务性消费支出的增速明显快于消费总支出的增速，服务性消费支出占消费总支出的比重由1992年的14.5%上升到2011年的30.8%，提高了16.3个百分点（上海市统计局，2012）。

（二）购物简单化

购物简单化表现在以下几个方面。其一，商业网点星罗密布。与传统住宅小区不同，现在一个小区就是一个功能完备的生活小区。不少小区发展社区经营性服务，以经营粮油、副食品、小百货等生活日用品为主的综合超市、便利店、快餐店、理发店、卫生所、幼儿园等各项便民服务网点应有尽有。小区居民不出小区就能够买到称心如意的商品，并享受到热情周到的服务。走出小区，规模不一的超市、饭店、药店等鳞次栉比，沿街摆开，让人随时随地都能够享受到购物的乐趣。其二，网络购物快速便捷。传统的商品交换使买卖双方处于信息不对称状态，消费者需要商品但不知道到哪里购买到自己称心如意的商品，商家持有商品但又不知道哪位消费者急需商品。商家是一个焦急的等待者，消费者是一个辛苦的寻找者，二者要经过一个艰难的搜寻过程，最终在现实的市场上见面。电子信息技术的发展使网上购物变成了现实，消费者需要什么，轻松上网，就可以选购自己喜欢的商品，静坐家中就会有专人送货上门。网络购物节省了人们购物搜寻的成本，简化了交易环节，缩短了交易时间，降低了交易费用，受到人们的欢迎。如今，通过网上购物、订票、预定客房的人越来越多，人们不再像过去那样辛苦地在市场上寻找，排着长长的队伍忍受漫长的等待。2008年，一项由《中国图书商报》推出的书业人士阅读调查显示，在选择"从实体书店购买"图书的410位书业人士当中，有183位同时选择了"从网上书店购买"，另有92位单独选择了"从网上书店购买"。在调查人数中，选择单独从实体书店购买、兼顾实体书店和网上书店购买、单独从网上购买的比例分别为45.22%、36.45%和18.33%，选择从网上购书的比例已经过半，达到了54.78%（蓝有林，2008）。其三，刷卡消费渐成潮流。如今，交易的便捷可以说融入到人们的生活，持卡消费成为现代生活的标志之一。各种带有支付功能的信用卡、借记卡等，使人们几乎不用现金，一卡在手，便购物无忧。根据中国银行业协会发布的《中国信用卡产业发展蓝皮书（2010）》统计显示，2003年全国信用卡发卡量仅有300万张，2010年达到2.3亿张，相当于2003年的77倍，信用卡消费额在社会消费品零售总额中占比达到32%。为了进一步方便群众消费，一些地方尝试发行在一定地域范围内可以持卡消费的区域卡。目前，山东已经在全省推行了一卡通业务，山东一卡通成为可以在山东省范围内跨行业、跨系统、跨城市使用的便民支付卡。消费者持卡可以进行购物、乘车、加油、停车、旅游、餐饮、公用事业缴费等，涵盖了衣、食、住、行等各个领域，真正实现了"一卡通山东"。据统计，山东一卡通已覆盖全省16个地市（青岛除外），累计发卡量突破200万张。

（三）生活信息化

过去人们获取信息的途径是广播、电视、报刊等传统媒介，人们是信息的被动接受者，无法选择了解自己需要的信息，而且限于经济条件、政治地位的不同，也只是那些生活水平或者政治地位较高的少部分人首先获得这些信息，然后通过口头传播，以点带面，才成为大众信息。从信息的内容来讲，大多是时政要闻、经济信息、军事外交等，与普通人生活相离太远；从信息的时效性来讲，等到报纸杂志通过邮递员送到读者手里的时候，新闻也就成了旧闻，即使是广播、电视新闻，几乎很少有现场报道，一般都是提前采访、录制、编辑、审批后才通过广播电视进行传播。因此，传统媒体具有传播范围小、传播速度慢、内容单一、时效性不强的弊端。20世纪90年代以来，电子信息技术的发展，特别是互联网技术的进步，家用电脑这种新的办公学习用具以惊人的速度走进人们的生活。据统计，2011年我国城镇居民家用电脑普及率为81.88%，农村居民为18%。截至2012年12月底，我国网民规模达5.64亿，互联网普及率为42.1%，我国网民规模、宽带网民数、国家顶级域名注册量三项指标稳居世界第一。互联网技术改变了传统信息传播手段，使信息传播呈现出多渠道、立体式、即时性的特征，人们每天都会接触到海量般信息。互联网每时每刻都在更新来自世界各地最新信息。只要打开电脑，来自世界各地的各种信息如潮水般扑面而来，真正是人在家中坐，便晓天下事。人们不再是信息的被动接受者，可以根据自己的偏好，主动搜索、了解自己感兴趣的信息，如政治、军事、外交、体育、财经、生活、健康等，包罗万象，应有尽有。人们可以跟帖留言，对关注的信息做出自己的评价。在这个互联网飞速发展的时代，也许你一不小心就会成为新闻的主角。互联网技术也改变了人们信息交流的方式，需要与亲人朋友进行联络，不必再去提笔写信。人们既可以发电子邮件，也可以通过QQ进行视频聊天，交流双方都可以清楚看到对方的音容笑貌、一举一动。互联网与移动通信的嫁接，克服了家用电脑不便携带的缺点，使手机的功能不再停留在接打电话、收发短信上，手机成了一个移动的微型电脑，人们随时随地可以上网浏览信息，收看电视，进行QQ聊天等。手机成为人们生活中形影不离的通信工具。2011年我国农村居民移动电话拥有量为179.74部，城镇居民达到205.25部。人们获取信息的便捷性和联络方式的多样性克服了不同地区人们的时空障碍，加快了信息的交流和传递，拉近了人与人之间的距离，使人们融入到整个社会的发展大潮中。

(四) 出行便捷化

近年来，我国交通设施建设飞速发展，使人们出行更加方便。从长距离出行来看，人们可以选择乘坐火车、汽车、飞机。我国铁路建设发展迅猛，列车速度越来越快。1997年以来，我国火车先后进行了6次大提速，从第一次大提速主要干线最高时速140千米到2007年第6次大提速主要干线最高时速200千米，中国铁路开启"追风时代"。随后各地部分城际之间高速铁路相继开通，火车时速更是高达350千米，使城市之间的距离越拉越近。2009年4月合武高铁开通，使武汉至合肥只需1小时55分，武汉至南京只需2小时50分，武汉至上海只需4小时45分；2009年12月武广高铁开通，使武汉到广州只需3小时16分，广州至长沙只需2小时2分，长沙至武汉只需1小时11分；2010年10月沪杭高铁开通，最高时速达400千米，再次刷新世界纪录，杭州至上海只需45分钟。我国公路建设成绩斐然，公路基础设施落后状况得到根本改变。截至2011年，我国公路里程由1990年的102.83万千米增至410.64万千米，其中高速公路由1990年的0.05万千米增至8.49万千米。我国"五纵七横"12条国道主干线初步形成，构筑了中国区域间和省际横连东西、纵贯南北、连接首都的国家公路骨架网络。民航事业进步很快，截至2011年我国民用航班飞机场达到178个，民用航空航线条数达到2290条，民用航空航线里程达到3 490 571千米。从短距离出行来看，我国居民可供选择的交通方式，主要有地铁、公交车、出租车。2011 年，全国已有北京、上海、广州、深圳、南京、天津、重庆、武汉、长春、大连、成都、沈阳、西安等 13 个城市的轨道交通投入运营，线路总里程约为 1699 千米，我国轨道交通的总里程已超过美国（地铁总里程只有 1100 多千米）。我国城市公共交通车辆运营数量从 1990 年的 6.2 万辆增长到 2011 年的 41.26 万辆，增长 5.7 倍；城市每万人拥有公交车辆从 1990 年的 2.2 台增加到 2011 年的 11.8 台，增加了 4.4 倍；全国城市出租车数量从 1990 年的 11.1 万辆增长到 2011 年的 100.23 万辆，增加了 8 倍。不少城市公交线路从城区延伸到农村，构成"城—镇—村"三级客运网络，实现城乡客运一体化。除了公共交通，私人交通发展也十分迅速。交通设施的改善和汽车产业的发展，性能更强、款式新颖的家用汽车不断推陈出新，进一步刺激了居民的购车欲望，私人交通工具从自行车、三轮车、摩托车等传统代步工具向家庭小汽车转变。我国民用汽车拥有量从 2001 年的 1802.04 万辆增长到 2011 年的 9356.32 万辆，以平均每年 18% 的速度增长，私人汽车拥有量从 2001 年的 770.78 万辆增长到 7326.79 万辆，以平均每年 25% 的速度增长（中华人民共和国国家统计局，2012）。公共交通和私人交通设施及其工具的不断发展、进步让人们的出行变得越来越方便快捷。

四 城镇居民消费观念经历了由保守向开放的变化过程

消费观念作为对经济状况的反映，在不同的历史时期有着不同的内涵。在生产力水平低下、商品可供量较少、经济和市场环境相对简单的条件下，人们的消费欲望受到严重压抑。人们最关心的首先是解决温饱问题，进而形成了勤俭节约的消费观念。无论是在传统的自然经济时代，还是在高积累、低消费的计划经济时代，崇尚节俭成为整个社会主流消费观念，甚至上升到一种道德规范。生活简朴、勤俭持家成为普通百姓尊崇的生活美德。经过 30 多年的改革开放，中国经济实力大大增强，生产能力大大提高，工农业产品的数量与品种不断增加，商品市场从卖方市场转入到买方市场，消费者选择商品的余地增大，城乡居民的消费结构、消费水平发生了巨大的变化，人们的消费习惯和消费观念也在悄悄发生着改变。

（一）由追求商品的使用价值到追求商品的附加价值

传统的消费观念以实用为核心，以耐用为尺度，立足于生存需要，只看重商品的使用功能和内在质量。如今，人们购买商品时，除强调商品的使用价值外，还注重商品的附加价值，注重个人的情感满足和审美享受。人们花钱不光是要买商品、买服务，还希望买到"品位"、买到"荣耀"，得到物质上和心理上的双重满足，这表明人们的消费过程已经由原来单纯的物质消耗演变为物质享受和精神愉悦的融合。精明的商家善于抓住消费者的心理变化，以商品的名称、形状、颜色和外包装"传情"，取得良好的销售效果。例如，改变电脑机箱千台一面的长方形、黑颜色的传统形状，设计出形状各异、色彩多样的外观，增加了消费者选择的余地；把钟表制成或古朴或稚拙或现代的不同造型，让人们在看时间的同时获得艺术上的享受；给商品设计出亮丽的包装，让人们赏心悦目，爱不释手；为商品取个喜庆的名字，如"水晶之恋"（果冻）、"爱妻号"（洗衣机）等，为消费者购买商品，传达情感提供良好的机会。聪明的商家不但照顾到广大消费者情感需求的消费心理，而且还针对当前人们彰显自我、张扬个性的消费需求，把消费者所购买的商品同他们的理想、职业、爱好、时尚追求、性格特征，甚至所崇拜的明星、名人等联系在一起，为不同消费者量身定制个性化产品，如首饰定制、发型设计、婚纱摄影、庆典录像、房屋装修等都充分显示着消费者的个性和品位。人们的认识不再局限于产品最基本、最原始的实用功能，而是享受产品的"文化色彩"和"情感色彩"，体现自己独特的修养、情操，感受商品的附加价值带来的情感满足和审美享受。由讲究经济实用的消费观念转变为求审美、求个性的消费观念这一事实已表明，城镇居民正由满足基本生活需要的生存型消费向享受型消费转化。

（二）品牌化趋势十分明显，象征消费初露端倪

过去人们生活水平低，购买商品往往以物质满足为主要目的，以是否实用为评价标准，着眼于物美价廉、经久耐用，在购买过程中着重考虑的是商品的质量、功能、价格等，至于产品是什么牌子，哪个厂家生产的，往往很少考虑。加上生产处于一种短缺状态，企业生产能力都很有限，而消费需求又很大，形成了供不应求的卖方市场，企业生产的商品是"皇帝的女儿不愁嫁"，企业无暇顾及消费者的要求和感受。消费者也没有选择的余地，能够买到商品就是很大的满足了。进入20世纪80年代，生产状况稍微有所改善，但由于中国各地基本上建立的都是大而全、小而全的工业体系，各地生产企业各自为战，四面开花，各种性能相同、产地不同的产品纷纷涌向市场。但整个市场在总体上仍然处于短缺状态，消费者选择商品的权利仍然有限，消费者品牌意识还没有树立，也无法确立。而且处于诸侯征战、万马奔腾的市场环境下，也没有形成某种品牌商品一统天下的局面，同种商品商标各异，产地众多。例如，电视机，北京有"牡丹"、南京有"熊猫"、天津有"北京"、上海有"飞跃"、"凯歌"，浙江有"西湖"、安徽有"黄山"；洗衣机，北京有"白菊"、武汉有"荷花"、上海有"水仙"、山西有"海棠"、江苏有"小天鹅"、安徽有"荣事达"、广东有"威

力"、"金羚"，电冰箱、空调也有类似情况出现。进入90年代中期以来，经过市场经济的大浪淘沙，一些行业开始出现全国性霸主品牌。加上全国商品市场走向统一，地区市场分割，地方商品保护的局面基本结束，为霸主品牌畅销全国扫平了道路。同时市场经济赋予厂商的公平进出生产行业的自由，又催生了一批又一批新的企业加入进来，出现与大厂家、大品牌一决高低的竞争局面。新产品、新品牌的大量涌现令消费者眼花缭乱，无所适从。一般消费者不可能也没必要去透彻了解产品的质量好坏，品牌为人们提供了选择商品的理由。选择品牌，就等于选择质量。随着商品质量安全问题的频频曝光，更加坚定了消费者选购品牌商品的决心。一般消费者购买商品时首先想到的就是选择名牌。2009年8月，一项关于全国重点大商场主要大家电品牌市场占有状况统计结果显示，液晶电视、181~210升电冰箱、全自动洗衣机、分体式空调的前10位品牌电器的市场占有率分别为93.36%、88.08%、95.10%和82.66%，其中海信、创维、TCL、康佳四家品牌占据整个彩电市场的55.65%以上，海尔、小天鹅、松下占据整个全自动洗衣机市场的62.67%，格力、美的、海尔占据分体式空调市场的52.74%，其中海尔电器占据181~121升电冰箱市场的19.54%，占全自动洗衣机市场的35.19%，稳居第一，我国居民商品消费品牌化趋势十分明显（表6-1）。

表6-1 2009年8月全国重点大商场主要大家电品牌市场占有状况 （单位：%）

液晶电视		181~210升电冰箱		全自动洗衣机		分体式空调	
海信	16.74	海尔	19.54	海尔	35.19	格力	19.81
创维	16.53	西门子	12.84	小天鹅	15.02	美的	17.84
TCL	11.83	美菱	12.41	松下	12.46	海尔	15.09
康佳	10.55	容声	11.15	三洋	9.35	志高	7.29
长虹	8.01	美的	8.84	荣事达	7.84	奥克斯	4.37
三星	6.88	新飞	8.38	惠而浦	5.32	科龙	4.23
夏普	6.55	海信	7.81	LG	2.94	海信	3.73
海尔	6.42	LG	3.05	美的	2.91	三菱电机	3.57
LG	5.39	星星	2.23	三星	2.77	春兰	3.39
索尼	4.46	松下	1.83	金羚	1.3	松下	3.34
其他	6.64	其他	11.92	其他	4.9	其他	17.34

数据来源：该数据是中怡康时代市场研究有限公司对全国561个市（县）5 129家门店的销售检测结果，见《家电科技》，2009年第21期，第26~27页

一个值得注意的现象是，在城乡居民中象征消费已经初露端倪。不少消费者购买品牌商品不只是出于质量可靠的考虑，越来越多的消费者正从理性消费向感性消费转变，在消费过程中除满足物质需要外，更加注重商品所具有的象征意义。消费者通过所消费商品的种类、档次来表达自己的身份、地位、倾向、态度、信念、荣耀、情调、个性等，消费具有了社会表现功能，成为表达某种意义的符号和象征。比如，在汽车市场上，富豪强调"耐久安全"，马自达自称

"可靠",可满足人们对安全的需要;宝马宣扬"驾驶的乐趣",奔驰则用"世界元首使用最多的车"显示自己象征着"高贵、王者、显赫、至尊",以满足消费者自我实现的需要。2011年每百户城镇居民家庭家用汽车拥有量为18.58辆,拥有汽车的家庭可谓是凤毛麟角,汽车消费无疑是一种炫耀性消费,是一种代表身份、地位和事业成功的标志。

(三)攒钱消费成为过去,信贷消费备受推崇

由于生产力水平低下,生产能力不足,中国自古以来就有"黜奢崇俭"的消费观。新中国成立后,计划经济体制所造成的生活资料匮乏进一步强化了人们"黜奢崇俭"的消费观。量入为出、计划消费是当时人们推崇的持家之道,节衣缩食、"攒够钱过日子"变成了人们自觉的消费习惯。改革开放后,随着中国经济的稳步发展和人们收入水平的提高,人们那种过分保守、谨慎的消费观念发生了重大变化。"先攒钱后消费"的传统观念逐步向"先消费后赚钱"或"边消费边赚钱"的观念转变。消费信贷,这种超前消费方式正在被越来越多的中国人所接受。消费信贷增强了人们的购买能力,加快了人们改善生活条件的步伐。近年来,我国消费信贷业务发展迅速,全国消费信贷规模从1997年的172亿元发展到2008年年末的37 000亿元,增加了200多倍。信用卡已经成为国内最为普遍的支付和消费信贷工具。到2008年年末,全国发行信用卡1.42亿张,消费金额1.1万亿元,在社会消费品零售总额中占14.8%(马红雨,2009)。在经济发展水平较高的城市,人均借贷收入呈上升势头。以上海市居民为例,1980年人均借贷收入为78元,到2003年增长到5760元,增加了72.85倍,扣除物价因素增加了13倍,年均实际增长率为12.27%(上海市统计局,2004)。2002年7月上海市统计局城调队对500户上海城市居民家庭的抽样调查显示,该年上半年上海家庭人均支出为7591元,而同期人均可支配收入则为6870元,收支相抵,"财务缺口"为721元(黄庭钧,2002)。另据中国人民银行武汉分行营管部数据显示,2009年2月,武汉市个人消费贷款余额为692亿元。若以全市800万常住人口计算,武汉人均借款8650元。2008年武汉市人均可支配收入为17 000元。依此测算,武汉人均负债率为51%(王丹妮和戴红兵,2009)。"财务缺口"的出现和人均负债率的提高,显示出广大城镇居民信贷消费观念日渐普遍。消费信贷使消费者的未来收入转化为现期收入,极大地增强了人们的消费能力,缓解了消费者有限的购买能力与不断提高的生活需求之间的矛盾,满足了人们消费升级的愿望,从而鼓励人们去努力工作创造财富。今后随着中国基础建设、信贷服务、产品宣传、知识普及的不断完善和推广,将会有更多的消费者青睐这一消费方式,城乡居民消费的档次和水平将会有更大的提高。

（四）绿色消费悄然兴起，健康意识不断增强

过去囿于农业社会生产的落后，人们对工业社会充满憧憬，认为凡是工业化的产物都代表着先进、健康。人们向往着那种生活方式，在生活中亦步亦趋地模仿着这种生活方式，片面地认为面粉、馒头越白越好，一身棉布制服成为家庭贫穷落后的标志，的确良、的卡等化纤制品成为争相购买的对象。随着中国工业化进程的加快，各种与人民群众生活相关的生活用品被大批地生产出来，现代化、批量化生产方式取代了原始的、手工的、零散的生产方式。过去要经过长期的生产周期才能生产出来的禽蛋、水产品、猪牛羊肉，在现代激素饲料的催生下可以在很短的时间内就能生产出来，各种化纤服装基本不受棉花等原料的限制就可以成批量生产出来。不法商贩迎合人们错误的消费心态，对各种食品、蔬菜进行精心的化学处理，颜色亮丽、看似上乘的各类食品尽情地满足着人们对现代工业制品的消费欲望。在经历了现代工业社会给人们生活所带来的负面影响后，人们开始反思现代工业文明的成果，人们的健康意识、纯天然意识大大增强，表现出对过去农业社会生活方式的无限怀念，开始真正明白了落后和先进的真正内涵，在生活方式上和消费观念上表现出对过去生活的回归。于是绿色产品、天然产品越来越受到人们的青睐，绿色消费、健康消费逐渐成为现代都市人的消费方式。

人们在选购食品时注重是否添加防腐剂、增白剂和色素，选择水果、蔬菜时关心是否施用过化肥、农药，野生蔬菜成为人们餐桌上的佳肴。带有绿色食品标志的真空包装的山野菜、柴鸡蛋等，尽管其价格比同类普通食品贵得多，但人们还是愿意慷慨解囊。人们在着装上趋于回归自然，天然纤维的棉、麻、丝等面料深受消费者喜欢，纯棉服装以其吸湿性好、透气性强、舒适、柔软等优点获得了广大消费者的厚爱，正在成为衣着消费的主流。面对绿色革命的浪潮，家电企业也不甘落后，新一代节能环保健康家电纷纷问世。绿色冰箱除采用无氟制冷外，还采用杀菌保鲜、抗菌保质、健康卫生的 ABS 材料，在确保食品新鲜的同时有效抑制箱内有害气体，净化空气，高效节能；绿色洗衣机则将清洁衣物与消毒灭菌结合在一起，操作简便，安全卫生。与此同时，环保型的微波炉、消毒柜、太阳能热水器产品也纷纷推出。大批绿色电器的问世引领着当今家电消费的潮流，引起了消费者的极大兴趣，越来越多的绿色电器正在走进千家万户。大到家用电器，小到日常生活用品，人们都比较注重选择节能、无害的产品，像无汞碱性电池、无磷洗衣粉、节能日光灯等产品成为普通百姓争先选择的对象。人们追求绿色消费的范围越来越广，从吃到穿，从穿到用，从用到住。生态居室在大中城市中悄然兴起，室内装修日益生态化，生态家具成为当代最新家具设计的流行主题。为了追求自然、安逸的居住环境，越来越

多的城镇居民开始到郊区购买住房,住宅郊区化正在成为一种新的趋势。人们远离嘈杂、拥挤的中心城区,回归自然,尽情地享受大自然赐予的那份和谐和安静。当前,绿色产品受到越来越多的人关注,绿色产品正在改变着人们的生活。

第二节　城镇居民物质消费存在的问题及其对策

研究历史,目的是从中发现历史发展的一般规律,总结经验教训,为现实服务。改革开放后,中国改变了过去片面重视生产、忽视消费的错误做法,人民群众的消费水平随着国家经济的飞速发展得到前所未有的提高。社会的发展常常带有历史的惰性。中国经济的发展模式依然沿袭着旧的高投资、粗放型发展模式,消费对国民经济的推动作用在经历20世纪80年代短期的发挥之后逐渐减弱,投资对经济发展的推动作用越来越大。消费对经济拉动作用的下滑,源于制度转轨造成的国家社会保障作用的日渐减弱和居民自我保障作用的日渐加强,居民在医疗、教育方面的沉重负担影响了居民消费需求能力的实现;源于居民收入差距的拉大,造成财富向富人一边转移,导致广大中低收入居民消费升级困难;居民消费需求的不足,既表现在对吃、穿、用等基本消费品需求不足,又表现在对住房、汽车等高档消费品需求不足,进入由物质消费需求不足而带来的全面消费需求不足阶段。所有这些问题都需要人们认真反思,因为这直接影响着中国经济的健康发展,影响中国社会的和谐和安定。

一　消费对经济的拉动作用下滑,经济增长依赖投资状况严重

改革开放前,中国实行的是高度集中的计划经济体制。为了追求生产的高速度,总是"先生产,后消费"、"高积累,低消费",形成了"重重工业、轻轻工业、轻农业"的经济发展模式及短缺型、限制型的消费方式。一段时期内,将生产与消费对立起来,把搞生产当做公事,吃喝当做个人私事;只抓生产,不抓生活;生产是积极的东西,消费是消极的东西。居民消费总量的增长和消费结构的变化非常缓慢、微弱,恩格尔系数居高不下,形成超稳定的低水平消费状况。为缓解短缺经济与巨大需求之间的矛盾,居民收入和消费被压制在很低的水平上。许多维持基本生存的消费需求都不能满足,人们发展和享受的消费需求,更是被排斥在一般消费范围之外。消费者缺少自主权,消费者的选择、需要和愿望既不能在消费中得到体现,也不能反馈于生产或分配,消费在国民经济发展中的作用微乎其微,国民经济的发展主要依靠投资规模的扩张。但投资扩张到一定程度后,又常常导致各种经济比例关系严重失调,于是国家不得

不进行必要的经济调整，致使经济增长回落，甚至出现负增长。经济发展的大起大落成为过去中国经济发展的一种基本现象。显然，在计划经济时期，只有投资才是国家计划调控的核心变量，而消费则是被动的、从属的，是受投资和生产决定的。因此，可以认为当时中国只存在投资拉动，还谈不上消费拉动。

十一届三中全会后，我国改变了长期以来片面发展重工业，而忽视人民生活水平提高的错误做法，以家庭联产承包责任制为核心的"农村改革"（1978～1984年）和以"放权让利"、结构工资和奖金制度等为特征的"城市改革"（1985～1988年），极大地提高了人民群众的收入水平，刺激着人们以吃、穿、用为主的日常消费。膨胀的消费需求虽然形成了一定的供给压力，但极大地推动了农业、轻工业和机电产业的快速发展。中国经济以前所未有的速度向前发展，为改革开放的顺利进行提供了牢固的物质保障。1979～1985年消费需求对国内生产总值增长的贡献率高达78%；1986～1992年，消费需求对国内生产总值增长的贡献率为52.8%，整个80年代至90年代初（除个别年份外），消费需求在经济增长中的贡献率远远超过投资需求和出口需求的贡献率，成为中国经济增长的主要拉动力量。

进入20世纪90年代，受居民收入预期不稳、社会基本保障缺失和收入差距拉大等因素的影响，广大居民不敢消费，导致最终消费率不断走低，消费需求对经济的拉动作用逐渐减弱。我国最终消费率由1992年的62.4%下降到2011年的48.2%，居民消费率由1992年的47.2%下降至2011年的35.4%。我国最终消费率和居民消费率已经下降到历史最低水平，甚至显著低于改革开放以前计划经济时期最差的三年困难时期。消费需求对国内生产总值的贡献率不断下滑，从1992年的72.5%下降到2010年的43.1%，消费需求不足成为我国经济运行的瓶颈。与消费需求拉动作用不断下降相反，投资需求在经济增长中的作用在不断增强，中国经济在经历了80年代短期的消费拉动后，对投资的依赖程度越来越高，投资率从1992年的36.6%上升到2010年的48.1%，上升11.5个百分点，投资需求对国内生产总值的贡献率也从34.2%上升到2010年的52.9%，不少年份贡献率都在50%以上，超过消费需求的贡献率。

一般说来，投资具有双重作用，一方面是向市场提供需求，需要社会提供大量的生产资料来满足投资要求；另一方面是向市场提供产出，增加商品供给。我们应全面看待投资在经济发展中的作用，既要看重它能够扩大需求的一面，又要看到它增加供给的一面。依据投资周期和发展经验，投资增长率应高于经济增长率，但必须保持一定的限度，二者之间的比例一般应为1∶1.5，最高不可逾越1∶1.8。"十五"期间，国内生产总值分别增长8.3%、9.1%、10.0%、10.1%、9.9%，而固定资产投资分别增长13.0%、16.9%、27.7%、26.6%、

25.7%，经济增长率与投资增长率之比分别是 1∶1.57、1∶1.86、1∶2.77、1∶2.63、1∶2.6（中华人民共和国国家发展和改革委员会，2006）；"十一五"期间，国内生产总值分别增长 12.7%、14.2%、9.6%、9.2%、10.3%，而固定资产投资分别增长 23.9%、24.8%、25.9%、30.0%、23.8%，经济增长率与投资增长率之比分别是 1∶1.88、1∶1.75、1∶2.70、1∶3.26、1∶2.31（中华人民共和国国家统计局，2011），投资增长率严重脱离经济增长率，尽管经济增长率喜人，但经济运行效率大打折扣。因为一旦经济运行过热，投资增长率常常多倍地超过经济增长率，造成整个国民经济先是出现需求膨胀，物价上涨，随后出现供给过剩，物价走低，经济出现大幅波动。究其根源，在于我们进行宏观经济决策时，仅看到投资扩大需求的作用，而忽视投资增加供给的作用。在市场疲软时，不是立足于长远，在提高居民收入水平、完善社会保障、加强商品流通领域改革等基础性因素上下工夫，以提振居民消费信心，扩大消费需求，而是以投资需求代替消费需求，用短期就能见效的方法，来振兴市场。但是投资需求与消费需求具有不同的性质，二者不可混淆。由投资扩大引致的需求只是生产性需求，而并非消费性需求。当庞大的生产投资带来产出时，必定不为城乡居民长期偏低的消费能力所消化，商品过剩由此产生、扩展和蔓延。在大量增加投资时，就业率有所上升，市场暂时繁荣；在商品过剩时，失业率上升，市场萧条，不得不再次依靠投资饮鸩解渴。当前，商品过剩和劳动力过剩并存绝非偶然，这不过是前期投资过度增长的事后反映，说明了投资拉动并不是根治市场疲软的良丹妙药，反而为更加严重的市场疲软埋下祸根。我们决不能片面地夸大投资在经济运行中的作用，单纯依靠投资拉动是很难全面振兴市场的。没有一个稳定、繁荣的市场，要想保持我国经济持续健康发展也是无法做到的。

近年来，投资率一直居高不下，投资浪潮一浪高过一浪。究其原因是政府配置资源的运行模式。政府手中掌握着大量的土地、人才和资金等生产要素。作为非营利机构，政府配置资源不可能也不应该以利润最大化为目标。政府自身的激励机制决定了它追求的是规模和速度，由于经济的发展往往是政绩中的最重要的一项，各级政府无不以国内生产总值增长为硬指标。政府官员和国有企业管理者对规模的偏好，还来自于规模与个人利益的关系：规模越大，个人可以支配的资源就越多，个人的隐形收入就越高。正如经济学家所言，"私人企业最大化利润，公共部门最大化预算"。后者用通俗的话来讲，就是铺摊子、上项目。政府对社会投资活动的决定性影响表现在投资周期与政府换届的重合上。1993 年固定资产投资增长在扣除物价因素后达 35%，为改革开放时期的最高值。投资在 5 年后，即 1998 年出现另一小高潮，实际增长了 14%，而在相邻的 1997 年和 1999 年中仅分别为 7% 和 6%；再过 5 年，固定资产投资于 2003 年实际增长了26%，2008年实际增长了26%。近年来，国有部门占全社会固定资产投资的比重估计在40%~45%，实际上通过项目审批、土地和信贷等政策，政府在投资领域中的作用远远超过这一比重。

投资驱动增长模式的另一个制度基础是政府对生产要素价格的行政性管制，土地和资金的虚假低成本鼓励了过度投资和忽视效益的倾向。各种各样的"开发区"、"首长项目"、"面子工程"可以拿到廉价的土地。银行不能按照市场运作去规避风险，而是按照政府的意图为企业发放贷款。廉价的资本为企业的盲目扩张提供了得天独厚的条件，直接放大了企业和政府的投资冲动和能力，扭曲了企业经营行为和市场供求关系，带来了低成本扩张和浪费严重，成为阻碍经济增长方式转变的机制性根源。长期偏低的资源价格降低了企业生产成本，使我国大多数企业凭借价格优势就能获得高额利润，此外，国家对知识产权保护的薄弱，假冒伪劣商品充斥于市，削弱了中国企业投资科技研发的积极性，很多企业根本没把心思和精力放在提高科技、改善服务和加强管理上，而是热衷于短期扩张。

因此，要改变投资攀升的局势，关键在于政府职能的转变，尽快形成生产要素市场价格决定机制，通过市场配置要素资源，推动企业在自主创新上下工夫，提高经济增长的质量，推动我国经济由粗放型增长模式向集约型增长模式转变。为此，需做到以下几点。

（一）要建立新的干部政绩考核机制，端正经济发展的目的

我们发展经济的目的不是为生产国内生产总值，生产国内生产总值是手段，不是目的，我们发展经济的目的是为了让人们生活得更好，否则发展经济也就失去了意义。然而长期以来，我国地方各级政府在对干部政绩进行考核时，以国内生产总值论英雄，导致不少地方政府片面追求经济增长速度，忽视生态保护、居民就业、收入增长等民生问题，造成资源、环境的破坏，带来不可估量的损失。对干部政绩的考核，不仅要看一个地区的经济总量，而且要看经济与社会发展的协调，社会事业的发展和社会的进步，社会公平正义的维护和人民生活水平的改善。我国必须尽快建立一套新的干部政绩考核指标，形成一种新的约束和激励机制，引导各地政府在解决收入分配问题、缩小贫富差距、稳定就业、养老医疗等民生问题上下工夫，让全体人民共享改革发展的成果，实现经济增长与社会发展相协调。当前，不少省份主动降低经济发展速度，更加强调发展质量。北京提出"让人民过上幸福美好的生活"，广东提出建设"幸福广东"，重庆宣示要成为"居民幸福感最强的地区之一"等。只有端正了经济发展的目的，让人民群众在经济发展中不断提高生活质量，才能使我国经济发展更加健康和更具有发展后劲。

（二）要建立生产要素价格市场形成机制，增强企业自主创新压力

经过多年的改革开放，我国一般商品与服务的市场化程度很高，但生产要素的市场化程度还远远不够，行政性管制与定价已成为阻碍经济增长方式转变的制度性根源。目前我国土地、矿产、资金、劳动力资源等生产要素，以及一些重要商品与服务没有完全市场化，生产要素价格被人为压低，不仅扭曲市场价格信号，影响资源配置效率，而且助长了企业和地方政府低成本扩张的能力。长期偏低的生产要素价格使我国大多数企业凭借价格优势就能获得高额利润，根本没把心思和精力放在提高科技、改善服务和加强管理上。因此，我们必须推行生产要素市场价格形成机制，通过市场配置要素资源，增大企业生产成本，变资源短缺的压力为自主创新的动力，使企业原来一味寻求资源、进行数量扩张的外部冲动转变为加强科技研发投入、提高管理效益的内部冲动，增强节能减排的主动性和积极性，推动我国经济由数量型向质量型转变。

（三）要加快自主创新机制建设，提高经济增长的内在质量

一要克服重引进技术、轻自主研发的倾向。多年来，我国很多企业家或政府官员热衷于技术引进，不注重消化吸收，陷入"引进—落后—再引进—再落后"的恶性循环。作为一个发展中国家，引进技术是必要的，但关键是在引进的基础上进行科技创新，形成自己的独特优势。否则，一味引进，既浪费了资金，又受制于人，永远也长不大。今后，坚持在消化吸收国外先进技术基础上进行科技再创新，将成为我国自主创新的一个非常重要的途径。二要坚决摒弃科研与产业"两张皮"的现象。目前，我国科技对经济增长的贡献率太低，原因在于科研界与产业界存在"两张皮"的现象，科研机构、高等院校的研究人员搞科研的目的是评职称，与企业追求目标不同。这样科研机构和企业单位成为跑在不同道上的两匹马，科研成果产业化、市场化出现障碍。今后要加强产、学、研一条龙建设，把科研机构、高等院校的职称评审与科研成果转化结合起来，促进更多的专家、教授投入到科研创新工作中来，成为推动经济增长的核心力量。三要加大知识产权保护力度。坚决打击假冒伪劣、制假售假等不法行为，严厉实施专利权、商标权、版权等知识保护制度，杜绝发生"搭便车"行为，让权利所有人的个人收益与社会收益趋于相等，为天才之火加上利益之油，激励人们进行科学创新。四要营造尊重科学的社会氛围。各级宣传机构要广泛宣传一批献身科技事业的先进人物感人事迹，鼓励人们热爱科学、学习科学、运用科学，把全国人民的创新意志鼓舞起来，把全社会的创新力量凝聚起来，营造一个人人爱科学、人人争创新的良好社会氛围。

二 基本消费需求不足，居民消费升级受阻

进入20世纪90年代，一方面前期消费膨胀引致的大量投资所产生的生产能力开始释放出来，产品供给出现过剩，另一方面前期消费扩张所造成的居民基本消费需求在很大程度上已经得到满足，加之社会制度的转轨使我国居民在面临下岗失业威胁的同时，又承受着在住房、医疗、教育方面的沉重负担，居民收入预期不稳。种种因素造成了城乡居民消费需求不旺，市场出现疲软，物价开始下滑，消费对经济的拉动作用日益减弱。城乡居民消费需求不足，既表现在对吃、穿、用等基本消费品需求不足，又表现在对住房、汽车等高档消费品需求不足，进入由物质消费需求不足而带来的全面消费需求不足阶段。

（一）以吃、穿为主的基本消费品需求不足

一般说来，随着人们生活水平的逐步提高，人们用在吃、穿方面的基本生活消费开支将会减少，支出比重将会下降，这是符合消费的一般规律的。但是自20世纪90年代以来，城乡居民在吃、穿、用方面的消费支出出现大幅度下降的趋势，城镇居民恩格尔系数从1992年的52.9%迅速下降到2011年的36.3%，衣着支出比重从14.1%下降到11%，农村居民恩格尔系数从1992年的57.6%下降到2011年的40.4%，衣着支出比重从7.97%下降到6.50%。基本消费支出比重的下降，虽然一方面是经济发展导致的居民生活水平提高的结果，居民对基本消费品需求趋于饱和，但是另一方面也与居民在住房、教育、医疗方面过重的支出负担有着很大的关系。为了迎接即将到来的大规模消费支出，在居民收入增长有限的条件下，人们被迫放弃即期消费，主动节俭，能省就省，有时连正常的生活支出都要压缩，吃饭从简，衣服不买，有病不医。人们失去了消费需求的冲动，大量的消费能量得到聚集，消费支出徘徊不前。居民消费需求的表面饱和隐藏着居民过重的经济负担，长期省吃俭用的结果导致整个商品市场出现疲软，商品价格不断下降，食品消费价格自90年代中期以来连年下降，直到进入2003年消费价格才稍微有所回升；衣着消费价格则一直处于下降状态之中。城镇居民从吃到穿，都出现了不同程度的需求不足，商品市场供过于求的状况较为突出。据商务部统计，2005年上半年507种主要工业消费品中，供求基本平衡的商品只占17%，而供过于求的商品占到83%，市场上没有供不应求的商品。虽然居民的收入有了大幅度的提高，但用于消费支出的比例却没有增加，居民的平均消费倾向处于不断下降之中。中国经济渡过了80年代至90年代初依靠居民吃、穿、用等基本消费支出的放量增长推动经济飞速发展的黄金时期，被迫进入靠投资带动经济增长的发展阶段。

(二) 以用品为主的中低档耐用消费品需求饱和和不足并存

随着居民收入的增加和生活水平的提高,城镇居民自20世纪80年代以来用品消费连续攀升了几级台阶。一级台阶是以家电为主的消费需求,二级台阶是以电子信息产品及服务性消费为主的消费需求,三级台阶是以住房、私人轿车为主的消费需求。目前城镇居民正处于从二级台阶向三级台阶的跨越过程中,从万元级向几万元级甚至10万元级商品升级。城镇居民对电视、冰箱等传统家电消费需求日趋饱和,对电子信息产品及服务消费需求由高涨到趋于稳定。截至2011年年底,城镇居民每百户拥有电冰箱97台,洗衣机97台,空调机122台,淋浴器89台,家用电脑82台。这表明城镇居民家庭对主要耐用消费品需求逐步饱和,居民日常消费已基本得到满足。虽然一些新兴家用电子信息产品正在取代传统电器的位置成为现阶段的消费热点,如电脑、手机等,但并不能改变城镇居民耐用品消费支出增长势头逐年减缓的趋势。

让人不可思议的是对刚刚解决温饱问题,步入小康阶段的农村居民来说,随着收入水平的增长,本应该出现耐用消费品需求激增的局面,接过90年代城镇居民耐用消费品饱和的接力棒,实现城乡之间耐用品消费无缝转移。然而耐用品消费需求旺盛市场形势并没有出现,农村居民用品消费所占生活消费的支出比重不但没有出现上升趋势,反而呈现下降的局面,其比例之低,完全超出了人们的想象。农村居民用品消费及服务支出比例从1992年的5.56%下降到2010年的5.34%,到2011年每百户农村居民拥有洗衣机63台,电冰箱62台,空调机23台,家用电脑18台,抽油烟机13台。城乡居民耐用品消费差距很大,耐用品消费需求并没有顺利实现从城镇居民向农村居民转移的历史任务。

这是由于一方面城镇居民耐用品消费需求饱和,不愿消费,另一方面农村居民没有能力消费,必然造成耐用品消费市场需求不振,使不少生产者普遍感到产品难销,经营者感到生意难做。为争夺有限的市场,厂家和商家掀起了此起彼伏的降价风,从彩电、空调、洗衣机、热水器、微波炉到手机、电脑、医疗器械,中国市场狼烟四起,愈演愈烈的价格战以横扫千军之势不断突破市场设置的一道又一道价格"马其诺防线",不少商家的降价、让利已打破市场淡、旺季之分,价格战甚至成了中国企业的一种生存方式。商家一轮又一轮降价并不能改变整个用品市场需求不旺的态势,自1994年以来全国居民家庭设备用品及服务消费价格指数一路下滑,居民家用电器零售价格指数也连创新低,80年代至90年代初期电器用品走俏,耐用品市场空前繁荣的景象一去不复返了。

(三) 高档消费品升级困难

按照国际经验,人均国内生产总值超过1000美元之后,将触发居民消费结构的全面升级。2006年我国人均国内生产总值已超过2000美元，城镇居民的财富积累已经超越了消费升级的临界点，然而人们所期待的以住房和汽车为代表的消费升级并没有形成热潮，城乡居民消费结构升级受阻。尽管目前我国居民对吃、穿、用消费品的需求已经趋于饱和，消费需求正在投向住房、汽车等商品，以在更高的层次上解决住和行的问题。但对大多数人来说，购买这些几万元以上的商品，仅仅靠过去的积累是可望而不可即的事情。以住房为例，虽然城镇居民住房私有率2008年达到87.8%，绝大多数居民拥有了自己的住房，但较高的住房私有率掩盖不了住房消费差别的事实，住房面积有大有小，住房档次有高有低，居住环境有好有坏，而广大中低收入居民居住的大多是破旧不堪的房改房或面积狭窄的商品房，面对日益上涨的房价苦于无钱而无力改善居住条件，无法实现住房结构的升级换代。再拿汽车来说，当前真正买得起汽车的居民家庭毕竟还是少数，大多数城镇居民不能实现拥有汽车的梦想，农村居民更是少得可怜。我国城乡居民消费升级受阻的主要原因，一方面是受收入差距不断扩大的影响。目前我国基尼系数已达0.47左右，20%的高收入者掌握着80%的储蓄存款，显然不利于消费结构的升级。占绝对多数人口的低收入居民首先考虑的是保证基本的生活需求，消费升级常常只是奢求；占少数人口的高收入居民虽有足够支付能力追求消费升级，但因群体过小，难以形成足够的市场规模。居民收入差距的拉大，使居民的消费层次发生分化，在高、低收入居民之间形成消费断层，大多数低收入居民保持在中等偏低的消费层次上而无法自拔，难以在全社会形成消费升级的潮流。另一方面是受消费政策的限制。政府的消费政策对居民消费结构的升级发挥着重要的作用。政府既可以通过提高消费税率，增加消费成本，削弱消费者的消费欲望和支付能力，限制对某些商品的消费和某些消费行为的发生；也可以通过降低消费税率，甚至提供补贴，降低消费成本，鼓励消费者对某些商品的消费和某些消费行为的发生。在当前我国经济体制转型过程中，政府对居民经济生活的干预力度还很大，消费政策对消费结构升级的影响更为显著。基于过去短缺经济的背景，我国长期实行的抑制型消费政策依然在现实经济生活中发挥作用，少数消费者虽然具备了购买汽车的能力，但是在购买过程中所经历的登记、税费、保修、保险等一系列问题使其感到头痛；商品房二级市场过户手续繁琐、交易费用偏高也抑制了消费者的购房热情。此外，产业产品结构、消费环境和消费观念等因素也都会对居民消费结构优化升级产生不利影响。

为提高居民消费需求，顺利实现消费升级，根据以上分析，提出以下建议。

第一，努力提高居民收入，让居民能够消费。消费是收入的函数，居民舍不得花钱，根本原因还是兜里缺钱。采取切实有效的措施增加城乡居民收入，是扩大消费的根本所在。要继续推进城镇工薪制度改革，在生产发展的基础上，相应地提高工薪阶层的工资水平和消费能力;大力发展民营企业,适当发展劳动密集型企业,广开就业门路,为下岗失业人员提供更多的就业机会;加大对贫困人口的扶持力度,大力实施西部大开发战略,加快中西部落后地区的发展。

第二,深化社保体制改革,让居民无忧消费。要让老百姓敢花钱,就要消除老百姓在子女教育、住房、医疗和养老等方面的后顾之忧。这就需要推进社保、教育、医疗体制改革,增加公共财政对教育和医疗卫生事业的投入,减少居民的支出负担。当前,要进一步推进社会保障体制改革,加快完善社会保障体系建设,扩大基本养老、基本医疗、失业、工伤等社会保险覆盖面,尤其是要逐步建立健全农民工社会保障体系、灵活就业人员的社会保障体系、新型农村社会保障体系,消除居民后顾之忧,降低储蓄倾向,以此提高各阶层,尤其是中低收入阶层的消费意愿,提振消费信心。

第三,优化消费环境,让居民大胆消费。继续完善城乡流通体系,推动发展现代流通方式,加强商业网点和电子商务建设,减少消费者的时空制约;改善中西部农村地区的基础设施建设,加大对自来水、电视信号、公路、电网、电信等基础设施建设的投入,为农村居民购买电器用品创造条件;整顿市场秩序,完善相应的法律法规,加大执法力度,对各种制假售假、非法传销、虚假宣传等违规行为进行严厉打击,维护消费者的合法权益;清理限制消费的各种行政性措施,改革税收政策,减轻对于消费活动抑制力强的税收,取消不必要、不合理的税收,提高民众的消费积极性;坚决打击和取缔诸如打折商品概不退换、饭店禁止自带酒水、投宿宾馆中午12点之后退房加收半天费用、拍摄婚纱照底片需花钱另买等严重侵犯了消费者自主选择权、公平交易权的行业霸王条款,保障消费者自由选择消费的权力。

第四,发展消费信贷,让居民提前消费。美国消费率之所以高,与其发达的信贷市场和盛行的借贷消费文化不无关系。我们不能因为美国的过度借贷消费导致金融危机而否定消费信贷对经济发展的作用。实际上,我国的消费信贷不仅谈不上过度,而且是非常不足。由于消费信贷市场尚不发达,个人消费支出在很大程度上还要靠个人收入支付。居民为未来购置诸如住房和汽车等大额商品需要进行较长时间储蓄,而不得不减少现期消费。所以,应鼓励商业银行和其他金融机构在有效控制风险的前提下,结合国家出台的促进消费的政策,研究制订一些支持居民购买大宗商品的信贷措施,挖掘居民消费潜力,发挥金融对促进消费的积极作用。

三 政府对公共事业投入不足,居民生活负担过重

改革开放后,我国加大了医疗、教育、住房等领域的改革力度,导致我国

居民在医疗、教育、住房等方面的消费支出大幅度增长。但体制的转型往往是一个系统的工程，原有的社会保障制度打破了，新的社会保障体系没有真正地完善起来，这样就使国家在医疗、教育等公共事业方面的投入逐步减少，社会负担由国家承担转移到普通居民的肩上，社会保障由国家保障为主转向自我保障为主，造成人们在医疗、教育方面支出负担过重，其支出负担甚至超过西方主要发达国家，严重影响其他消费支出的正常增长，甚至影响人们正常的生活。

20世纪90年代以后，随着医疗保障制度的改革，政府所承担的公共责任在不断减轻，对公共卫生投入的力度日益减少。在全国卫生总费用中，政府预算卫生支出所占比重逐年下降，个人卫生支出占卫生总费用的比重急剧上升，从1980年的21.2%，上升至1995年的50.3%，到2001年达到历史峰值。2001年以后，随着城乡居民医疗保险覆盖面的扩大和国家对公共卫生投入力度的加大，个人卫生支出比重上升势头得到遏制，比例逐年下降。2008年，全国卫生总费用为14 535.40亿元，其中政府投入占24.73%，社会负担占34.85%，个人负担占40.42%，居民医疗负担依然很重（表6-2）。在欧洲发达国家，医疗卫生费用的80%～90%由政府负担，即使像美国那样市场经济高度发达、医疗卫生服务高度市场化的国家，政府卫生支出也占到整个社会医疗卫生支出的45.6%（2003年）。与中国经济发展水平相近的国家相比，泰国政府医疗卫生投入占56.3%（2000年），墨西哥政府医疗卫生投入占33%（2002年），都大大高于中国的水平（高强，2005）。

表6-2　1995～2008年中国卫生支出结构　　　　（单位：亿元）

年份 项目	1995	2000	2001	2002	2003	3004	4005	2008
卫生总费用	2 257.8	4 586.6	5 025.9	5 790.0	6 584.1	7 590.3	8 659.9	14 535.40
政府预算卫生支出	383.1	709.5	800.6	908.5	1 116.9	1 293.6	1 552.5	3 593.94
社会卫生支出	739.7	1 171.9	1 211.4	1 539.4	1 788.5	2 225.4	2 586.4	5 065.60
居民个人卫生支出	1 135.0	2 705.2	3 013.9	3 342.1	3 678.7	4 071.4	4 521.0	5 875.86
卫生总费用构成	100	100	100	100	100	100	100	100
政府预算卫生支出	17.0	15.5	15.9	15.7	17.0	17.0	17.9	24.73
社会卫生支出	32.7	25.5	24.1	26.6	27.2	29.3	29.9	34.85
居民个人卫生支出	50.3	59.0	60.0	57.7	55.8	53.6	52.2	40.42

资料来源：中华人民共和国国家统计局，2010

政府对公共卫生领域投入不足，使医疗服务机构从国家那里获得的收入迅速下降。20世纪70～80年代，政府投入占医院收入的比重平均为30%以上，2000年下降到7.7%，2003年为抗击非典，政府投入大幅度增加，也仅占8.4%（高强，2005）。在生存压力下和经济利益驱动下，大多数医疗单位逐渐向营利性机构转变，靠大量的收费服务来弥补政府投入的不足。患者不仅要负担医药成本、医务人员的工资、津贴、福利，而且连医院靠贷款购买的医疗设备、修建的病房大楼也要靠患者的医疗费来偿还。为了增加收入，不少医院与医药生产企业、医药销售企业串通一气，构成利益共同体，层层加价，造成药价虚高不下；不少医务人员在创收指标的压力下沦为金钱的奴隶，给患者做不必要的检查，多开药，开高价药。医疗单位一切向钱看的经营理念，使其业务收入在总收入中的比重不断上升。2003年与2000年相比，我国卫生部门管理的医院平均诊疗人数下降4.7%，但平均收入却增长了69.9%。其中，财政补助收入增加占医院总收入增加额的9.4%，医疗收入增加占医院总收入增加额的49.8%，药品收入增加占医院总收入增加额的38.7%（高强，2005）。医院追求经济利益的倾向导致患者医疗费用猛增。90年代以来，我国居民医疗消费支出呈直线上升态势。调查显示，1993~2009年，城镇居民人均可支配收入由2577.4元增加到17174.7元，增加了5.7倍，同期城镇居民人均医疗保健支出从56.89元增加到856.41元，增长了14.1倍；农村居民人均纯收入由921.6元增加到5153.2元，增加了4.6倍，同期农村居民人均医疗保健支出从27.17元增加到287.54元，增长了9.6倍。我国城乡居民人均医疗保健支出的增长速度远远超出其收入的增长速度。2009年城镇居民医疗保健支出占整个消费支出的比重为6.98%，农村居民为7.20%，而同时期大多数西方发达国家和中等发达国家居民的医疗保健支出比重为3%~4%，我国居民医疗保健负担远远高出这些国家。虽然近年来我国医疗保障事业有所发展，农村居民参加新型合作医疗人数越来越多，到2009年参合率达到94.2%，但人均筹资额很少，医疗报销比例偏小，农村居民医疗负担依然很重，承受着生理上、心理上和经济上的三重负担。

20世纪90年代以来，国家财政对教育的投入同样严重不足，没有随着经济的发展逐步提高，国家财政性教育经费投入占国内生产总值的比重甚至出现下降的局面，1992年为2.71%，1993年为2.46%，1994年为2.44%，1995年为2.32%。虽然自1996年以来我国对教育投入力度逐步加大，使财政性教育经费投入占国内生产总值的比重下降势头得到遏制，出现逐步上升的趋势，1996年为2.35%，2001年为2.79%，2005年为2.82%，2010年为3.66%，2011年为3.93%，但1993年中共中央、国务院颁布的《中国教育改革和发展纲要》中所提出的到20世纪末国家财政性教育经费投入占国内生产总值的比重达到4%的目标至今没有实现。同时期的发达国家教育经费支出占国内生产总值比重约为6.2%，发展中国家约为4.0%，中国教育投入力度不仅低于发达国家，而且低于许多发展中国家。目前，中国年度公共教育经费为1400亿元人民币，约折合170亿美元，仅占世界各国公共教育经费总数11500亿美元的1.5%；而中国现有学龄人口数量为2.14亿人，占全球教育总人口的22%，中国用占世界1.5%的教育经费教育了占世界22%的受教育人口。政府对教育投入不足，造成教育经费极度短缺，严重影响了日常教育的正常运转和教育事业的发展，导致许多地方以收费方式代替政府对教育的投入，这是造成教育乱收费问题的症结所在。中小学校向学生及其家庭摊派收取各类费用的现象比较普遍，名目繁多的学杂费、补课费、校服费、降温费、取暖费、择校费、赞助费步步攀升。虽然中国已经实行九年制义务教育制度，但教育经费大部分由居民个人承担。在高等教育中，高等教育改革使大学收费标准提高。据估算，近10年中国大学学费和住宿费平均每人每年在1万元以上，以可支配收入的相对支付能力计算，是世界大学最高水平的3倍以上（严先溥，2006）。因此，教育乱收费无疑是居民教育支出剧增的重要原因。一个不容忽视的事实，近年来人们对教育的重视程度不断增强也是导致居民教育支出快速增长的另一个重要原因。为了适应社会需要，增强自身竞争能力，许多居民利用业余时间自费参加各种专业知识学习。家长在自我发展的同时，更加注重对子女教育和培养，许多学生除参加正常的学校教育外，还经常参加各种特长班、竞赛班、提高班。以上两种原因，造成城乡居民教育支出猛增，教育支出占整个消费支出的比重迅速扩大。1990~2011年城镇居民人均文教娱乐用品及服务支出增长15.5倍，同期人均可支配收入增长13.4倍；农村居民人均文教娱乐用品及服务支出增长4.8倍，人均纯收入增长4.6倍。城镇居民该项支出占消费支出的比重由1990年的9.2%一度提高到2002年的15%，此后有所下降，到2011年仍然占12.21%；农村居民由1990年的5.37%提高到2003年的12.13%，随后下降到2011年的7.6%，文教娱乐用品及服务支出分别成为城镇居民的第三大支出项目和农村居民的第四大支出项目。

在文教娱乐用品及服务支出中，教育费用增长速度长期超过城乡居民人均收入的增长速度，成为广大居民家庭的沉重负担。我国居民教育支出比重高于一些发达国家，居民教育负担过重。美国、法国、奥地利、匈牙利和希腊等国人均国内生产总值由1000美元上升到3000美元时，文教娱乐用品及服务的消费比重是有所下降的，且文化娱乐及文娱耐用消费品支出占很大部分，教育消费比重相对较小，基本在20%以内，半数以上国家不到10%。而在我国城乡居民文教娱乐用品及服务支出中，教育支出比重过高，占半壁江山还多。如果去除教育支出中的超出部分，中国居民的文教娱乐用品及服务类消费的支出比重就与处于相同发展阶段时的世界主要国家和地区居民文教娱乐用品及服务消费支出比重大体相当。这表明，近年来教育消费支出已成为城乡居民的沉重负担。

住房成为我国居民生活的又一项负担。1998年7月3日颁布的《国务院关于进一步深化城镇住房制度改革，加快住房建设的通知》，要求各级政府在继续加快以市场化为取向的住房制度改革的同时，尽快建立起以经济适用房为主渠道的住房供应体系，即对不同收入家庭实行不同的住房供应政策：最低收入家庭租赁由政府或单位提供的廉租住房；中低收入家庭购买经济适用住房；其他收入高的家庭购买、租赁市场价商品住房。这样的制度安排的确适合我国国情，但在我国并没有真正实施，以解决中低收入家庭住房困难为目的的经济适用房和廉租房，使地方政府无法获得土地出让收入、开发商利润较低，各方投资建设公益房的积极性不大，造成经济适用房和廉租房投资增速逐年下滑，甚至一度负增长，其占房地产开发投资的比重自2000年以来呈直线下降的态势。全国经济适用住房开发投资占房地产开发投资的比重，由2003年的6.13%下降到2004年的4.61%，有些城市完全放弃经济适用住房供给；政府提供的廉租房数量也少而又少，截至2005年年底，全国累计仅有32.9万户最低收入家庭被纳入廉租住房保障范围，有70个地级以上城市（占总数的近1/4）根本就没有建立廉租住房制度（中华人民共和国住房和城乡建设部，2006）。由于经济适用房和廉租房数量稀少，人们要住房，只能花钱买商品房。随着城市化进程的日益加快，住房需求十分庞大，房产市场无疑成为卖方市场，开发商随意抬高房价，造成商品住房价格严重超出城镇居民的承受能力，加重了大多数中低收入家庭的购房负担。地方政府却对商品住房缺乏监管，不对其进行成本、利润核算，使作为生活必需品的商品房，其定价完全放开，基本是开发商报多少是多少，大多数城市房地产开发的利润率普遍在10%以上，中高档房地产平均利润率更高，一般达到30%~40%，远远高于其他行业的平均利润率水平。政府不愿打压房价的主要原因是各级政府将房地产作为拉动地方经济发展的支柱产业加以扶持，房地产成为一把发展地方经济的万能钥匙。有资料表明，在一些地方财政收入中，房地产业和建筑业（不包括相关产业）的比例占到了30%，政府部门得到22%的地价外，还有丰厚的、总数多达40多种的税费，一些地方政府成为房地产利益链中的受益者。说到底房价坚挺的背后是各级地方政府在撑腰，地方政府与房地产商结成了利益共同体，房价持续上涨就不可避免了。1998年以来全国普通商品住宅销售价格指数一直呈上涨态势，1999年为100.2，2000年为101.5，2001年为102.0，2002年为104.3，2003年为106.2，2004年为109.8，2005年为108.2，2006年为105.9，2007年为108.6，2008年为107.4（中华人民共和国国家统计局，2009），一路飙升的房价使普通居民的购房压力增大。以上海为例，一套80平方米住房的价格，是人均可支配收入的27.54倍，而国外一套住房与人均可支配收入的倍数分别为：德国11.41，英国10.3，意大利8.61，法国7.68，美国6.43，连一般人认为人均土地资源极度匮乏的日本，这个比例也不过是11.07（魏葳，2005）。中国是世界上人均收入靠后的国家，如此高的房价，是不正常的。房价的上涨大大高于国内生产总值和城镇居民可支配收入的增长，成为广大居民沉重的经济负担和心理负担。

医疗、教育与住房一起构成人们生活中的三座大山，被人们形象地称为"三大提款机"，对其他消费支出产生巨大的挤出效应。图6-1以居民医疗消费为例，说明医疗消费对其他消费的挤出效应。根据经济学预算约束理论，构造居民医疗消费与其他生活消费预算线。假定居民原来的消费组合为（A，Q）。因为居民对医疗的需求呈刚性，所以对医疗的消费是比较固定的（图中Q点）。当医疗价格上涨后，在其收入不变的情况下，居民购买力相对下降。根据经济学理论，消费者的预算约束线绕O点由Y点转到Y'点。但是由于居民对医疗的偏好大于其他消费，所以居民实际上会减少其他生活消费（图中为由A点减少到A'点）。医疗上涨后居民的消费组合变为（A'，Q）。由此可见医疗消费对居民的消费结构有着重大的影响。

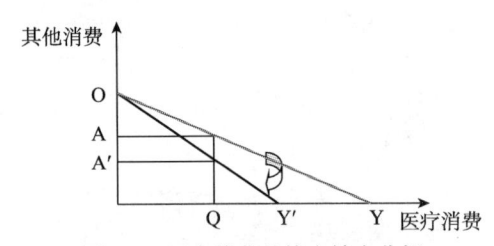

图 6-1 医疗消费的挤出效应分析

居民用于医疗、教育、住房的支出过高，严重挤压了居民对一般用品和服务的消费支出，导致我国居民用于衣着、家庭设备、杂项商品等方面的支出偏低。2009年中国人均国内生产总值突破3000美元，当年我国城镇居民家庭设备及服务支出比重为6.42%，杂项支出比重为3.87%，农村居民衣着支出比重为5.82%，家庭设备及服务支出比重为5.13%、杂项支出比重为2.11%，都远远低于世界17个主要国家和地区在人均国内生产总值达到3000美元时支出的比重，相反，我国城乡居民用在医疗、教育、住房的支出比重要远远高于这些国家的支出比重（表6-3）。

表 6-3 人均国内生产总值 1000～3000 美元时 17 个国家和地区居民消费支出构成

（单位：%）

项目	食品	衣着	家庭设备及服务	居住	医疗保健	交通通信	娱乐教育文化服务	杂项商品及服务
人均国内生产总值1000美元	40.8	11.4	9.1	11.6	4.5	8.8	7	7
人均国内生产总值3000美元	32.7	9.7	8.9	13.5	5	11.9	7.6	10.2
中国城镇（2009年）	36.52	10.47	6.42	10.02	6.98	13.72	12.01	3.87
中国农村（2009年）	40.97	5.82	5.13	20.16	7.20	10.09	8.53	2.11

资料来源：铁兵. 2003. 中等收入国家和地区居民消费结构比较. 中国国情国力，5；中华人民共和国国家统计局，2010

注：根据联合国《国民核算年鉴》等资料整理，分析样本为美国、法国、德国、英国、日本、韩国、墨西哥、南非和泰国等17个国家和地区

按照世界各国的一般消费规律，居民消费一般经过以吃、穿为主的低级阶段，以用品和住房为主的中级阶段和以劳务消费为主的高级阶段。根据经济发

展水平，中国城镇居民本应该处于以用品和住房消费为主的中级阶段，劳务消费有所上升但上升不会很快。但事实恰好相反，进入20世纪90年代以来，中国城镇居民物质消费下降很快，劳务消费上升过猛，医疗、教育、通信支出比重达到或超过西方发达国家消费水平，劳务消费支出比重如此快速的增长是不正常的，它超出了目前中国经济的发展水平。这表明中国社会保障体系的严重缺失，城镇居民面对社会保障制度的滞后局面，只靠抑制其他消费进行自我保障，大大加重了医疗、教育、购房支出的负担。实质上，医疗保健、文教娱乐、购房支出的大幅度上升，含有很强的制度变迁的因素，具有一定的强制性特征。教育、医疗、购房支出比重的不断扩大，不但影响居民实际生活水平的进一步改善，而且削弱了国家扩大内需政策的实施效果。今后我们应采取有力措施，缩小居民用于医疗、教育、购房的支出比重，扩大居民在其他方面的消费支出比重，使居民的消费需求步入正常的发展轨道。为此，提出以下建议。

（一）加大教育事业投入力度，杜绝教育乱收费现象

教育是功在当代，利在千秋的事业，国家应加大财政对教育的投入力度，发挥在教育投资中主渠道作用；坚决抵制教育产业化倾向，教育、税务部门负起责任，制止教育乱收费现象蔓延，让教育为受教育者服务，而不是为金钱服务。可喜的是，教育乱收费已成为主管部门治理的重点之一。配合推行"一费制"收费办法，严格限定服务收费；把免除义务教育阶段学费的政策措施切实落到实处，避免各种变相收费现象发生；对高等教育培养成本进行全面审核，降低过高的学费标准；继续清理整顿改制学校收费，坚决制止以改制之名行高收费、乱收费之实的行为。

（二）搞好医疗体制改革，真正把医疗费用降下来

居民在医疗消费方面难以承受的是医疗价格上涨太快，原因是政府投入不够、医疗体制改革滞后，居民医疗保障程度太低。在提高国家对医疗卫生事业投入和通过政府强有力的介入，为每个公民都提供一个基本的医疗保障的同时，关键是搞好医疗体制改革，斩断医疗机构乱涨价、乱收费的"黑手"。国家必须介入医疗市场的改革，制订居民健康保障发展纲要，使财政的钱应按经济发展水平投入到公共医疗卫生事业上，缩小地区公共服务差距，对医疗机构的改革要把握方向，强调公益性，而非营利性。从根本上解决"以药养医"的体制，把医院门诊药房，逐步从医院分离出去，变事业型单位为企业型管理，对医院实行直接补贴；引入竞争机制，患者可以选择医生，处方药可以外配；改革药品流通体制和公共卫生体制。但是，从最近几年的改革进程看，这种医药分业的思想还主要停留在纸面上。

(三) 加强住房保障制度建设，努力抑制住房价格

住房问题是一项关系到居民生活的基本问题，解决广大普通居民的住房问题是政府不可推卸的责任。地方政府一定要从落实科学发展观的高度，从影响经济稳定运行和社会发展的高度，把稳定住房价格提高到政府工作的重要议事日程上来，切实负起稳定住房价格的责任。造成目前房价上涨的因素是多方面的，需要同时运用经济、法律、行政等多种手段予以抑制。为此，一是加大经济适用房建设力度。国家要加大经济适用房的开发建设力度，同时加强对经济适用房的分配和监督，保证经济适用房分配上的公平、公正；增加中低价位普通商品房供应，满足城镇居民不断增长的住房需求；完善住房补贴政策，加强住房公积金的管理和利用。二是积极实施廉租房工程。廉租房是指政府以租金补贴或实物配租的方式，向符合条件的城镇最低收入居民家庭提供的社会保障性住房，分配方式以租金补贴为主，以实物配租、租金核减为辅。随着城市房价的不断攀升，为了解决城镇最低收入家庭住房困难的问题，廉租住房建设日益受到各地政府的重视。"十一五"期间，中央累计安排保障性安居工程专项补助资金高达1336亿元。2005年，全国仅有32.9万户最低收入家庭被纳入廉租住房保障范围，到2010年，全国已有1500万户城镇中低收入家庭住房困难问题得到解决（杜宇，2011）。在廉租房建设的同时，要加强管理，建立和健全合理有序的廉租房退出机制，通过城市收入核对系统和征信系统，及时掌握城镇居民收入动态，将不符合条件的城镇居民家庭逐出廉租房享受队伍，坚决杜绝将廉租房视为私有财产，进行出租或转给他人居住，保障廉租房制度的正常运转。三是加大宏观调控力度，调整房地产楼盘结构。政府要充分发挥税收、信贷的杠杆调节作用，对豪宅和超规定的大面积住房征收高额税款；对适合普通居民的中小户型住房在税收上优惠，鼓励开发商多提供适合中低收入家庭居住的住房，增加住房有效供给；坚决抑制不合理住房需求，实行更为严格的差别化住房信贷政策，对贷款购买第二套住房以上的家庭，要大幅度提高首付款比例和利率水平。四是引导居民树立梯度消费的观念。住房的基本功能是满足人的居住需要，过度的奢华是对资源的浪费。居民购房要与自己的生命周期和收入能力结合起来，摒弃贪大、求阔的不良心态，坚持量力而行、逐步改善、房尽其用的原则，宜大则大，可小则小，宜租则租，可购则购，进行适度消费、合理消费，形成健康文明、节约资源的良好风气。

四 居民收入差距悬殊，收入分配亟待调控

过去，中国实行的是看似公平合理的按劳分配制度，单位根据职工所提供

的劳动数量的多少和质量的高低分配劳动报酬,但事实上干多干少一个样,干好干坏一个样,贡献与报酬严重脱节,按劳分配等同于平均主义。从反映城镇居民收入差距的基尼系数来看,1957年为0.16,1964年为0.18,1978年为0.16(丁任重等,2003),收入分配处于高度平均状态。由于人们的收入水平拉不开档次,生活水平也相差不大,大家吃的是一样的饭菜,穿的是一样的衣服,住的是一样的拥挤,年年岁岁家相似,岁岁年年人相同。生活如同一潭死水,社会发展十分缓慢。

贫穷不是社会主义,搞平均主义实际上是共同落后,共同贫穷。社会的发展不可能是齐头并进的,总是在平衡—不平衡—新的平衡中不断前进的。改革开放后,中国逐步打破了平均主义的分配方式,在企业中恢复奖金、计件工资制度,在农村实行联产承包责任制,继而提出"允许一部分人通过勤奋劳动与合法经营先富起来",接着党的十四届三中全会又明确提出"效率优先、兼顾公平"的分配原则,一直到党的十五大提出"按劳分配与按要素分配相结合"。一系列分配政策与措施的实施,极大地调动了方方面面发展生产与经营的积极性,有力地促进了中国经济的持续、稳定与高速发展,人民群众的收入和生活水平得到空前的改善与提高。

然而,成就的背后暗藏着隐患。随着改革的进展,居民收入差距越来越大,贫富分化愈加严重。一般认为,基尼系数在0.2以下,收入分配高度平均;0.2~0.3,收入分配相对平均;0.3~0.4,收入分配比较合理;超过0.4,收入分配差距偏大。历史教训告诉我们,居民之间保持一定的收入差距是必要的,是能够促进生产发展的。20世纪80年代我国收入差距稍有拉大,但基本保持在合理的范围内,合理的收入差距促进了中国经济的飞速发展。但是由于在经济发展中过分强调效率优先,加之收入分配调节措施滞后,进入90年代以来中国居民收入差距呈快速拉大趋势,收入差距已经超出了合理界限,达到了非正常扩大程度。按照官方统计数据,我国居民收入基尼系数,2003年为0.479,2004年为0.473,2005年为0.485,2006年为0.487,2007年为0.484,2008年为0.491,2009年为0.490,2010年为0.481,2011年为0.477,2012年为0.474,中国属于世界上收入分配不平等比较严重的国家。

收入差距的扩大对居民的消费需求产生重大影响。随着收入水平的提高,人们的消费倾向是逐渐下降的。一般说来,高收入群体的消费倾向较低,低收入群体的消费倾向较高。如果收入差距悬殊较大,国民收入过分集中于消费倾向较低的高收入群体,那么高收入群体增长的收入难以转化为现实的消费,从而导致全社会消费倾向下降,造成市场需求不旺,影响经济增长。如果通过合理的途径把高收入群体的收入取走一部分来补贴给低收入群体,使居民收入差距缩小,那么低收入群体增加的收入比较容易转化为现实的消费,导致全社会需求增加，推动经济增长。收入差距对经济的影响作用可以从20世纪30年代美国经济大萧条得到进一步验证。对于造成大萧条的原因，可谓仁者见仁，智者见智。美国一些"结构派"学者认为，20年代收入分配的不平等是大萧条的罪魁祸首；美国经济学家巴特拉在其所著的《1990年大萧条》中，提出大萧条的真正原因或者任何类型萧条的真正根源不仅仅是收入的集中，而是财富的过分集中。20世纪20年代美国出现了一次财富迅速集中的过程。美国1%家庭拥有的财富占整个国民财富的份额从1922年的31.6%一下上升到1929年的36.3%，富人前所未有地富裕起来，以致出现历史上最严重的经济崩溃（陈乐一，2007）。不难看出收入差距扩大，财富高度集中于富人是导致大萧条的重要原因之一。一个毫不夸张的事实，目前中国经济增长带来的财富正在过多地被少数人占有。2003年国家统计局城市调查总队所进行的城镇居民财产调查表明，占总数10%的最低收入家庭财产总额只占全部城镇居民财产的1.4%，而占总数10%的最高收入的富裕家庭财产总额则占全部城镇居民财产的45.0%（孔泾源，2005），高收入阶层占有着绝大部分社会财富。收入差距拉大的结果，使许多城乡居民难以实现消费升级，即期购买力不足，14亿人口的中国没有14亿人口的市场，市场需求不振，中国经济健康稳定发展的势头将难以保持。收入差距任其拉大，不仅会导致严重的经济问题，而且会酿成严重的社会问题。如果这个问题得不到有效解决，将会出现邓小平当年担心的"大问题"。[①]

中国收入差距的扩大，存在一些合理的因素。基于效率原则按个人贡献进行的收入分配改革，必然会带来收入差距的扩大，个人之间由于天赋和后天培养的不同而形成的智力和技能的差异决定了个人贡献的不同，进而决定了个人之间收入的差距；而个人收入差距又会通过影响人力资本积累进一步拉大收入差距。收入差距的这种扩大是在所难免的。但是一些收入差距扩大往往是通过一些非法和非正常途径形成的。在经济转轨过程中，制度漏洞造成了大量的寻租空间，有许多人通过非法和非正常手段，迅速积累了大量个人财富；与此同时，社会中的弱势群体则在同一过程中损失了大量的本应该属于他们的利益，由此造成的收入差距不仅引起社会公愤，而且造成效率损失。如果收入可以通过非法和非正常途径获得而不需费心劳力的工作，那么基于个人贡献的收入分配制度的激励效果就会大大降低。此外，个人收入差距扩大的一个比较容易被忽视的原因是资本收益偏高，劳动收益偏低。目前，我国收入分配中存在着严

[①] 1993年邓小平同志与他的弟弟邓垦谈话中讲到："过去先强调发展，这是必须的。现在看，发展起来以后的分配问题，比不发展的时候还要多，还要困难。那么多的财富，如果被少数人得到了，大多数人没有，分配不公，导致两极分化，如果这样长期下去，将来要发生大问题。"参见：中共中央文献研究室：《邓小平年谱》，中央文献出版社，2004年版。

重的"重资轻劳"现象,出现资本收益偏高,劳动报酬偏低,资本过分压榨劳动,劳动过度依赖资本的状况。正是因为劳动报酬过低,造成以提供劳动为主的广大中低收入阶层,特别是农村居民收入增长缓慢,尤其是农民工的收入增长缓慢,从而导致城乡居民收入差距的持续扩大。我国劳动报酬占国内生产总值的比重从2000年的50%以上,下降至2007年的不足40%,而2007年美国劳动报酬占国内生产总值的比重为55.81%,英国为54.5%,瑞士为62.4%,德国为48.8%,南非为68.25%;2006年韩国劳动报酬占国内生产总值的比重为45.4%,俄罗斯为44.55%,巴西为40.91%。中国已经成为世界上劳动报酬偏低的国家之一,劳动报酬偏低也由此成为我国收入差距日益拉大的重要原因。

因此,要进一步扩大消费需求,必须缩小居民收入差距,切实提高低收入者收入水平,扩大中等收入者所占比重。2007年3月,温家宝总理在十届人大五次会议上所作的《政府工作报告》明确提出,"深化收入分配制度改革,既可以缓解收入差距扩大的矛盾,又可以有效增加消费需求",从而把调节收入分配政策,缩小收入差距,作为扩大消费需求,促进经济增长的重要措施提上党和国家的日程上来。通过调整收入分配结构,抑制收入两极分化势头,调节过高收入,增加中低收入者的收入,逐步形成稳定的中间收入阶层。只有使社会上大多数人具有了一定的消费能力,才能有利于形成一个需求旺盛的局面,也才能推动国民经济持续稳定健康的发展。为此,提出以下建议。

(一) 引入市场竞争,打破行业垄断

市场经济要求在等价交换的基础上,根据平等的原则进行公平竞争,这就是通常所说的机会的平等或起点的平等。某些特殊的行业和特殊的企业掌握着垄断性的权力和垄断性的资源,它们与其他一般行业和一般企业处在不平等竞争的地位,获得高额垄断利润,造成不公平、不合理的收入差距。所以,必须逐步打破垄断,尽可能让各行业公平竞争,并加强对自然垄断行业收入分配的调节和监督,使不同行业之间利润趋于平均化,才能有利于缩小收入差距。为此,应努力做到以下几点。①进一步推进政企分开,消除垄断产生的体制基础。清理一些行业或企业拥有的不合理的行政职能,能推向市场的职能要移交给民间行业协会,不能推向市场的职能要移交给政府有关部门,切断某些行业或企业与政府部门存在的特殊内部联系。②全面引入市场竞争,消除垄断。对于没有理由存在的带有行政性质的非自然垄断行业,要尽快消除行业壁垒,降低准入门槛,允许民间资本进入,实现投资主体和产权主体多元化;对于自然垄断行业,首先要将不具有自然垄断特点的经营活动剥离出去,推向市场,然后在行业内部也要引入竞争机制,重点加大对金融、电力、铁路、民航和电信等部门的改革力度,推行公司拆分机制,打破一家独大的局面,构造市场分层竞争的格局。③建立健全垄断行业内部分配约束机制和外部调控机制。对自然垄断行业提供的产品及服务价格，严格执行定价和调价听证制度；对自然垄断行业的工资水平，要由政府财政、劳动、人事等有关部门统一核定，实行分级分类管理；对自然垄断行业财务状况和收入分配状况要定期进行财务审计和监督检查。

（二）强化税收调控功能，实行从流量调控到流量和存量的双重调控

合理规范的收入分配制度是促进经济快速发展和社会和谐稳定的根本保证。我们既要发挥市场对初次分配的作用以强调效率，又要发挥政府对二次分配的宏观调控作用以保证公平。目前，我国对收入分配的调节主要依靠个人所得税，但个人所得税只是对个人财富的流量进行调节，并不能对个人财富的存量进行调节。因此，有必要对存量资产征收财产税，在财产转移环节征收赠与税和遗产税，使税收对个人收入分配调节功能实现全过程覆盖。

（三）实施积极的就业政策，提高低收入者的收入水平

要转变对低收入居民单纯进行物质救济的解困思路，必须提高低收入居民创造收入的能力，为低收入居民提供获取收入的机会，让低收入居民具有稳定的收入来源。所以，应把保障低收入居民优先就业作为缩小收入差距的重要选择，大力发展劳动密集型产业，努力创造适宜中小企业生存的环境，以尽可能多地创造就业机会，使更多的劳动者参与到工业化进程中，并从中获得相应的收入。为此，一方面要促进劳动力市场的机会平等。反对地方垄断，打破城乡分割，建立全国一体的劳动力市场，促进劳动力要素自由流动，通过流动使各部门利润平均化，发挥市场力量对收入差距的收敛作用；另一方面要促进劳动力素质和身份的平等。要逐步消除城乡分割的户籍制度所导致的劳动者身份不平等，要为城乡低收入居民提供接受教育的机会，不断提高其文化素质。劳动者只有在身份和教育等方面无歧视的条件下，创造财富和分享财富的权利才能平等。另外，要促进劳动力所提供生产要素报酬的平等。必须改变过去把效率优先绝对化，过度强调资本作用的错误做法，提高国民收入中劳动报酬的比例，让广大劳动者分享经济发展成果，经济增长才会有持续动力。

结 束 语

新中国成立60多年来，中国共产党带领全国各族人民顺利实现了从新民主主义向社会主义，从传统社会主义向中国特色社会主义的历史性转变，坚持以经济建设为中心，坚持改革开放，不断解放思想，开创了中国特色社会主义道路，推动了中国经济保持着长期高速发展的势头，我国经济总量、综合国力和人民生活水平显著提升。到2010年，中国成为仅次于美国的世界第二大经济体，人均国内生产总值超过4000美元大关，中国由一个低收入国家一跃升为世界中等收入国家。人民群众从国家经济发展中得到了较多实惠，城乡居民生活水平发生了翻天覆地的变化，实现了从贫穷到温饱、从温饱到小康的两次历史性跨越。商品短缺的时代一去不复返了，中国已经进入一个物质产品极大丰富的卖方市场时代。我国消费政策由抑制型消费向鼓励型消费转变，城乡居民消费由注重维持温饱的数量型消费向注重营养健康的质量型消费转变，由生存型消费向享受型、发展型消费转变。我国人民从整体上进入一个物质生活比较宽裕、精神生活比较充实、生活环境日益改善的新阶段。我国人民生活水平的巨大进步得益于中国经济的飞速发展，更得益于中国共产党对我国国情的正确把握和对经济发展模式认识的不断深化。

一是在全党和全国人民的工作重心上，我国实现了从以阶级斗争为纲到以经济建设为中心的转变。在步入社会主义探索阶段后，由于对国内外形势的错误估计，我国逐渐偏离了以经济建设为中心的轨道，强调以阶级斗争为纲，巩固无产阶级专政，致使政治运动不断，严重干扰了经济建设，错过了赶超西方国家的历史机遇，延缓了我国现代化进程，以至于搞了20多年的社会主义，连人民群众的吃饭穿衣问题都没有根本解决。党的十一届三中全会果断抛弃了阶级斗争为纲的理论，做出了把党和国家的工作重心转移到社会主义现代化建设上来的重大决策，实现了从以阶级斗争为纲到以经济建设为中心的战略性转变。它确认了社会主义的根本任务是解放生产力，发展生产力，消灭剥削，消除两极分化，最终实现共同富裕，确立了发展是硬道理，发展是我们党执政兴国的第一要务的时代主题。在全党工作重心发生转移的大背景下，全国上下聚精会神搞建设，一心一意谋发展，有力地推动了社会生产力的发展，实现了人民群众生活水平从温饱到小康再到全面小康的历史性跨越。

二是在经济发展的动力上，我国实现了从封闭、半封闭到全方位改革开放的转变。1978年以前，由于西方国家的包围和封锁，同时也由于毛泽东过分关注无产阶级政权的纯洁性，我国对内抓革命促生产，把社会主义发展的动力建立在长期阶级斗争所激发的虚幻梦想和革命激情上；对外实行封闭、半封闭政策，导致我国政治、经济、文化等各项运行体制僵化，整个社会缺乏生机与活力。1978年以后，以邓小平为代表的第二代中央领导集体做出了改革开放的伟大决策，为中国经济社会的发展进步找到了真正的动力源泉。30多年来，我国从农村改革到城市改革，从国有企业改革到宏观管理体制改革，从所有制结构改革到分配制度改革，从社会主义市场经济体制改革目标的确立到在实践中的扎实推进，从经济领域改革到政治、文化和社会等领域的全面改革，都取得了突破性进展，为国家发展注入了新的活力。中国对外开放的大门毅然打开，中国义无反顾地回归到世界文明潮流中，形成了全方位、宽领域、多层次对外开放的格局。中国不仅吸收西方先进的科学技术，而且学习他们管理市场经济的经验、治理国家的理念。中国在吸收借鉴人类社会发展普遍规则的过程中，不断克服自身传统规则的缺陷，进一步与世界接轨，向文明靠拢，更好地推进国民福利的增加和国家的富强。这场历史上从未有过的大改革、大开放，极大地调动了人民群众的积极性和创造性，使中国人民的面貌、社会主义中国的面貌发生了根本性变化。

三是在促进经济发展的机制上，我国实现了从传统计划经济体制到社会主义市场经济体制的转变。生产力的发展，既要求建立与之相适应的经济制度与体制，又推动着经济制度与体制不断地调整与变革。因此，紧紧抓住生产力发展的要求，自觉调整经济制度与经济体制中与之不相适应的部分，是建设中国特色社会主义的应有之义。不进行这样的改革，就会窒息社会主义内在的活力和生机，就会抑制生产力的发展，从而严重妨碍社会主义优越性的发挥。60多年的实践证明，新中国成立后逐渐形成的计划经济体制，在适应当时的生产力状况和国家发展的战略要求，建立起我国强大的国防工业，搭建起社会主义工业体系之后，已经完成了其历史使命，如果不及时进行改革，就会阻碍生产力的进一步发展；十一届三中全会后，我党及时适应这一变化，对原有经济体制进行了从微观经济基础到宏观调控体系的全面改革，构建了社会主义市场经济体制的基本框架，大大解放和发展了生产力，实现了我国改革开放新的历史性突破，开创了中国特色社会主义建设事业的新局面，打开了中国通向富强、民主、文明的现代化强国的新通途。

四是在经济发展的价值取向上，我国实现了从片面追求经济发展到以人为本、关注民生问题的转变。长期以来，基于中国经济落后的现实，我们把经济发展放在第一位，认为经济发展上去了，一切问题都好办了。在经济发展过程中，过分注重积累，忽视消费，盲目铺摊子、上项目，大搞重复建设，为生产而生产，长期把民生问题置之脑后，造成居民教育、医疗负担过重，收入差距悬殊，社会需求不振，经济发展动力不足，出现经济发展与社会发展一条腿长、一条腿短的局面，从而把如何发展、为何发展等重大现实问题摆在了全党和全国人民面前。基于对这一问题的深入思索和对我国发展阶段的科学分析，党和政府提出了建设"和谐社会"的战略构想，即必须在经济发展的基础上，更加注重社会建设，着力保障和改善民生，努力使全体人民学有所教、劳有所得、病有所医、老有所养、住有所居，推动建设和谐社会。这充分体现了我们党"发展为了人民、发展依靠人民、发展成果由人民共享"的发展理念。正是在这一理念的指导下，近年来，我国在农村实行了取消农业税、免交特产税、退耕还林、粮食直补等惠农、支农政策，对全国城乡义务教育阶段学生实行免除学杂费、免费提供教科书，对家庭困难的学生提供生活补助的教育政策；国家加大了对调控物价、扩大就业、保障性住房建设等一系列惠及民生的重大政策的执行力度。中国正在从一个为发展而发展的时代进入了一个发展为了人民、发展成果为人民共享的新时代。

正是我们党较好地实现了以上四大转变，推动了中国经济的快速发展和人民生活水平长期持久的改善。辉煌属于过去，未来仍需努力。"十二五"时期是全面建设小康社会的关键时期，也是深化改革开放、加快转变经济发展方式的攻坚时期。我们要紧紧抓住这一重要战略机遇期，主动适应国内外形势的新变化，有效化解各种矛盾和风险，按照"十二五"规划制订的各项目标，高举中国特色社会主义伟大旗帜，坚持以人为本，切实落实科学发展观，坚定地推进我国改革开放和社会主义现代化建设，推动国民经济长期平稳较快发展，夺取全面建设小康社会的新胜利，推动人民生活水平迈向一个新的台阶。

参考文献 REFERENCE

北京市统计局.1989.奋进的北京——北京市四十年经济和社会发展统计资料.北京：中国统计出版社

北京市统计局.2008.北京市统计年鉴2007.北京：中国统计出版社

蔡德容.1993.住宅经济学.沈阳：辽宁人民出版社

长沙市统计局.2007.2006年长沙市城市主要设施水平再上新台阶.http://www.cstj.gov.cn/tjzl/6429.jhtml[2007-03-13]

陈乐一.2007-06-25.收入差距与消费需求.中国经济时报，第5版

陈明远.2006.知识分子与人民币时代.上海：文汇出版社

陈秀英.1993.中国在世界经济中的地位变化.世界经济，(12)：83～84

城市规划通讯编辑部.2008.我国城镇人均住宅建筑面积达28平方米.城市规划通讯，(7)：11

城镇居民消费问题研究课题组.1993.城镇居民消费问题研究.经济研究参考资料，(17)：15～35

程秀生.1988.2000年中国的人民消费.北京：中国社会科学出版社

丛树海，张桁.1999.新中国经济发展史（1949～1998）（下册）.上海：上海财经大学出版社

邓小平.1993.邓小平文选（第三卷）.北京：人民出版社

丁任重，等.2003."倒U假说"与我国转型期收入差距.经济学家，(6)：43～49

杜宇.2011-01-07.为了实现"住有所居"的庄严承诺——"十一五"期间我国大力推进保障性住房建设综述.新华每日电讯，第1版

凡勃伦.1964.有闲阶级论.蔡受百译.北京：商务印书馆

费杨生.2006-07-04.我国城镇住宅私有率达81%.中国证券报，第A05版

高强.2007-04-26.关于医疗卫生事业改革与发展报告.医师报，第1版

管子.2000.管子.北京：华夏出版社

贵州省统计局.2008.调查显示人口居住水平与户主受教育程度呈正相关.http://www.gz.stats.gov.cn/index3.jsp?I_CoteID=0&&I_ObjectID=23012&&I_TypeID=0&&I_CoteType=1[2008-02-01]

国家财政部外事财务司.1982.中国：社会主义经济的发展——世界银行考察团对中国经济的考察报告.北京：中国财政经济出版社

国家城市建设总局房产住宅局，北京日报社理论部．1981．城镇住房问题．北京：北京日报出版社

国家统计局城市社会经济调查总队．2009．中国城市（镇）生活与价格年鉴2009．北京：中国统计出版社

国家统计局国民经济综合统计司．1999．新中国五十年统计资料汇编．北京：中国统计出版社

国家统计局课题组．2003．首次中国城市居民家庭财产调查系列报告之二住房篇．甘肃统计信息网［2003-12-05］

河南省地方史志编纂委员会．1995．河南省志·人民生活志．郑州：河南人民出版社

胡绩伟．2000．劫后承重任 因对主义诚——为耀邦逝世十周年而作．书屋（4）：24

湖北省统计局．2009．湖北统计年鉴2009．北京：中国统计出版社

湖北省统计局．1993．湖北统计年鉴1993．北京：中国统计出版社

黄庭钧．2002．上海人信贷消费观念日渐普遍．http：//news.xinhuanet.com/fortune/2002-07/29/content_502670.htm［2002-07-29］

敬一丹．1999．一丹随笔．北京：作家出版社

孔泾源．2005．中国居民收入分配年度报告2004．北京：经济科学出版社

莱维·巴特拉．1988．1990年大萧条．上海：三联书店

蓝有林．2008-04-22．《中国图书商报》首次推出书业人士阅读调查．中国图书商报，第2版

黎东升．2005．中国城乡居民食物消费．北京：中国经济出版社

李钧德．2002-11-11．裁缝铺生意冷——郑州：老板诉苦生意都让时装店抢走了．新华每日电讯，第14版

李通屏．2005．中国消费制度变迁研究．北京：经济科学出版社

梁志欣．2004-01-01．中国童装市场发展不平衡．国际商报，第7版

辽宁社会科学院外国社会科学情报研究所．1981．世界经济统计提要（1950—1979）．内部资料

林白鹏．1987．中国消费结构学．北京：经济科学出版社

刘方棫，赵学焦．1982．关于我国人民生活消费的若干情况．经济研究参考资料．(30)：1～32

刘仰东．2005．红底金字：六七十年代的北京孩子．北京：中国青年出版社

陆学艺．1991．2000年中国的小康社会．南昌：江西人民出版社

马红雨．2009-09-28．消费金融将成影响经济发展的重要因素．证券日报，第A02版

马克思，恩格斯．1979．马克思恩格斯全集（第42卷）．北京：人民出版社

马克思，恩格斯．1995．马克思恩格斯全集（第30卷）．北京：人民出版社

马斯洛．2000．人类激励理论//麦特森，等．管理与组织行为经典文选（第7版）．北京：机械工业出版社：358～360

莫里斯·梅斯纳．1992．毛泽东的中国及其发展．北京：社会科学文献出版社

欧海光．2005-03-01．纯棉材质最受偏爱．中国纺织报，第4版

帕金斯，等．1992．走向21世纪：中国经济的问题、现状和前景．南京：江苏人民出

版社

潘建雄.1986.中国现代化过程中的文化冲突与社会发展.社会学研究,(2):61~74
潘其源.住房改革与建设文件资料选编.1992.北京:中国建筑工业出版社
上海明略市场策划咨询有限公司.2006.中国10大城市品牌服装消费调查.http://www.ourlike.net/info/detail/News-6211-1.html [2006-12-12]
上海市统计局.2012.上海统计年鉴2012.北京:中国统计出版社
上海市统计局.2004.上海统计年鉴2004.北京:中国统计出版社
沈阳市人民政府地方志编纂办公室.1994.沈阳市志(第十六卷).沈阳:沈阳出版社
石凯峰.2010-11-11.我国轨道交通总里程已超美国.新闻晚报,A1版
世界银行.1982.世界发展报告1982.北京:中国财政经济出版社
苏少之.2002.中国经济通史(第十卷上册).长沙:湖南人民出版社
苏星.1987.我国城市住宅问题.北京:中国社会科学出版社
王丹妮,戴红兵.2009-07-06.城市"负翁"为催款单打工.武汉晚报,第3版
王延川.1988-10-02.清醒地看待"冰箱热".经济日报,第2版
王云川.2003.消费需求的宏观调控.成都:西南财经大学出版社
闻潜.2005.消费启动与收入增长分解机制.北京:中国财政经济出版社
吴明瑜,李泊溪.1991.消费结构与消费政策.北京:改革出版社
吴绍中,林玳玳,易然.1990.中国消费研究.上海:上海社会科学院出版社
消费水平与食物结构研究组.1991.居民消费、营养与食物结构.北京:农业出版社
严先溥.2006-11-13.教育住房医疗"三高"使居民不敢消费.上海证券报,A10版
杨国民.2006-02-14.商务部预计上半年社会消费品零售总额增长12.5%.经济日报,第2版
杨圣明.1986.中国消费结构研究.北京:中国社会科学出版社
杨圣明.1989.中国式消费模式选择.北京:中国社会科学出版社
杨守成.1992.居民房改必读.北京:中国金融出版社
杨晓.1985.我国家庭消费模式已发生变化.社会学杂志,(6):98~101
叶灵燕.2006-04-19.CHIC展:服装市场刮起"休闲风".中国贸易报,第7版
佚名.2006.2006年4月北京亿元商场女装品牌销售情况排序.http://info.cloth.hc360.com/2006/07/17083944509.shtml [2006-07-17]
殷丽娟.2006.北京十分之一的家庭至少有两套住房.http://news.xinhuanet.com/house/2006-10/19/content_5221614.htm [2006-10-19]
尹忠立.1991.试论我国耐用消费品市场的二元结构特性.消费经济,(6):29~33
英格尔斯.1988.人的现代化.殷陆君译.成都:四川人民出版社
于馄奇,花菊香.1991.现代生活方式与传统文化.北京:科学出版社
臧旭恒.1994.中国消费函数分析.上海:三联书店
张彤,王晓东.1991.生活消费与思考.北京:海洋出版社
张跃庆.1995.城市住宅经济学.北京:经济日报出版社
赵凌云.2002.中国经济通史(第十卷下册).长沙:湖南人民出版社
赵亚辉.2009-07-17.我国互联网用户数量达3.38亿,1/6有上网成瘾倾向.人民日

报，第11版

郑必清，王启云.1996.走向21世纪的中国消费结构.长沙：湖南人民出版社

中国城市发展研究会.1990.中国城市年鉴1990.北京：中国城市年鉴出版社

中国互联网络信息中心.2011.中国互联网络发展报告2010.北京：电子工业出版社

中国居民营养与健康状况调查技术执行组.2005.中国居民2002年营养与健康状况调查.中华流行病学杂志，(7)：478~484

中国社会科学院.2005.2005年社会蓝皮书.北京：社会科学文献出版社

中华人民共和国国家发展和改革委员会.2006-03-18.关于2005年国民经济和社会发展计划执行情况与2006年国民经济和社会发展计划草案的报告.人民日报，第5版

中华人民共和国国家统计局.2007.发展回顾系列报告之十四：城乡居民生活明显改善. http：//www.stats.gov.cn/tjfx/ztfx/sqd/t20071010_402436354.htm [2007-10-10]

中华人民共和国国家统计局.1990.奋进的四十年.北京：中国统计出版社

中华人民共和国国家统计局.2005.国际统计年鉴2005.北京：中国统计出版社

中华人民共和国国家统计局.2007.国际统计年鉴2007.北京：中国统计出版社

中华人民共和国国家统计局.2009.国际统计年鉴2009.北京：中国统计出版社

中华人民共和国国家统计局.2010.国际统计年鉴2010.北京：中国统计出版社

中华人民共和国国家统计局.2011.国际统计年鉴2011.北京：中国统计出版社

中华人民共和国国家统计局.2012.国际统计年鉴2012.北京：中国统计出版社

中华人民共和国国家统计局.2009.新中国60年.北京：中国统计出版社

中华人民共和国国家统计局.2009.中国城市（镇）生活与价格年鉴2009.北京：中国统计出版社

中华人民共和国国家统计局.1994.1994中国发展报告.北京：中国统计出版社

中华人民共和国国家统计局.1983.中国统计年鉴1983.北京：中国统计出版社

中华人民共和国国家统计局.1984.中国统计年鉴1984.北京：中国统计出版社

中华人民共和国国家统计局.1991.中国统计年鉴1991.北京：中国统计出版社

中华人民共和国国家统计局.1992.中国统计年鉴1992.北京：中国统计出版社

中华人民共和国国家统计局.2009.中国统计年鉴2009.北京：中国统计出版社

中华人民共和国国家统计局.2010.中国统计年鉴2010.北京：中国统计出版社

中华人民共和国国家统计局.2011.中国统计年鉴2011.北京：中国统计出版社

中华人民共和国国家统计局.2012.中国统计年鉴2012.北京：中国统计出版社

中华人民共和国国家统计局.2011-03-01.中华人民共和国2010年国民经济和社会发展统计公报.人民日报，第13版

中华人民共和国建设部.2006-04-05.关于城镇廉租住房制度建设和实施情况的通报.中国建设报，第2版

中华人民共和国民政部.2011.2010年民政事业发展统计报告.北京：中国统计出版社

中华人民共和国农业部计划司.1989.中国农村经济统计大全（1949~1986）.北京：农业出版社

后 记 POSTSCRIPT

本书是笔者在博士毕业论文基础上完成的。论文写作和成书出版得益于众多师友的关心和帮助。首先感谢我的导师苏少之先生，是他开启了我的学术之路，并引领我走上学术的殿堂。在中南财经政法大学求学期间，针对我理论基础薄弱、科研信心不足的弱点，苏老师多次告诫我：要克服浮躁情绪，静下心来，肯于吃苦，科研犹如掘井，选准一处，锲而不舍，终有所成。正是在苏老师的鼓励和严格要求下，我逐渐走上学术道路，连续发表了几篇有分量的学术论文。针对我想以一篇题为"居民食品消费"的论文为基础，就此拓展，作为我博士毕业论文的想法，苏老师及时给予了纠正，他说研究食品消费对经济学专业的学生来说，一是范围窄，容易限制住自己；二是由于要涉及食品学、营养学的内容，没有一定的专业知识，很难深入下去。他让我从食品消费扩展到衣着消费、住房消费、用品消费，由点到面，逐步形成了我的毕业论文。一位优秀的导师，不仅仅是在学业上对学生给予指导，关键是在学术研究方向上给予引领。正是苏老师以他宽广的学术视野和极富战略的学术眼光，积极指导我的论文选题，不断调整我的研究思路，使我逐渐围绕居民消费问题构筑了自己的研究领域，形成了稳定的研究方向。这一领域既可以研究过去，又可以跟进现实，还可以拓展空间广阔，这也是近年来我的学术研究取得明显进步的重要原因。

非常感谢导师姚会元教授和赵凌云教授。姚会元教授以其渊博的知识和诙谐的语言为我们开设了古代经济史课程，其独特的视角加深了我对中国经济社会更迭规律的认识；赵凌云教授花费了大量的时间与精力指导我阅读经济史学名著，其宽广的视野和高远的见识常常给我豁然开朗的感觉。我学业上的每一点进步都凝聚了三位导师的大量心血，他们严谨治学的学术态度，甘为人梯的师长风范，坦诚乐观的人生理念，深深地感染着我、激励着我，成为我不断进取的力量源泉。

在这里我要感谢我的室友吴海涛博士，是他教会了我一系列现代统计分析软件的操作和运用；感谢梁静波、鲁贵宝、李树林、王春雷、孙玲、郑万军、郭立珍等几位博士，在学业上我们相互学习、相互鼓励，增强了我学习的信心和勇气。也正是他们亲密无间的陪伴，为我的读书生活增添了无穷的乐趣。所有这些都是值得我终生珍惜的。

正如人们常说，每一个成功男人的背后都有一位伟大的女性。我的学业上的每一点进步都离不开我的妻子程玉红女士的无私奉献。为了让我放心求学，她在繁忙的工作之余，独自承担着辅导孩子功课和处理家庭琐事的繁重劳动，默默地承受着夫妻离别的思念之苦，其辛勤的付出解除了我的后顾之忧，使我身处学堂，潜心求道，以求正果。

在本书付梓之际，我要特别感谢科学出版社的侯俊琳、牛玲两位编辑和其他工作人员的辛勤努力，本书之所以能够很快与读者见面，得益于他们的大力帮助，在此特向他们表示深深的敬意！同时也非常感谢国家软科学出版项目对本书出版的大力支持！

朱高林

2014 年 3 月